掌尚文化

Culture is Future

尚文化・掌天下

中国社会科学院金融研究所支付清算研究中心文库系列

Digital currency
and the reform
of payment

数字货币与支付变革

李鑫 赵亮 郭晓蓓 著

经济管理出版社
ECONOMY & MANAGEMENT PUBLISHING HOUSE

图书在版编目（CIP）数据

数字货币与支付变革/李鑫，赵亮，郭晓蓓著 . —北京：经济管理出版社，2022. 11
ISBN 978-7-5096-8842-7

I. ①数… II. ①李… ②赵… ③郭… III. ①数字货币—支付方式—研究 IV. ①F713. 361. 3

中国版本图书馆 CIP 数据核字（2022）第 241118 号

组稿编辑：宋　娜
责任编辑：宋　娜
责任印制：黄章平
责任校对：张晓燕

出版发行：经济管理出版社
　　　　　（北京市海淀区北蜂窝 8 号中雅大厦 A 座 11 层　100038）
网　　址：www. E-mp. com. cn
电　　话：(010) 51915602
印　　刷：唐山昊达印刷有限公司
经　　销：新华书店
开　　本：720mm×1000mm/16
印　　张：15
字　　数：286 千字
版　　次：2023 年 5 月第 1 版　2023 年 5 月第 1 次印刷
书　　号：ISBN 978-7-5096-8842-7
定　　价：98. 00 元

支付清算研究中心简介

2005 年，为适应支付清算理论和实践的快速发展，中国社会科学院批准设立了金融研究所支付清算研究中心，专门从事支付清算理论、政策、行业、技术等方面的重大问题研究。2012 年以来，各国对《金融市场基础设施原则》（PF-MI）加快落实。2013 年，党的十八届三中全会《关于全面深化改革若干重大问题的决定》也指出要"加强金融基础设施建设，保障金融市场安全高效运行和整体稳定"。之后，支付清算体系在现代金融理论、政策、实践等方面的重要性不断显现，本中心的一系列成果也得到了各方的关注和好评。

2015 年 5 月 27 日，"国家金融与发展实验室"经中国社会科学院院务会批准设立。同年 11 月 10 日，中共中央全面深化改革领导小组第十八次会议批准国家金融与发展实验室为国家首批高端智库。根据中央与中国社会科学院的安排，中国社会科学院金融研究所支付清算研究中心同时在实验室设置下属研究机构。

研究中心的团队由专职研究人员、特约研究员和博士后等组成。主要宗旨是：跟踪研究国内外支付清算领域的理论前沿、支付清算行业发展新动态、法规与政策的演变，围绕支付清算体系的改革与发展开展各类学术、政策与实务研究，通过举办研讨会、开展课题研究、咨询等形式，积极推动现代支付清算市场创新与制度完善。研究中心每年组织编写《中国支付清算发展报告》，每月组织编写《支付清算评论》，不定期出版前沿研究成果作为文库系列。研究中心网站：http：//www.rcps.org.cn/。

序

　　人类进入 21 世纪第二个十年伊始，即遭遇到了全球性的新冠疫情，疫情对人类生活的影响还在继续，后续走势也尚未明确，但若假想在未来几十年后的历史节点回望当下，此次疫情很可能仅是一个重要的事件，而远非人类发展的主线。

　　寻找人类社会发展的主线还应从经济和技术两个角度来探讨，经济和技术的两条发展脉络由"平行"状态渐行渐近，频繁相交。熊彼特的现代创新理论开创了技术创新的分析视角，系统分析了人类经济活动的本质，也揭示了经济活动和科学技术趋于融合的趋势。凯文·凯利在《失控：机器、社会与经济的新生物学》一书中，提出数字技术开始重塑人类的数字文明，数字经济也不再是单纯的一种新兴产业，而是一种新的经济形态和经济制度，已经从根本上改变了人类社会系统的基本层面。理查德·鲍德温在《大合流：信息技术和新全球化》一书中揭示了这种趋势的全球化影响。在某种程度上，这种数字化变革并不是"可选项"，而是人类经济发展的"预期定点"，有所区别的仅是不同经济体的发展轨迹与收益成本。

　　中国社会科学院金融研究所支付清算研究中心的团队很早就着手研究数字货币对支付清算产业的研究与影响。在研究过程中，我们深刻地感受到，数字货币并非"横空出世"，也不会"独立运行"。首先，在货币形态的演化过程中，货币功能与账户体系不断结合发展，最终促成了账户货币在货币流通体系中的主导地位，也奠定了账户体系在当前金融服务流程中的特定价值。在欧美发达经济体中，近些年来涌现出大量新兴数字银行（或称为"挑战者银行"），其在业务发展过程中，致力于打破传统商业银行僵化的账户业务流程，简化办理手续，并大幅降低账户服务费用，使账户服务价值被客户与市场认可。例如，2021 年 7 月，英国数字银行 Revolut 完成 8 亿美元 E 轮融资，以 330 亿美元的投后估值，成为英国估值最高的金融科技企业。此后，美国数字银行 Chime 和德国数字银行 N26 分别完成 7.5 亿美元和 9 亿美元融资，投后估值分别上涨至 250 亿美元和 90 亿美元。发展中国家的非银行支付账户体系的规模化增长更加显著。截至 2021 年 3 月，印度版"支付宝"Paytm 注册用户数量已达 3.33 亿，约占印度网民用户规模的一半；印度尼西亚央行则统计约有 8000 万用户及 1400 万商户使用标准二维码支付系统（QRIS），其中 OVO、DANA、DOKU 等支付机构成为个人用户的主要移动钱包服务机构。我国非银行支付机构账户规模的网络效应也令人瞩目，形成了与商业银行账户规模相对等的账户体系。根据腾讯公司年报，截至 2022 年 3 月底，微信及 WeChat 的合并月活跃账户数量为 12.883 亿，而易观千帆统计数据显示，截至 2021 年 12 月，支付宝的注册用户数量已超 13 亿，个人活跃账户数量约 9.08 亿。

其次，数字货币的发展固然与数字经济的新业态需求密不可分，但其所具有的市场活力也是对主权货币的信用缺失、账户服务场景不足等具体问题的必然反映，账户货币及银行账户体系可以被视作当前数字货币的创新对象和变革原点。数字货币创新所针对的并非单纯的货币形态，而是包括货币价值以及货币功能在内的现有货币机制。例如，自次贷危机以来，美国屡次实施量化宽松的货币政策，向全世界输出美元贬值与通货膨胀，成为后布雷顿森林体系以来国际金融体系中的最大不稳定因素。2014 年 12 月，厄瓜多尔央行推出其"电子货币系统"及其系统货币"厄瓜多尔币"（Dinero Electronico）。2018 年 2 月，委内瑞拉宣布正式预售以石油为担保的加密货币"石油币"（Petro）。2020 年 10 月，巴哈马和柬埔寨分别启用本国央行数字货币"沙元"（Sand Dollar）和"巴孔"（Bakong），为全球首批发行数字货币的主权国家。2021 年 3 月，东加勒比中央银行（EC-CB）启用其央行数字货币 DCash，成为首个发行官方数字货币（CBDC）的货币联盟中央银行。可以发现，"美元化"国家普遍对使用数字货币具有较大的兴趣。同时，以代理行为主体的跨境支付费率结构更加不利于发展中国家及非国际货币的跨境结算。据世界银行（2020）统计，2019 年流入中低收入国家的汇款总额达 5510 亿美元，而平均费用比例达到 6.8%。同时，由于账户体系对持有人身份的硬约束特征，使美国对银行账户体系及美元结算通道具有显著的控制能力，使其有能力对发展中国家实施"长臂管辖"，而数字货币与账户体系的松耦合特征，为私人机构与相关国家摆脱美国在支付体系的"控制"提供了机遇。

最后，账户体系与数字货币创新可能引发从货币理论到支付实践各方面的转变。货币价值既体现在货币的交换媒介价值，即形成更优化的交易匹配机制，以有效解决交换关系中的双重需求契合问题，也体现在货币的"可偿付性"，即形成最广泛意义的社会可接受性，以有效解决价值偿付的跨期配置问题。长期以来，货币同时具有两种价值特征，但账户体系的交易机制有助于将资金交付与商品交付从交易撮合机制中分离出来，这意味着在现代支付体系下，货币的偿付价值与交换媒介的功能存在分离的可能。例如，非银行支付机构的账户体系强化了账户平台的网络效应与需求黏性，尽可能降低系统内代币与法币兑换，法币支付与代币的商品型交换的界限逐渐模糊。私人数字货币则是将货币的价值支撑由法定货币信用替换为算法信用，从而形成基于私人数字货币的共识社区与可信价值网络。对于货币当局和金融监管机构而言，则需要从账户体系与数字货币两个层面进行有效规制，偏向任何一方都会影响其对货币功能的有效控制。此外，非同质化通证（Non-Fungible Token，NFT）与去中心化金融（Decentralized Finance，DeFi）等不同于传统商品与货币交换，并在以元宇宙为代表的虚拟数据世界中，提供了更多维度的价值交换空间与非账户财富认证关系。虽然存在许多"泡沫"与风险，但也需要承认其将在未来对传统货币理论与支付体系发展形成更深远的影响，这需要我们进行频繁而密集的"头脑风暴"，因为只有对当下的发展有着更加深入的认识，才能更好地迎接新的发展挑战。

本书是中国社会科学院金融研究所支付清算研究中心的部分系列成果集结，相关研究也得到了中国银联等机构和专家的大力支持，在此一并表示感谢。老子云："为学日益，为道日损。"本书涉及数字货币方方面面的内容，并借鉴了大量国际组织、监管机构、支付产业以及学术界的研究成果与学术观点，但最终又将各方面问题归结为数字货币与账户货币的利弊权衡。希望三位"80后"作者的研究能够为读者提供一种认识数字货币创新与支付产业发展的新视角。

中国社会科学院国家金融与发展实验室副主任

金融研究所支付清算研究中心主任

杨涛

2023 年 2 月

前　言

　　我国数字人民币发展已领跑全球主要经济体，其采用双层运营架构，商业银行及非银支付机构可共建支付场景。作为我国一项重要的金融基础设施，数字人民币的落地也必将成为助力金融数字化转型的又一重要引擎。

　　目前，数字人民币试点逐步推进，试点范围也不断扩大。中国人民银行数据显示，截至 2021 年 12 月 31 日，数字人民币试点场景已超过 808.51 万个，累计开立个人钱包 2.61 亿个，交易金额 875.65 亿元。此外，在高频、小额的消费场景中，数字钱包的使用体验也在不断提升。例如，中国银行联合中国电信共同开发以 SIM 卡为安全原件的硬件钱包，无须扫码，仅需碰一碰即可完成支付；中国工商银行推出 5G 消息数字人民币，可以让用户在不下载 APP 的情况下使用数字人民币；中国工商银行还在数字人民币钱包中上线了智能兑换和组合支付功能，解决了用户的数字人民币钱包余额过多或不足的问题。

　　除支付外，数字人民币在其他金融领域的应用也不断取得进展，并有提速迹象。这一方面得益于前期拓展用户数量打下的良好基础，另一方面得益于数字人民币结合智能合约可扩展、可定向的特性，这令其在信贷融资等多种金融场景中都拥有较高的使用价值。

　　贷款方面，数字人民币在汽车消费贷款、公积金贷款等多个金融应用场景实现"破冰"。中国邮政储蓄银行成功落地数字人民币汽车消费贷款放款及受托支付业务；厦门市住房公积金中心发放了全国首笔数字人民币住房公积金贷款；中国农业银行还以数字人民币形式发放助企纾困贷款。在数字人民币线上贷款过程中，个人及企业客户可线上完成钱包开立，除贷款环节实现数字人民币发放和线上申请外，还可以实现线上还款，实现了真正意义上的"开贷还"全流程线上化、数字化，同时可确保授信资金闭环流转和用途真实可信。

　　供应链金融领域更是不断传来数字人民币落地的"首次"消息。中国工商银行常熟支行全国首单汽车领域数字人民币供应链融资业务落地；百信银行成功发放首笔数字人民币票据贴现，实现业内首个"数字人民币+票据贴现+绿色金融"的创新；中国农业银行在业界首次实现数字人民币在供应链领域的全流程应用；中国工商银行天津支行与盛业商业保理的"数字人民币+保理业务"场景，实现首笔保理公司借银行渠道数字人民币保理融资发放；中企云链联合中国工商银行北京分行及成都分行，试点了全国首个"数字人民币+贷款发放+保理业务"的供应链金融场景。此外，国内首单数字人民币应用场景下的融资租赁业务也在青岛落地。

存款和财富管理方面，中国工商银行、中国建设银行、中国农业银行均已推出数字人民币钱包的余额智能管理功能。例如，中国工商银行 APP 显示，该行智能兑换功能可将数字人民币自动转为活期存款，并提供"按期自动存"和"超额自动存"两种功能，用户可自由定制活期计划。此外，在光大理财上线首只数字人民币理财产品后，中国建设银行也推出两款数字人民币理财产品，用户只要将在该行开立的数字人民币钱包升级为"一类钱包"即可购买。

保险方面，数字人民币在车辆保险中的应用场景已成功落地。在全国所有数字人民币试点地区和城市，投保人只需在数字人民币 APP 中开通中国建设银行三类及以上的个人实名钱包，即可体验用数字人民币缴纳车险费用的服务。

可以预计，未来数字人民币业务衍生出的金融服务需求将更加丰富，并且随着数字人民币深入应用于更多金融场景，其也将在更大范围提升金融的普惠性。在此背景下，数字人民币以及更广义的数字货币自然也成为研究领域的"宠儿"。

本书作者团队曾连续多年对数字货币进行跟踪研究，最终成书也正是基于几年来相关课题研究的积累。本书主要围绕以下三个部分内容展开：

第一部分探讨数字货币的基础理论以及各国的主要实践。第一章从货币形态的历史演变视角看待数字货币的兴起。我们认为，账户货币尽管具有诸多优越性，但其固有的信用属性、中介成本、数据安全等缺陷或不足已为数字货币的产生和发展提供需求端的变革动力。同时，以网络信息技术和加密技术为代表的技术创新、以打破原有格局和追求秩序变革为动机的各类行为主体和以变革性技术创新与风险投资为特征的商业及金融环境，为数字货币提供了供给侧的变革动力。第二章我们首先对电子货币、虚拟货币、数字货币等几个人们时常混淆的概念进行了深入的剖析，然后便将研究焦点放到了几种典型的现实中人们更多提及的"数字货币"上。这包括以比特币为代表的私人发行加密数字货币（非稳定币）、以 Libra 为代表的稳定币，以及以数字人民币为代表的央行数字货币（Central Bank Digital Currency，CBDC）。我们认为，在这几种数字货币中，或许只有央行数字货币最终能够成为真正的货币。不过即便如此，也不能忽视私人发行的加密数字货币或稳定币在经济金融领域可能发挥的重要作用。在第三章对央行数字货币进行了更为深入的探讨，包括首先对早期沿着区块链思路探讨央行数字货币的相关文献进行了梳理，其次对央行数字货币的概念演进以及当前的共识框架进行了深入的剖析，最后分别就美国、欧盟、日本以及发展中国家推进央行数字货币发展背后不同的驱动要素进行了细致的区分。

第二部分探讨的焦点在于数字货币对零售支付清算体系的影响。第四章对我国零售支付清算体系及其发展变迁进行了回顾，从银联主导下的银行卡清算机制谈起，再到详细阐述非银支付机构对银行卡清算机制的冲击，最后谈到监管对支付清算市场的规制以及网联平台的设立。至此，我国"银联+网联"的双清算平台的监管规制与市场运行机制正式形成。随着市场的逐步规范，两类主体银行和非银支付机构之间逐渐形成了显著的竞合关系。在对市场背景进行了详细描述后，第五章着重探讨数字人民币对我国零售支付清算体系的影响。我们首先提出零售支付清算市场的开放不仅包含市场结构层面的开放和国际化层面的开放，支付清算行业对新技术的开放态度也是重要的考虑因素之一。当前数字人民币在零售支付中已有初步的应用，但其对零售支付清算体系的潜在影响尚未充分显露。当数字人民币发行流通真正改变了零售支付清算体系后，作为最基础的金融功能，支付清算也必将带动整个金融体系的相应变革。由于数字货币是对整个账户货币的替代，故我们认为与账户货币相关的零售支付清算市场主体应当通过协同发展，共同做强做优基于账户的支付清算市场，以应对数字人民币可能带来的挑战。第六章通过梳理包括支付清算领域和非支付清算领域的协同发展案例，试图为未来数字货币时代支付清算市场主体的协同发展提供些许借鉴。

第三部分主要围绕数字货币在跨境支付领域的应用展开论述。第七章介绍了跨境支付的发展历程、现状以及当前存在的主要问题。基于终端用户和受托机构的差异，跨境支付可分为前端发起流程和后端清算与结算流程，就后端而言，大体可分为代理行模式、单一平台模式、互联模式和点对点模式。其中，基于传统货币的几种模式现实中均存在各自的问题，而基于区块链和数字货币的跨境支付探索则试图解决其中的一些问题。第八章探讨了私人数字货币如何变革跨境支付，而央行数字货币又是如何跟进的。私人数字货币主要试图围绕降低共识成本来改进跨境支付，而从账户转为账本势必令跨境资金清算结算机制发生较大变革。当前CBDC的跨境结算探索主要有三种模式，即兼容模式、互联模式和集成模式，而各国CBDC跨境流通将可能会引致新一轮数字货币竞赛，并重塑国际货币体系。在普遍性地对CBDC进行探讨后，第九章聚焦于数字人民币来探讨其跨境支付产业的构建。数字人民币跨境支付有助于扩大中国金融对外开放程度，并能在一定程度上缓解潜在的政治干预，增强人民币在全球市场的货币储备功能，提升"一带一路"沿线国家交易便捷性。目前，我国正积极参与多边央行数字货币桥项目，从而拓展数字人民币的跨境支付功能，未来应从技术选型、基础设施构建、应用场景建设等多方面着手，推动基于数字人民币的跨境支付产业构建。在第十章中，我们基于上述各部分的研究，提出促进我国数字人民币发展的几点建议。

尽管我们希望通过写作本书能够在推动数字人民币建设方面做出自己的一些努力和尝试，但受限于时间、精力和研究水平，我们对数字货币和数字人民币的理解或仍显浅薄。故我们希望本书更多地能起到抛砖引玉的作用，从而引发人们对数字货币和数字人民币开展更深入的研究。

目　录

第一部分　数字货币：理论与实践

第二部分　数字货币与零售支付清算

第一部分

数字货币：理论与实践

第一章　从账户货币到数字货币：
历史演化视角

近年来，数字货币发展迅速，给人一种"横空出世"的感觉，究其原因有多种解释：一种观点认为是技术因素，即区块链、大数据、云计算、人工智能等科技对经济形态及金融行业的深刻变革，使得以网络金融为特征的新金融业态重新改造了原有支付产业的服务模式，从而催生了新的货币形态与运行机制；另一种观点则从金融需求出发，认为数字经济推动数字化知识和信息作为关键生产要素，强化了人与人、人与物以及物与物之间的网络化联系，而数字货币正是迎合数字经济市场需求而引发的"货币革命"。上述观点均是阐述数字货币形成和发展的外在环境，但需要更加具体地研究数字货币在货币形态和支付机制演化过程中的角色，即首先要搞清楚数字货币所对标的创新对象及其运行特征，该创新对象究竟是货币、支付机制抑或是经济形态；其次需要分析推进数字货币产生的社会力量及其动机，这些动机因素既包括变革原有运行机制的需要，也存在拓展新型交易方式乃至经济活动的期待。这些研究有助于更好地理解数字货币的本质特征与发展趋势，从而形成更具建设性的意见和措施。

一、货币形态演变与账户支付机制的相互作用

随着人类社会的发展，货币形态也在不断演进，正如马克思在《政治经济学批判》中指出的："用一种象征性的货币来代替另一种象征性的货币是一个永无止境的过程。"① 米尔顿·弗里德曼也指出："连接买与卖两种行为的'某种东

---

① 马克思. 政治经济学批判［M］. 中共中央马克思恩格斯列宁斯大林著作编译局译. 北京：人民出版社，1976：95.

西'被称作货币，其千百年来以不同的物理形式出现——从石头、羽毛、烟叶、贝壳到铜、白银、黄金，甚至到现在的纸币和分类账簿中记录的条目。谁知道未来的货币会演化成何种形式？会是计算机字节吗？"① 商品货币（Commodity Currency）阶段是一个确立由金属货币支付代替实物货币支付的历史进程，或者说一般等价物被逐渐固化为金银等贵金属作为交换媒介。从技术供给角度来看，如图 1-1 所示，随着石器打磨技术和冶炼技术的发展，金属货币尤其是铸币形态优于粮食、牲畜等食品类一般商品，后者保存性较差且存在个体价值差异、不易分割等缺陷。公元前 3000 年苏美尔人用固定量的大麦谷粒作为通用单位，用来衡量和交换其他各种货物和服务，而到公元前 2500 年左右，美索不达米亚出现了白银货币制度，公元前 640 年，土耳其西部吕底亚王国铸造出人类历史上最早的金属货币。这个历史渐进的过程被美国经济学家怀特总结为，在众多可售性存在

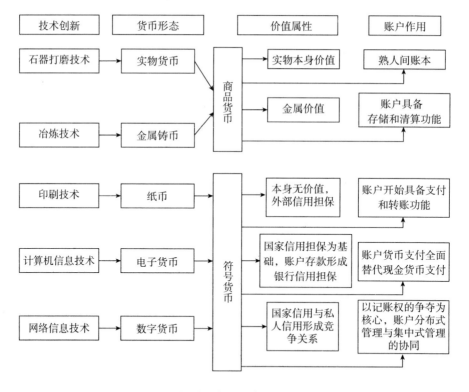

图 1-1　货币形态及账户支付功能演进

---

① 米尔顿·弗里德曼. 货币的祸害：货币史上不为人知的大事件［M］. 张建敏译. 北京：中信出版社，2016：6.

差异的商品中，经济交易过程由原来直接交易条件下无数个独立的"两两交换"转换为间接条件下针对几种或者一种高可售性商品的连续交易，同时货币又是在千万次的市场交易中，被证明是解决双重需求契合问题中交易成本最小的可售性商品。

由商品货币转化为符号货币（Token Currency）则是在货币形态和价值属性双重作用下的演进过程，如图1-2所示。一方面，以印刷术、计算机技术乃至网络信息技术发展为标志，符号货币形态从"有形符号"向"无形符号"转变，如由贵金属到纸质货币再到电子化货币形态。在电子货币形态下，电子货币作为一种修改账本的指令，消费主体能够通过银行卡、移动终端等支付工具，通过电子资金转账系统（Electronic Funds Transfer，EFT）进行银行账户间贷借记指令的传送与账本额度的调整，货币形态的符号化可以规避商品货币的具体性约束，如更加便于携带，价值分割更精准、便捷，铸币成本更低，能够打破货币交易在时间和空间条件下的束缚。另一方面，符号货币的价值属性开始由"可兑现"向"不可兑现"转化，在最初由商品货币转为符号货币形态时，如以纸质票据为代表的符号货币的价值仍可由其凭证资产作为支撑，这基本符合米塞斯的回溯定理（Regression Theorem）的要求，即货币的可接受性来自于可追溯到最初物品的衍生价值。然而，当货币形态进入到不可兑现的符号货币形态，其货币属性为不兑换货币（Fiat Money），货币价值开始脱离原有商品价值，虽然这种分离有助于解决因金属货币的稀缺引发的流动性不足问题，但其价值交换的可信性已经由其商品或金属价值转换为抽象化、虚拟化的信用担保。

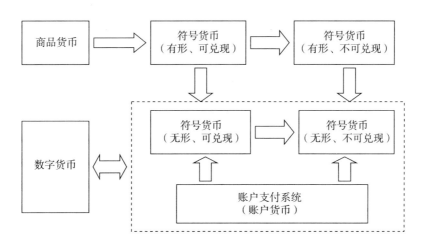

图1-2 符号货币演化流程与数字货币替代路径

由商品货币向符号货币转化的另一个主要特征是货币与支付系统的结合，具体表现为账户与货币的支付功能不断紧密相连，如图1-1和表1-1所示，在商品货币阶段，已经出现了账户的户头概念，但其主要功能主要停留在资金的存储服务上，即需要被转移的资金从原有存储的账户取出，在交易主体间相互转移后存入另一个账户。在商品货币时代，账户的支付功能仅存在于特定机构的服务体系之中。例如，在中世纪的欧洲，威尼斯人创建了簿记银行（Banco di Scritta），"商人们会参考报纸上的价格进行交易，成交后便去银行办手续。他们在银行都有账户，只要告诉银行家向某某人的账户汇入多少钱，银行家依嘱登记在册，钱就这样过了户。商人们再也不需要像以前那样，提着装着金币银币的袋子去做生意了。受托将钱汇入他人的账户，银行家并不会提供收据证明。银行有账本的副本，始终受到政府相关部门的监督，因此没有开具票证的必要"①。这段表述描述了中世纪威尼斯银行的账户支付机制，即可以通过商人在同一家银行的账户间贷记与借记关系调整，来结清双方的债权债务关系。当货币形态发展到符号货币阶段时，账户支付系统开始与符号货币的支付功能相承接，如货币符号的归集和传递由账户存储或发起，货币偿付由实物货币交割转换为账户上的记账单元变更，账户的电子化形态货币实际上已经成为修改账户账本的指令，并由此形成了支付、清算和结算的各种账户间的互动关系。符号货币与支付系统组成一种新的账户货币支付机制，导致账户服务机构除具有资金存储功能外，又在账户货币的支付环节中具有身份验证、资金转账、受托支付等多种功能。因此，一方面，账户货币的支付功能替代了传统的现金交易，成为社会大众的主要支付形式；另一方面，由于账户货币可以由多种支付工具承载，并存在线上和线下多元交易场景，以及账户中介服务功能多样化等趋势，形成了众多的金融机构或商业机构。

表1-1 账户形态及其在不同货币形态中的功能演进

货币形式	账户形态	账户承载介质	账户支付功能	服务人群	对货币支付功能替代性
实物货币	无	无	无	无	无
金属货币	柜面户头	无	无	存放现金人群	出现在特定服务体系
纸币	银行账户	支票	初步具备	银行客户	存在于特定场景（如大额支付、旅行等）

---

① 盐野七生．海都物语：威尼斯一千年［M］．徐越译．北京：中信出版社，2016：182.

续表

货币形式	账户形态	账户承载介质	账户支付功能	服务人群	对货币支付功能替代性
电子现金（银行主导）	银行账户	银行卡	具备	银行客户	对货币现金支付功能的替代
虚拟货币（非银行机构主导）	第三方支付账户（虚拟账户）	智能手机等个人移动终端	具备	银行客户以及非银行客户	对货币现金支付功能的替代
加密货币	可存储于隔离介质，也可与账户进行耦式关联	内置于数字货币内部	融合于数字货币	银行客户以及非银行客户	替代原有货币现金的发行与流通，改变原有货币的存储、支付与转账模式

由此可见，货币的发展演进可以从货币形态、价值属性两个方面进行探讨，货币形态电子化和价值属性信用化促进了以账户支付为特征的非现金支付发展。在现代金融背景下，货币和账户体系相结合的账户支付机制对货币的支付功能形成了替代效应，账户货币作为记账单元的余额调整替代了货币的实物转移，并将货币信用属性特征也转移至账户体系，并不断深化账户的信息中介、支付中介、信用中介等各种中介功能。数字货币的设计与实践也正是基于对账户支付机制及账户货币的运行特征和发展缺陷进行的，因此，数字货币所针对的并不是单纯的货币形态，而是包括货币在内的整个支付机制，现有的账户支付机制和账户货币既是革新的对象，也是创新的基础。

二、替代实物货币的账户货币

1. 货币的账户化发行与流通机制的构建

账户的广义范畴是指服务于法人或个人权益，用于储存、支取和划转的名义户头，而狭义的账户特指银行开立的结算账户，银行账户是法人单位或个人申请办理银行各种银行业务的户头，包括户名和账号。账号是指用户在系统中的登录凭证和个人信息。在账户的信息控制中，一个用户可以有多个账号，每个账号可以有多个账户。在现代金融背景下，银行的金融业务活动已经形成由核心数据库和自动化指令控制模块组成的庞大信息系统，信贷产品开发、资产负债管理、风险评估与控制、客户授信与管理乃至组织内控体系均围绕核心信息系统进行集成化管理，其中，账户的信息化集成与指令性控制成为核心信息系统架构的基础性功能。

账户与货币的紧密结合不仅体现在货币流通环节，而且体现在货币发行与流通的各个环节中构建账户货币的运行机制。在现代货币发行机制下，当前主权国家信用货币的发行一般采用"中央银行—商业银行"二级账户体系结构，即由中央银行的负债账户和商业银行在中央银行开立的存款储备金账户组成一级账户结构（见图1-3）。法定货币存在于金融系统账户的资产方，同时登记为中央银行的负债，中央银行的主要功能为提供除现金供给之外的账户货币供给形式，并以此进行国民经济宏观调控与宏观审慎管理。在中央银行的法定货币供给结构中，法定货币由中央银行负责印制发行，现钞是中央银行对公众的负债，在现钞交易中，交易双方只要确认现钞的真实性，即可以完成支付与结算的整个过程。但当货币进入电子形态阶段，现钞只占货币供给的很小比例，广义货币供给的大部分是以账户存款形式进行，这就赋予了商业银行基于账户货币的信贷创造功能，即由个人和企业在商业银行开设的金融类账户系统和公共事业类账户系统组成二级账户结构，银行账户存款是商业银行对个人和企业的负债，同时登记为个人和企业的资产。

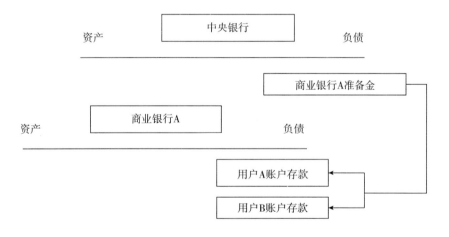

图1-3　"中央银行—商业银行"二级账户体系

除现金形式外，货币供给的主要形式在于银行的账户货币，分别为M1-M0的差值，即单位在银行的活期账户存款，以及M2-M1的差值，即单位在银行的定期账户存款和城乡居民个人在银行的各项储蓄存款以及证券客户保证金。以账户货币为基本形态的资金运动，需要以银行等金融机构为中介。每一家银行都将客户以"账户"形式作为资产及资金运动记录的"会计名目"，其总和构成了一个国家的整个银行账户或金融账户体系。从这个意义上来说，账户货币是既存在于 M1 货币供给体系中的流通性货币，也影响着 M2 信贷性的货币供给功能。因此，中央银行对货币政策的调整，相当于整个银行或金融账户体系所加总的货币结构、存量状态和流量运动趋势，而商业银行成为了货币发行与信贷创造的中介机构，其账户体系则是其能够实施货币发行中介功能的基础设施。正如哈耶克所指出的，中央银行与商业银行存在"基础货币的发行与其为基础的寄生性货币的发行之间存在某种责任分工"①。

虽然主权国家垄断了货币的发行权力，但在账户货币流通领域，支付主体可以通过各种支付工具搭载的支付入口登录账户完成账户支付行为。由于支付工具的差异化和支付场景的多样化，私人或非银支付机构体系可以提供针对不同支付工具、支付场景的账户支付服务，并对民众零售消费形成了支付行为的依赖效应。这样，虽然在货币发行环节，普通民众资金以商业银行的账户货币形式接受酬劳或资本收益，但在货币流通环节，账户货币的流通既可以在银行账户体系实现货币存储、支付与转账等功能，也可以在非银支付机构体系内进行运转，账户网络的构建不再局限于银行体系，非银支付机构也可以构建账户网络体系。虽然说这种非银支付机构依然需要中央银行或监管机构的牌照管理，但在技术上，由私人构建账户体系并形成社区化的支付关系已不再是非常困难的事情，则出现了商业银行和非银行体系不同机构属性的账户支付体系。因此，账户货币支付功能的实现日益依赖其账户网络规模及支付场景的多样性，不同支付工具及其搭载的账户体系可由不同的支付服务主体提供。

在货币流通阶段，由个人和企业在商业银行开设的金融类账户系统和公共事业类账户系统组成二级账户结构，银行账户存款是商业银行对个人和企业的负债，同时登记为个人和企业的资产，该账户结构主要发挥资金的储存、支取和划转功能等货币流通职能。如表 1-2 所示，银行账户大体包含基础信息、客户属性、业务参数以及流水信息登记四大方面的内容。

表 1-2 账户的基本要素

银行账户信息	项目内容
基础信息	所属账号

---

① 弗里德里希·冯·哈耶克. 货币的非国家化：对多元货币理论与实践的分析 [M]. 姚中秋译. 海口：海南出版社，2019：109.

续表

银行账户信息	项目内容	
基础信息	账户期限	
	产品代码	
	账户币种	
	账户状态	
客户属性	客户类型	
	客户级别	
	客户群组	
	客户地域	
	客户风险认定	
	账户余额（日均、月均、年均）	
业务参数	开户起存金额	是否允许转账
	存取限额控制	是否允许透支
	存取次数控制	是否允许现金交易
	计息方式设置	是否允许通存通兑
	计息频率设置	是否允许提前支取
流水信息登记	会计科目登记	
	结算货币类型	
	利息转入账户	
	收费记录处理	
	会计单据流水号	

2. 账户支付机制的替代效应

无论是货币，还是以任何一种货币形态为基础的支付机制，都存在对货币支付交换性和偿付性需求的竞争性关系，即如何能够提供更优的交易匹配机制，降低偿付成本。正是围绕该核心目标，出现了账户支付机制对货币支付的替代效应，并促成了数字货币对现有账户支付机制的革新需求。

（1）账户支付机制对货币交换媒介功能的替代效应。

货币价值论假设物物交换通常发生在"陌生人"之间，并存在双重需求契合问题，货币正是发挥了一般等价物的交换媒介作用，从而有效提升交易效率，证实了货币的价值性，同时，陌生人之间需要通过实物货币的"物权转移"实现价值交换，因此货币需要一定的商品价值作为交换基础。如奥斯特罗伊、斯塔尔通过研究货币的交易成本分析一般均衡模型的假设条件，其假设交易主体间不存在双重需求契合，因此必须经过多轮双边交易才能达成理想的配置状态，而如果该多轮交易过程具有高成本特征，就说明货币是有价值的，这就将货币在均衡模型中的价值性与货币支付成本的高低相关联（罗斯·M. 斯塔尔，2000）。然而在现代金融环境下，货币的交换媒介功能的作用场景已经发生了显著变化，账户支付机制能够提供更有效的交换媒介功能，从而对货币支付形成替代效应。

在微观领域，经济学家首先寻找支付系统是否可以进一步降低交易的搜索成本，从而比货币更好地解决双边需求契合问题。琼斯（Jones）首先研究在随机会面背景下的双边需求契合问题；戴蒙德（Diamond）建立了均衡搜索模型，意味着在双边需求契合有效解决的条件下，可以实现货币的无价值性。在具体的商业实践中，互联网经济的快速发展使线下的买卖交易转换为线上交易，打破了交易空间的限制；同时，互联网交易将买卖环节进一步拆分为"交易达成"与"交割完成"两个环节，即将资金交付与商品交付从交易撮合机制中分离出来（在很多情形下，账户还兼顾资金担保功能，通过资金在第三方账户的托管机制，将资金交付时效与商品物流时效相匹配，实现买卖双方的风险均衡），实现交易意愿达成的最优时效，在突破传统交易市场时间约束的同时，还进一步缩短了单位交易的完成时间。此外，传统现金交易中的货币为同质性媒介，而账户支付所依托的交易场景可实现情境定价（Contextual Pricing），超越货币作为一般等价物的同质性媒介，实现以个体化信息匹配主导的异质化媒介功能，也就是说，互联网基因下的账户支付是先有交易信息的匹配，后有支付资金的划转。因此，这种账户货币的场景化支付机制比传统货币的交换媒介发挥了更大的交易中介功能，在零售支付领域实现了对货币交换价值的替代效应（见表1-3）。

表1-3 货币支付与账户支付的交换媒介功能比较

功能	货币支付的交换媒介功能	账户支付的交换媒介功能
交易范围	货币形态向可便携、易保存、可分割等特征发展，便利交易范围的扩大	账户支付可突破空间和时间的交易限制
交易机制	将交易拆分为买卖两个环节，交易方可以交换为其不需要，但大部分人接受的中间商品，从而再换取满足自身需求的最终商品	进一步拆分为交易达成和交割完成两个环节，分别通过支付信息流和资金流在账户间的传递完成相应支付环节
媒介性质	同质性媒介，一般等价物的价值交换中介	异质性媒介，作为信息中介的供需搜索与匹配关系
扩展功能	无	可提供账户的资金担保功能

（2）账户支付机制对货币偿付功能的替代效应。

在账户交易机制中，账户的身份信息登记与识别功能使得在账户交易网络中，交易者由"陌生人"转化为"熟人"。与"陌生人"交易不同，交易网络中的"熟人"交易并不需要货币的"物权转移"，只需要完成基于货币符号的"价值转移"，即货币在交易者之间的转移过程转变为货币符号在交易者之中相互信任的循环传递。正如米塞斯所论述的："在这类交易中，并没有使用货币或货币代用品，仅仅是交易各方之间对销的过程而已。在这些交易中，货币仍然是交易的媒介，但其作为交易媒介的资格，并不取决于是否真正具有货币。货币得到使用，但不是具体使用实际存在的货币或货币代用品。没有出现的货币履行了一个经济职能；它具有影响，仅仅是因为它具有能够出现的可能性。"①

账户货币支付与现金货币的竞争关系取决于支付工具及支付体系的演进状态，随着支付体系的不断发展，两者在支付功能上的竞争关系也在不断演化。如表1-4所示，在数据存储与交互技术层面，技术成熟是构建账户交易网络的基础，这是因为实物形态货币（包含有形货币符号）自身承载着一种债务清偿的合同关系和履约行为，这样货币物权的转移本身就意味着债权债务关系的解除，无须身份验证、数据存储及支付指令传输等中介服务，单笔交易的支付成本相对较低；而账户支付需要数据存储和交互网络等方面的中介服务和相应成本，需要通过较大交易规模以摊薄单笔交易的支付成本，若交易频次和交易价量达不到最低规模的"门槛"，即所谓"临界规模"（Critical Mass）的要求，则账户平台系统无法长期维持，或仅能在有限范围内运行。此外，技术成熟度的提升也有助于降低账户系统所需的绝对成本，如Kahn和Roberds（2009）认为，随着时代的发展，特别是20世纪先进技术的应用，相对于价值储存系统的成本而言，基于账户系统的成本已经大大降低。

表1-4　货币支付与账户支付的约束性条件比较

约束性条件	数据存储与交互技术（技术成熟度低）	数据存储与交互技术（技术成熟度高）
私人或社区账户网络记账（非第三方记账、可信度较低）	账户交易网络范围受限，仍以货币实物交换为主	构建账户交易网络，货币记账单位调整，但交易风险程度较高
官方账户网络记账（第三方记账、可信度较高）	仍以货币实物交换为主，账户以存储功能为主，交易功能效率较低	构建账户交易网络，货币记账单位调整，但交易风险程度较低，可信度提升又会扩大账户交易规模

① 路德维希·冯·米塞斯. 货币和信用理论［M］. 樊林洲译. 北京：商务印书馆，2007：283.

在账户交易数据登记的可信度方面，若以私人或社区机构对账户交易数据进行登记，以及对账本借贷关系进行调整，则账户交易的可信度较低，账户系统内部的账户货币属性更加趋近于私人代币而非法定货币，这就会依据账户平台对用户的吸引程度形成差异性的账户支付网络和交易规模，如游戏平台内的游戏币账户支付或商超机构发行的预付卡账户支付均属于该模式，鉴于账户余额及交易数据登记方的可信度相对较低，因此账户内货币支付流向关系相对简单，不具备账户间相互转账功能，且账户货币存在一定的支付有效期。在以官方或可信第三方机构作为交易登记和数据库维护的中介机构，则实现了账户间支付或转账的基础条件，鉴于在账户开立阶段就需要登记交易者的身份信息，相当于将交易者的"陌生人"身份转化为"熟人"身份，这样账户间记账单元的增减可以通过对冲机制予以完成，形成了账户交易的清算机制。这种基于账户间交易的账本调整过程承载着对债务清偿的合同关系和履约行为，需要政府或其他交易主体可接受机构的确认，而这种确认过程又反过来加强了账户交易的可信程度，从而扩大了体系内账户数量及交易规模，形成正反馈机制。

（3）账户支付机制对信用中介功能的引入。

正如在应对货币交换性需求过程中，账户支付机制赋予了支付环节及服务机构的信息中介功能，而在满足货币偿付性需求过程中，账户支付机制又提供了信用中介功能。账户支付机制将货币的"物权转移"转换为账户记账单位的增减调整，而在完成账户间支付信息调整的过程中，可以实现账户间资金流的非即期处理，从而将信用机制注入到账户交易过程中。比如，凯恩斯在其《货币论》中提出，现代货币的主要形态是账户货币，由于并非完全采取即期交易并由此引入信用机制，账户货币的流通基础不同于金属货币（也称铸币货币），其可以有效对接各种有收益的金融资产，但其绝对意义上的流动性要低于现金货币。萨布瑞恩认为，物物交换是一种双边性交易，这种类型的交易将面临十分严格的平衡限制和预算约束，而货币引入信用机制后，只要求交易者满足终身预算约束，也就是说物物交易需满足现期预算约束，而信贷机制则对应跨时预算约束。① 同时，账户交易机制强化了资产偿付与货币偿付之间的关联性，货币在某种程度上可以被视为最具流动性的资产。例如，希克斯（1989）阐述账户货币交易使即期交易（Spot Payment）不再是唯一的支付方式，账户交易的合约性使得支付资产的主要区别在于其不同的流动性特征，如不同的证券可以根据流动性构成一个序列，货币由于其具有最优流通性特征处在该资产序列的顶端，而随着信息时代交

---

① 张杰. 金融分析的制度范式：制度金融学导论［M］. 北京：中国人民大学出版社，2017：169-170.

易成本的改变，将出现流动性好的金融资产作为交易媒介。埃德·诺塞尔与纪尧姆·罗什托则认为，货币交易与信用交易最关键的区别在于货币交易是等价交换：商品和服务与通货的交换是同步的，而并不涉及未来债务，相反，信用交易是跨期的且涉及延迟交付。① 此外，正因看到在货币流通阶段注入了信用机制，又对信用货币的发行机制产生了影响，如戴蒙德（1984，1996）和 Shi（1995）认为可以依靠使用双边信用安排或私人债务来降低交易障碍，这使得在信用环境较好的情况下，货币的价值将会降低。Williamson（2003）采用与 Freeman 相似的理论框架，也认为市场交易效率的高低与中央银行发行的现金货币（外部资产）或经济主体间债务清偿的集中安排（支付系统）直接相关。Telyukova 和Wright（2008）则通过构建货币交易与信用交易的比较模型，说明信用支付和货币支付可以共存，这也解释了为什么大部分美国家庭既持有相当规模的信用卡债务，又持有一定比例的流动性资产。

三、试图替代账户货币的数字货币

与传统的商品货币相比，以"无形"和"非兑现"两大特征为基础的符号货币的发行与流通，其优势在于可以克服传统商品交易受物理空间和时间束缚的问题，可以在全天的任意时间段以及全球范围内进行交易，尤其是互联网电子商务的发展，使符号货币的交易优势更加明显。正如前文所述，符号货币与账户机制在货币发行和流通环节紧密结合，使账户货币支付成为市场交易的主要运行模式，但是账户货币的发行和流通机制也存在较大缺陷，主要包括账户货币发行机制的双重信用化和流通环节中的多中介化问题。此外，货币账户化的价值数据安全与使用问题也存在争议。

1. 账户货币的信用属性问题

在货币发行阶段，虽然理论上信用货币的发行存在官方与私人发行之间的竞争关系，但在实践过程中，主权国家政府基本均实施垄断发行信用货币的权力。可以说，信用货币的特点就是政府强制发行与流通的符号性货币。政府虽然可以通过税收强化民众对不可兑换货币的接受程度，但鉴于政府税收所需货币规模比

---

① 埃德·诺塞尔，纪尧姆·罗什托. 货币、支付与流动性［M］. 童牧，田海山，王鹏等译. 北京：中国金融出版社，2015：141.

例占社会总货币需求的比例较小，因此，从博弈论的视角来看，是普通民众在无限期界情境下，对"主权货币的可兑换性"形成了"合作共识"。然而，在市场实践中，即便是主权国家的政府，若无强烈的发行纪律约束，这种基于社会共识而非内在价值支持的"廉价货币"极易引发货币市场的恶性通货膨胀问题，以至于货币无法有效履行价值尺度职能。即便是将货币发行权力转移至具有独立性的发行机构，依然不能避免货币超发的现象，这种案例已经在世界各国多次发生，屡见不鲜。此外，以政府公权背书为支持的信用货币制度，导致每个国家政府均有意发行本国货币，并强迫在本国主权管辖范围内流通使用，这种国家发行制度导致原金本位体系下的货币自由流通时代一去不复返，导致货币流通因国家主权而遭到硬性切割，增加跨境支付的风险与汇兑成本。在当前账户支付框架下，货币的跨境支付在技术上是可行的，如买卖双方均可采用一种账户体系进行账户间余额交易，从而无须货币兑换即可完成交易，但这种账户交易方式是对主权国家货币信用及外汇管制政策的挑战，受到各国金融监管的制约。反过来说，这种成本性支出也体现在一些国家或机构所获得的机制性利益，如银行及其他金融机构增加汇款业务和收益，美元成为主要的国际计价货币从而实现了征收"国际铸币税"的权力，也因国际货币流动性及其币值稳定性的"特里芬难题"而表现出的周期性波动增加了国际金融市场爆发危机的可能，这些问题都增加了经济社会，尤其是普通民众在使用货币价值储藏和流通职能的成本与风险。从某种程度上讲，主权信用货币的国际支付问题已经成为信用货币流通阶段最大的问题。国际汇款与支付存在延时严重和高昂费用两大问题，这主要是由于主权国家信用的不可兑现性，以及价值支持的国家主权具有对内至高无上性和对外平等性，这使得信用货币的国际流通遭遇硬性切割，并造成国际汇兑的高支付成本与汇率损失风险，这是当前主权信用货币特征带来的财富积累与支付效率的损失。近些年以比特币为代表的私人加密数字货币①的兴起，所针对的正是上述这些问题。

信用货币通过中央银行与商业银行的二元账户机制进行发行，使货币价值的信用担保部分转移至银行体系，政府对主权货币的运行机制是通过中央银行向商业银行体系批发"负债"，并通过商业银行的信用创造来传导货币的流动性。金融中介理论提供了诸多以银行为代表的金融中介机构在中心化货币体系中的积极作用和特殊意义，但事实上，金融中介机构作为维系法定货币政策以及执行支付功能的中介机构，必然会要求相应的成本补偿和经济增长的利益分成，这就进一

---

① 包括中国在内的一些国家官方称其为加密数字资产或加密资产，不过在本书中我们仍称其为加密数字货币。

步增加了支付的摩擦成本。基于该二元账户体系的货币发行模式，商业银行通过账户货币的发行中介功能实现了货币的信用创造，从而间接性地分享了中央政府发行货币的权力，这可以被认为是账户货币信用属性的分化。因为对于账户货币的持有人而言，其所持有的信用货币并非中央银行的债券，而是相当于持有某家商业银行的某种抵押债券，并因此享受相应的债券收益，但在某种程度上来说，中央银行对账户货币的信用担保方式是间接性的，账户货币的直接信用担保由其账户所属的商业银行提供。虽然中央银行通过货币准备金制度和货币市场回购等公开操作，具有对货币市场的调节作用，但是这种制度红利的边际效应变得不再明显：商业银行在经济周期上升过程中，存在过度释放信用创造的动机，使得货币流通信用在短时间内泛滥，这使得中央银行将被迫采取相应手段进行调控，而在经济下行趋势下，商业银行又不愿释放流动性，货币政策的传导效应不佳。为此，中央银行以及整个金融监管体系，不断设计和强化对商业银行的监管制度，如对银行资本的严格监管，以及保护中小储户的存款保险制度等，但有时这种金融行业监管以及体系内的信用互助增信既不能彻底解决货币间接发行所导致的金融空转问题，商业银行体系凭借在货币发行与流通的政府授权权力，在整个经济利益的划分中出现了风险和收益的不对称性，也无法在严重的金融危机面前有效应对，以至于系统性金融机构存在"大而不倒"的护身符，只能最后由政府和全体社会来为损失买单，进而影响到整个社会的公平性。从理论上来说，商业银行对中央银行的货币信用权力存在"委托—代理"问题，信用货币的二元账户发行机制存在变革的需求。

此外，账户货币的流通运行格局也在影响着信用货币的发行机制。首先，假定拥有全社会规模的账户体系是执行货币发行中介职能的前提条件，那么具有现代账户支付体系管理能力的并不局限于银行系统，部分非银支付机构账户体系同样可以承接中央银行的货币发行中介功能。事实上，账户体系及其网络内部支付功能的建立已经使账户体系构建方拥有了账户货币的发行条件。例如，对于某些非银行运营的商业平台账户体系而言，其充值账户的购买能力已经不再局限于其平台体系内部，这样其平台账户内的余额货币就成为一般意义上的交易媒介。根据巴塞尔银行监管委员会的定义，广义的电子货币是指通过硬件设备或者电脑网络完成支付的存储价值或预先支付机制，也就是依靠电子设备网络实现存储和支付功能的货币，而狭义的电子货币可以视为法币的电子化形态，与之相应的虚拟货币则是非法币的电子化，法定电子货币与虚拟货币虽然在货币发行的合法性或者法偿性上存在差异，但在支付网络环境内具有相似的货币流通功能，都是一种价值的数据表达形式。虚拟货币在其支付网络的封闭环境下已经拥有了与法币相似的支付功能，部分非银支付机构为了使其支付网络转为开放环境，将其账户内代币与法币的兑换比率固定为 1：1，并将客户备付金全额上缴至中央银行以保证支付和取现承诺。虽然这种中心化发行机制与商业银行的保值安排使非银支付体系丧失了一定的独立性，但这仍可以说明非银行账户体系构建方已然具备了某种发行货币的权力和基础性条件。

在数字货币时代，从中央银行的角度来说，若要变革原有的二元账户货币发行机制，或许存在两个路径选择：一个是将二元账户发行机制扩展至具有全民账户体系能力的机构，而不是以商业银行或非银行支付机构进行画线，因为代理发行数字货币均需要实行 100% 存款准备金制度，同时改变原有商业银行基于账户货币的信用创造机制，或可引入竞争性的信用创造机制以刺激金融体系更好地为实体经济服务；另一个是数字货币发行无须中介机构的账户体系介入，账户货币发行机制改为"中央银行—公众"的直接账户模式，民众存款直接存于中央银行账户，形成中央银行与民众之间直接的资产负债关系，这样货币发行及信用属性又完全回归至中央银行。对于普通民众而言，其可以在将货币资产存入银行账户以获得相应利息并承担银行可能发生破产而带来的损失，或者将货币资产存入更加安全的央行数字钱包中进行选择。对于中央银行而言，这种货币发行机制可以使其拥有更大的利率政策空间，当然这种转换的代价是增加了金融运行机制的不确定性，如英格兰银行副行长本·布劳德本特（2016）认为，"中央银行的资产负债表可以对每个市场参与者（包括个人）开放，但可能会导致商业银行存款转移至中央银行，由此将产生多方影响"。

2. 账户货币的中介性支付成本问题

在货币流通阶段，账户货币的支付是将货币由实物形态交换转为记账单元的增减，这个转变过程虽然规避了交易空间和时间的束缚，但整个支付信息流程需要大量的支付中介机构及金融基础设施参与运行，这在本质上增加了社会支付的运行成本。反过来，虽然现金交易存在交换媒介自身条件及交易场所和时间的限制，但现金交易本身仅是货币的实物交割，其交易的即时性是真正实现了"支付即结算"，也无须交易身份识别、交易者付款能力或信用额度确认、交易信息及单据报送等各种支付中介服务。随着技术的革新与支付市场的发展，这种中介机构的支付性成本需要一个进一步"脱媒"的演化过程。

首先，账户支付的身份认定需要第三方中介机构进行认定。这种认定成本产生于账户开立环节的身份认证、账户使用环节中的身份验证，还产生于账户身份数据的更新维护及防范账户盗用的安全工作。数字货币依靠密码编写来使得每一个单位货币都具有独立的识别机制，就如同数字货币拥有了一个自身的"身份证号码"，可以自带"公钥与私钥"的身份识别验证工作，并通过诸如拜占庭容错机制等实现在公共网络条件下的"指令辨伪",包括支付信息指令发出方的身份识别、指令发出方是否拥有交易数字货币的所有权,以及该数字货币是否被多次使用等。这些验证工作在传统的账户支付机制下,需要一个或多个支付中介进行验证确认与信息交互才能完成,而在数字货币的支付机制下,则可通过其网络节点对新增交易信息的共识算法进行确认,从而实现了建立在数字化信任基础上不依赖特定中介的价值交换,并由此节省了支付中介的相应工作与成本。

其次,账户支付的账本交易需要中央化的中介机构进行数据库的数据登记和保存。在传统信息系统的安全方案中,数据库的安全防护依靠专用机房、专有网络和专业安全软件进行层层设防的访问控制,只有通过应用程序接口(Application Programming Intorface,API)等专用访问通道,并经身份认证、鉴权等安全流程验证后方能进行核心数据的访问与修正。虽然这些机制保证了账户数据和交易记录的可信性,但相关维护成本均作为社会交易成本的一部分,而可作为数字货币底层技术的"区块链"可以分布式账本代替中心化账本。根据英国金融行为监管局的定义,分布式账户可以视为一种技术模式方案,即实现对网络交易者活动的即时记载。[1] 在提高账本数据更新效率方面,依靠点对点网络传输、加密技术以及共享数据库等技术发展,分布式账本技术实现交易活动与账户簿记的即时同步,意味着数字货币的每次支付流转即同步发生全网记账和点对点的实时结算,意味着传统的支付、清算和结算将同步完成,深刻改变了以账户为运行基础的传统支付清算运行机制。在交易数据安全方面,不同于传统的"中心报送"模式,网络节点(Nodes)相互之间就分布式账户中的交易记录进行全网比对验证,将验证后的区块信息加注"时间戳"并入主区块链的共识账本之中,同时又会将数据信息反馈回每个网络节点的分布式账户之中,形成"区块+链"的记录模式,通过区块链中的"点对点通信交互"和"共识算法"使共识账本中的交易信息不可篡改。在该模式下,账户功能演变为货币存储和权属的认证功能,其转账和支付以及账目登记等功能被转移至数字货币本身,从而降低账户中介在支付体系中的重要性。

最后,货币流通的线上与线下交互中介成本。当前网络支付的实质是将线下交易线上化,即在货币发行阶段仍需要大量印刷纸币以适应线下交易的现金需求,而网络支付又将大量的线下货币(现金)兑换为电子形态的账户货币(无论是电子货币还是虚拟货币),并由账户在交易网络中以支付或转账的方式完成交易,同时网络支付账户剩余资金可以随时兑回线下货币。这样就形成了一种账户的功能分离,即网络账户强化了支付功能,银行账户保留了资金保管和结算功

---

① FCA. Discussion Paper on Distributed Ledger Technology [R]. 2017.

能，这种功能分离在一定程度上促进了支付效率的提升，但是，将线下支付工具转换为线上支付工具本身也是一种效率损失。在以码基及生物特征为代表的端口型账户形态下，还需要因各支付机构账户形态不能直接识读而出现的聚合服务中介，这种俗称"第四方支付"的聚合支付业态进一步丰富了支付中介的服务种类和商业形态，但在某种程度上增加了社会支付成本，或者说进一步增加了支付产业在交易规模上的量级要求。

综上所述，当前信用货币的账户性支付机制需要各种类型的支付中介，围绕着账户支付机制的中介功能，支付中介可分为交易身份验证中介、交易数据登记与账本数据维护中介乃至网络线下货币线上化中介和不同账户形态聚合服务中介，这些支付中介相应地增加了货币流通的成本，限制了实际可行的最小交易规模。人们对数字货币的诉求点之一就是希望借助其实现中介性支付成本的降低。

3. 货币账户化的价值数据安全与使用问题

在账户支付机制下，账户间交易需要信息流和资金流的体系内传输，因此价值数据与身份信息均需要存储于账户体系之中，但随之而来的是数据集中和数据隐私保护之间的矛盾。2018 年 3 月，英国媒体"第四频道"（Channel 4）曝光了英国商业运营的政治数据分析公司"剑桥分析"（Cambridge Analytica）的暗访视频。节目声称该分析公司利用一款嵌入脸书（Facebook）的软件获取用户数据，此事件反映出社交媒体可以通过设定人工智能推荐算法，制造恶意聊天机器人等 AI 技术，误导受众群体观点。2018 年初，支付宝面向其用户推出个性化的"2017 支付宝年账单"，但由于其在年度账单的首页设置了"我同意《芝麻服务协议》"这一选项，遭到社会公众对其滥用默认同意规则的批评，并引发就互联网金融数据获取，以及个人数据隐私保护等问题的广泛讨论。2020 年 5 月，脱口秀演员池子在其个人微博中声称，中信银行上海虹口支行在未经其本人授权允许，且无任何司法机关进行合法调查的情况下，擅自将其账户交易明细直接打印并交给原雇佣公司上海笑果文化传媒有限公司，并导致其本人银行账户冻结。按照相关规定，个人银行账户交易明细需要本人持有银行卡或有效证件到银行网点查询，但事实上，银行账户本身集中储存着账户人卡号、身份证等个人身份信息，在银行内部管理机制或信息数据系统存在缺陷的情况下，可能出现个人价值数据被恶意侵入的风险。

与此同时，账户对价值数据及个人信息的集中化管理，在某种程度上模糊了账户数据资源究竟应归属于账户持有人还是账户管理机构。实质上，金融业界涉及"开放共享"也好，"互联互通"也罢，纷繁多样的概念都离不开两个关键问题：开放谁的数据；向谁开放。这两个问题本质上都是涉及数据资源的所属权和交易的问题，若与之相对应的是个人数据信息的保护问题，这就需要进行客户的授权、技术上的脱媒处理以及监管政策的配套规范等支持；若与之相对应的是机构所属数据，那么就涉及机构之间数据共享的平等性，或者说数据交易的合理性，在市场环境下，没有任何机构会将自己所属的资源共享给他人而不求索取，这是违背市场规律的，也无法实现政策的可持续。以银行间账户合作机制为例，账户分类政策允许银行 II 类和 III 类账户在绑定其他银行的 I 类账户基础上开立，这原本将有助于中小银行的账户开立，更加便利小城镇及偏远地区的普惠金融服务，但从具体实践来看，大型商业银行并不情愿将账户资源"无偿共享"给中小银行，对于五要素中的 I 类账户回执采取消极态度，银行间相互认证机制逐渐演绎成"分级认证"：由中国工商银行、中国农业银行、中国银行、中国建设银行、中国交通银行、中国邮政储蓄银行六大行签订账户管理合作协议，允许协议内银行账户相互认证，中信银行、招商银行等 12 家股份制银行成立"商业银行网络金融联盟"，建立同类银行相互认证机制，这种大型银行与中小型银行的对立，与此前银行间通兑通存难以推行的情形如出一辙。由此，若围绕数据所有权及共享机制的利益分配问题不能得到有效解决，包括"开放银行"的数据价值共享理念很可能无法实现其设计的初衷。

在这种情况下，人们对数字货币的期许在很大程度上也与追求数据和隐私安全密不可分。例如，比特币被中本聪构造出来，就是为了用它在互联网上模拟一种类似现金的支付系统，其匿名性是支付宝、微信等支付工具提供不了的。由一个可信任的中央银行发行的数字货币尽管不能达到比特币这样的匿名性，但也可在很大程度上避免数据泄露的问题。

四、供给端的变革动力

尽管我们认为在需求端弥补账户货币存在的缺陷或不足是推动数字货币产生和发展的主要变革动力，但是供给端的变革动力也是需要详加剖析的。从供给侧角度来看，促进数字货币产生和发展的因素大体可分为三类，即以网络信息技术和加密技术为代表的技术创新、以打破原有格局和追求秩序变革为动机的各类行为主体、以变革性技术创新与风险投资为特征的商业及金融环境。

首先，从底层技术的创新应用来看，加密技术的重大突破成为数字货币发展的主要因素。一般来说，对价值信息的传输存在两种思路：第一种思路是对价值信息的传输路径进行安全防护，即在信息指令发出、接收以及传输网络等节点采用专用设备和专属网络，如银行网点的柜台交易、ATM 机交易、银行卡交易等均属于基于该理念的支付行为，但是这种支付方式投入大、交易覆盖率有限，社会支付的成本较高。第二种思路是对价值信息自身进行加密保护，该理念的价值意义在于加密价值信息可以在通用设备及公共网络中进行传输，省去了大量的硬件投入和维护工作，也减少了对交易双方的身份认定、交易信息真实性的账户管理及维护工作，然而其也面临信息加密安全性和开放性的两难问题。所谓安全性，是指要有足够的安全强度，信息不能被窃取和篡改。所谓开放性，就是要求被最广泛的大众所接受和日常使用。在传统的对称密码体系中，由于加密解密共用一把钥匙，因此很难在大规模分发密钥的同时保持足够的安全强度。1976 年，继特菲尔德·迪菲（Whitfield Diffie）和马丁·赫尔曼（Martin Hellman）发表了《密码学的新方向》（New Direction in Cryptography）一文，提出建立非对称密码体系设想，即将原来对称密码体系下的一把钥匙一分为二：一个是加密密钥，被用来加密信息，加密密钥可以公开，也称为公钥；另一个是解密密钥，被用来从密文中恢复明文，由个人维持其机密性，也称为私钥。从私钥可以推导出公钥，但从公钥很难逆推出私钥。1978 年，罗纳德·李维斯特（Ronald Rivest）、阿迪·萨莫尔（Adi Shamir）和伦纳德·阿德曼（Leonard Adleman）基于该设想首次提出非对称加密算法（由三位发明人的姓氏字母合称 RSA 算法），由于公钥可在服务器进行全网公开，价值信息发出方可用接收方的公钥加密，并用其私钥签名，而接收方可以用发出方的公钥验证其身份信息，并用自身的私钥解密阅读报文信息，这样既保证了价值信息传递的安全性，也解决了价值信息发出方的身份认证问题。

另一个技术突破是以区块链为代表的分布式账本技术，其解决的是在公共网络系统中价值信息传输后的登记与存储问题，反映为货币流通中的双重花费问题（以下简称"双花问题"）。密码学者发现哈希函数具有将给定输入信息迅速收敛为固定输出字符信息的能力，且一旦给定输入信息发生变化，输出字符即可变更，且不可回溯至原输入信息，因此可以凭借哈希函数的特性快速生成随机数对信息包进行序列标注，以防止信息的复制滥用。对于哈希函数的验证模式，则存在集中式和分布式两种路径。1983 年，大卫·乔姆（David Chaum）发表题为《无法追踪付款的盲签名》（Blind Signatures for Untraceable Payments）的论文，提出了一种基于 RSA 算法的新密码协议——盲签名，即利用盲签名构建一个具备匿名性和不可追踪性的电子现金系统，同时以随机配序产生的唯一序列号保证数字现金的唯一性。但乔姆以随机配序的序列号作为 E-Cash，并以银行的数据库进行验证和比对，这样势必影响加密货币的开放性，因为随着交易量的上升，数据库的储存容量与比对验证都显得十分困难。基于这个难题，2008 年，化名为中本聪的学者发表其经典论文《比特币：一种点对点的电子现金系统》（*Bitcoin：A Peer-to-Peer Electronic Cash System*），将中心化的验证方式改变为去中心化的点对点交易模式，即将集中性的簿记方式改为分布式簿记方式，即在账户支付信息交互的结构化设计中，推出分布式账户技术（Distributed Ledger Technology）对原有中心化账户结构进行替代。通过这种互相验证的公开记账系统，解决了数字货币的开放性问题（Nakamoto，2008）。

其次，推进数字货币创新及应用的行为主体可分为创新个体精英行为和意图打破原有金融秩序的国家行为。从创新个体及团队层面来看，以乔布斯、扎克伯格、埃隆·马斯克等为代表的美国硅谷精英赋予了当前金融科技特殊的创新理念。他们大多在经历了"硅谷劫难"和"华尔街危机"后，对美国的科技创新和金融投资进行了深刻的反思与批判，崇尚从"从0到1"的技术变革，强调技术的"颠覆性"特征。例如，彼得·蒂尔在其著作《从0到1：开启商业与未来的秘密》中认为，照搬已取得成就的经验，只是一种水平进步（可理解为延续性技术），这种进步很容易想象，并可以通过全球化推广至世界各地，探索新的道路则被视为垂直进步（可理解为变革性技术），这种从0到1的进步用科技的发展来代表，相比于全球化为全球带来的水平性进步而言，科技创新所带来的垂直性进步更具有影响力。此外，在技术价值观方面，部分数字货币及金融科技创新者常自诩为社会现行规则中的"逆行者"，强调"科技赋权"，认为可以通过社区性的互助而非依靠中央集权制度的权威体系解决公共物品的问题，因此，部分技术创新者有意将其自身理念融入创新技术，希望体现对现行运行体制的"颠覆性"。比如发源于20世纪70年代标榜个人意识的朋克（Punk）运动影响了当时的密码学年轻学者，其希望设计不受垄断性机构控制的自由代码，结束国家对货币和金融资源的绝对垄断。再如第三方支付产品PayPal在设立初期，声称其产品开发的目的就在于要"颠覆世界金融体系"，即为除美国以外的其他国家居民开设离岸账户，以使其能够绕开国家的资本管控机制，"把手中的货币换成像美元这样稳定的货币"，并为此设置了"统治世界指数"（World Domination Index）。而Facebook的Libra（2020年Libra更名为Diem）项目依然招募了PayPal创始人彼得·蒂尔、原总裁大卫·马库斯以及网景创始人马克·安德森等人，由此可以看出数字货币与第三方支付在其人员精神理念上的延续性。

除部分科技精英及创新型企业致力于推动包括数字货币在内创新性产品之外，部分主权国家也纷纷开展数字货币的研发工作。一类是以欧美国家中央银行为代表，其逐渐意识到只有提前评估数字货币对货币及政策金融体系的影响，提前布局官方数字货币发行，才能保障法定货币的市场地位。例如，英国央行于2016年8月发表工作论文《中央银行发行数字货币的宏观经济学》（*The Macro*

Economics of Central Bank Issued Digital Currencies），首次从理论上探讨了数字货币与宏观经济间的影响关系，随后其他欧美发达国家央行也纷纷启动数字货币的研究，乃至发行与流通的设计与测试工作。总体来讲，欧美国家央行期望数字货币的发行可以结合现金货币和账户货币两种货币形态的优点，有效降低支付体系交易成本，规避账户体系"大而不倒""密而不倒"的系统性金融风险，同时尽可能地保证其对货币市场的干预能力以及对金融体系的监控与监管手段。

另一类则是受到或面临美国制裁的主权国家。近年来，美国越来越多地实施针对非国家实体的清单制裁方式（包括特别制定国民和人员封锁清单（即 SDN 清单）、行业制裁识别清单、海外逃避制裁者清单、外国金融机构第 561 条款清单等），如根据外国金融机构第 561 条款第 203 款规定，美国财政部一旦发现某家外国金融机构蓄意与伊朗中央银行或特定金融机构的任何金融交易或提供相关便利，即可对该金融机构进行制裁。这种针对非美国主体实施的二级制裁（Secondary Sanction）是典型的长臂管辖行为[1]，制裁的主要方式为禁止美国金融机构为特定外国金融机构开立或维持代理账户或通汇账户，或对其已在美国开立的代理行账户或通汇账户进行限制。由于这种所谓智慧制裁（Smart Sanction）的实施抓手是美元结算账户体系或与美国金融机构相关联的账户体系，因此，诸如伊朗、委内瑞拉、俄罗斯等国因受制于美国的金融霸权，希望开发并利用数字货币中"去账户"的管理模式，以及"点对点"的跨境支付功能，绕开美元结算账户系统对特定账户资产和相关汇路通道的冻结制裁。[2]

最后，创新型企业或行业外企业在战略经营理念和商业运行模式方面与行业内成熟型企业不同，创新型企业在发展理念上对传统西方经济学者追求的"市场均衡"不屑一顾，认为供需双方在价格上的均衡意味着产品的同质化，产品价格由市场决定而非企业则会失去定价权，这并不是自由市场竞争所追求的目标，自由竞争应鼓励企业技术创新，使其能够依托自身独特的技术优势从而在若干利基市场上获得超额利润。因此，创新型企业并不像行业内成熟企业一样紧盯竞争对手的市场策略，而是倾向采用变革性技术，率先在边缘市场及长尾客户中寻求响应，如谷歌公司虽然在美国搜索引擎市场上占据主导性地位，但不惜降低发展效率将业务扩展至自动驾驶汽车、安卓手机等多个领域，又如 Facebook 致力于将关注点放在自身产品技术的先进性以及是否能够响应甚至是引领市场的客户需求

---

① 按照是否对被制裁对象具备管辖权，美国财政部以美国实体和非美国实体将制裁分为两种形式，针对美国实体采取一级制裁（Primary Sanctions），针对非美国实体实施二级制裁（Secondary Sanctions）。

② 这里仅仅是对各国央行研发数字货币进行了简单的划分，本书第三章会就此问题展开更为深入的探讨。

方面。创新型企业的另一个运行特征是其经营模式能够在全球范围内迅速扩散，一旦金融科技创新产品及其商业模式被一国市场确认，随即就会被迅速推广至其他国家。德国的扎姆韦尔兄弟就在美国市场分析互联网创意公司，并在欧洲市场成功山寨对标企业，如德国版 YouTube（My Video）、推特（Frazr）、Facebook（StudiVZ）以及爱彼迎（Wimdu）。由于金融科技创新及相关产品存在快速"周期迭代"特征与"网络效应"，创新企业的技术扩散追求"市场优先"原则，而非"利润优先"原则，如领英创始人里德·霍夫曼在《闪电式扩张》一书中指出，科技创新企业应如同"二战"德军实施的"闪电战"一样，即便在不确定的环境下，也应优先考虑市场占有速度，而相对放弃实施效率与利润率等其他规模化企业的传统目标。与此同时，创新型企业当前深受科技风险投资的青睐，可以充分利用资本市场募集资金，研发技术上更加复杂的交易产品和交易系统。据毕马威统计，2021 年，全球金融科技投资交易再创新高，总交易数量达到 5684 宗，投资总额也达到 2100 亿美元，打破了 2018 年以来的纪录。支付科技、保险科技、监管科技、网络安全技术、财富科技、区块链、加密货币等金融科技细分领域的企业成为资本扶持的重点。在这种新型商业创新理念及投资环境下，对变革性技术的狂热偏好促进了包括数字货币技术在内的金融科技迅速发展，并即时向全世界各国扩展相关创新模式，以期获得超额利润回报。

第二章 数字货币概念辨析及典型数字货币简介

许多学者在研究数字货币时，都试图对电子货币、虚拟货币和数字货币的概念范畴进行辨析，甚至是对三者的概念界定进行较为严格的划分（朱阁，2015），本书亦打算由此展开。不过，本书更希望通过细致的梳理，使人们能够认识到这三个概念在中文语义下涵盖范围之间的交叉，以及其在现实的使用中概念自身的不断演化。

一、对数字货币概念的辨析

1. 电子货币

在早期的文献中，电子货币的概念指的是储存在电子计算机中并能通过电子计算机系统进行转账和划拨的存款，主要形式是由电子计算机系统操作的各种塑制银行卡，包括信用卡、支票卡、自动出纳机卡、记账卡、灵光卡等（童频，1992）。可以说，电子货币的概念是随着银行电子化而产生的，是19世纪60年代以来美、日等国的金融机构为其银行电子化的目标投入巨款并已取得的成效之一，以结算简便、调拨迅速、节约纸张、方便用户、加快商品流通速度的显著优点而受到国际金融界的瞩目（刘勤、钱淑萍，1991）。目前从知网上可以查询到的最早使用电子货币这一概念的国内文献是曾子敬1986年发表在《广东金融》上的一篇文章，介绍的也正是我国香港银行业中业已存在的信用卡、自动出纳机等。

此后，随着现实中金融业的电子化以及数字化程度不断向前推进，学界对于电子货币的概念界定也在不断演变。根据巴塞尔银行监管委员会（1998）的定义，电子货币是指通过销售终端、设备直接转账或电脑网络来完成支付的储存价值或预先支付机制。王鲁滨（1999）则进一步指出，作为一种储值或预付产品，电子货币又可分为智能卡和网络货币，其是随着电子商务的发展而发展起来的，当时较为有代表性的产品包括 CAFé、Cybercash、Digicash、Mondex 等。不过，鉴于现实中快速的演进速度，更多学者则试图从更广义的、更功能化的角度来界定电子货币。例如，岩崎和雄和左藤元则（1999）曾从数字化角度对电子货币进行了较宽泛的定义："电子货币是指'数字化的货币'，举凡付款、取款、通货的使用、融资存款等与通货有关的信息，全部经过数字化者，便叫电子货币。"周光友（2009）则认为电子货币"应该是指以计算机网络为基础，以各种卡片或数据存储设备为介质，借助各种与电子货币发行者相连接的终端设备，在进行支付和清偿债务时，使预先存放在计算机系统中的电子数据以电子信息流的形式在债权债务人之间进行转移的，具有某种货币职能的货币"。董昀和辛超（2013）提出，电子货币是指以计算机或其他存储设备为存在介质、以数据或卡片形式履行货币支付流通职能的"货币符号"，其具体形式包括卡基电子货币、数基电子货币、电子票据等。

从上述对电子货币概念界定的演变中不难看出，理解电子货币的更重要的视角应落在更为现实的金融基础设施以及支付工具的发展演变上。从某种程度上讲，电子货币本身并不是一种孤立的货币形态的转变，而是在金融业电子化数字化发展过程中支付清算体系以及支付工具演变的附带品。我们从一些早期的文献中也不难发现这一点。例如，李遵法和许桂琴（1993）的一篇文章就是着眼于电子货币流通系统而不是电子货币本身。按照其定义，所谓电子货币流通系统就是以电子计算机网络通信、数据库、电子化自动金融机具和商业机具为基础的，把自动化银行、自动化消费场所和单位工资代发系统等联结起来，以电子信息转账的形式来取代传统的货币流通方式的货币流通系统。金卡工程建设更是被人们普遍认为是我国进入电子货币时代的标志（程静，1995；王华庆，1995）。此外，许多探讨电子货币发展的文章，其实际上就是针对各国支付清算系统（祁英，1998）或者电子支付工具（王鲁滨，1999）进行的研究，包括其对货币供需、对金融体系尤其是对银行业的影响等。

最后，有两点特别值得注意。第一，1997 年一篇名为《新型交易媒介——电子货币》的文章发表于《国际金融研究》杂志"金融科技"版块中[1]，可见"金融科技"一词即便在当时或许也并不是一个生僻概念，这也提示我们研究金

---

① 参见：新型交易媒介——电子货币［J］．国际金融研究，1997（2）：71．

融科技以及与之相关的数字货币或电子货币时，可能需要具备一定的历史视角。[1] 第二，与后来学界对虚拟货币以及目前对数字货币的探讨一样，早期针对电子货币的一个重要研究方向也在于其可能存在的风险和问题，甚至巴塞尔支付清算系统委员会在 1996 年也曾发表了有关电子货币安全性的报告，同年国际清算银行也发表了题为《数字货币发展对中央银行的启示》（*Implications for Central Banks of the Development of Digital Money*）的报告。这充分说明由技术进步带来的支付形式和货币形式的重大转变在任何时候都有可能会对现存金融体系形成较大冲击。

2. 虚拟货币

与电子货币概念沿着支付工具变迁的主脉络不断演变相比，虚拟货币的概念从一开始就比较泛化。虚拟货币是与虚拟经济相对应的，而虚拟经济在我国学界的话语体系中存在两种意思：一种是沿着马克思的虚拟资本理论创造出的概念，与之相对应的虚拟货币指代的就是信用货币（梁坚、陈国华，2004）。不过"虚拟货币"概念在这种语境中的使用比较少见，并且与本书研究主题关系不大，故这里不再多谈。另一种对"虚拟经济"概念的使用则是用其指代互联网经济，这与本书探讨的主题关系就比较密切了，故需详述。

在互联网经济语境下，人们在使用虚拟货币概念时仍然有着不同的指代对象。从国内研究文献来看，虚拟货币的指代对象经历了几次较大的改变。早期期刊中提及的虚拟货币通常指的就是当时的电子货币。例如，目前从知网上可查询到的最早使用虚拟货币概念的相关内容出现在 1997 年的《珠江经济》杂志"环球博览"栏目的一条资讯中，其指代的就是上文中提及的电子货币的一种[2]，就是王鲁滨（1999）文章中提及的网络货币。费宇东（1998）在探讨当时网上购物的付款方式时，同样使用"虚拟货币"一词来指代这种电子货币，即 Cyber-cash 这种以信用卡付款方式运作的网络支付工具。与上述文献将虚拟货币局限于网络货币不同，还有部分学者对于虚拟货币的概念界定则相对更宽泛，但却仍包含在电子货币的范畴之中。例如，周湘仕（1998）将英国西敏寺银行开发的早期的电子钱包 Mondex 也包含在虚拟货币的概念范围内；在李翀（2003）的文章中则基本上将虚拟货币完全与当时包括信用卡等在内的电子货币画上了等号。

随着互联网经济的快速发展以及网络生态的完善，人们对虚拟货币这一概念的使用方式也逐渐进入了一个新的阶段。早在 1999 年，《Internet 信息世界》杂

---

[1]　董昀和李鑫（2019）曾对中国金融科技思想的发展脉络进行过初步的梳理。

[2]　参见《珠江经济》1997 年第 4 期。

志中一篇名为《网络社群营销新路》的文章中就使用虚拟货币一词指代一些仅存在于网络社区中的"货币"。① 大约在 2005 年后，绝大部分文章中所谈到的虚拟货币便都由电子货币转化为了这种网络社区虚拟货币。在当时最主要的代表是游戏币，这类虚拟货币由互联网运营商发行，在某一特定范围内充当一般等价物，具备有限的流通和支付功能。曹红辉（2008）曾描绘虚拟货币是"一般通过购买、赠送、奖励等方式获得，对发行人提供的物品或服务不依赖于现实货币而独立地充当价值尺度的计量单位"。包括腾讯的 Q 币、魔兽世界的 G 币、亚马逊的 Coins、Facebook 的 Credits 等，这些虚拟货币在网络社区中被用于与应用程序、虚拟商品及相关服务有关的交易，形成了复杂的运行机制。尽管早期这种网络虚拟货币更多被用来购买虚拟产品和服务，但仍有不少学者关注其对于现实中的货币流通以及金融秩序带来的冲击（陈东海，2007；钟孝生，2007），更有人已注意到网络虚拟货币的支付领域正在向实体经济领域不断扩展（张磊，2007）。

随着比特币等新一代的互联网货币或者说数字货币的兴起，"虚拟货币"一词的概念和内涵进一步发生改变，上面提及的虚拟货币两种截然不同的语义从此开始逐渐融合，这恰恰是因为这些新的虚拟货币既有网络虚拟社区币的特点，同时又具备电子货币的现实支付功能。根据谢平等（2014）的定义，以虚拟货币为蓝本发展起来的互联网货币是由某个网络社区发行和管理，不受或少受央行监管的，以数字形式存在的，被网络社区成员普遍接受和使用的货币。ECB（2012）也指出，"虚拟货币是一种不受监管的电子货币，它们通常由开发者发行，在一个特定的虚拟社区内被成员们使用和接受"。由此可见，虚拟货币和互联网货币在此阶段似乎已经能够包含在电子货币的概念范畴之内了。尽管我们可以简单地将其分为两类，认为第一类是诸如 Q 币等在网络虚拟社区中使用的"货币"，第二类则是比特币、莱特币这些全新的互联网货币。然而，仔细剖析上面提及的关于虚拟货币的定义，我们不难发现两者的共性，即其被并称的原因。

如果说"电子货币"一词侧重的是支付工具以及与之相关的"货币"电子化和数字化进程，那么"虚拟货币"一词则侧重于强调货币发行的主体。游戏币等网络虚拟社区币是由特定网络虚拟社区的运营者发行，而互联网货币则是"去中心化"发行，注意这两者的发行主体均不是传统的"中央银行—商业银行"体系。贝多广和罗煜（2013）曾指出，在电子货币中，银行电子货币（包括电子支票）受到政府监管，属于法定货币范畴；以互联网货币为主体的虚拟货币不受政府监管，属于补充性货币范畴；补充性货币的出现，不再简单是法定货

---

① 参见：网络社群营销新路［J］. Internet 信息世界，1999（7）：35–37.

币内部纸币与电子货币的替代，而是法币被补充性货币替代，中央银行难以监控补充性货币的发行。按照这个分类，我们便不难理解为何称之为"虚拟"。目前文献中提到的虚拟货币更多指代的就是上面提及的第二类，即互联网货币，恰恰这也是后文我们会详细探讨的数字货币中的一种。

3. 数字货币

2000 年以前，国内期刊中就已屡屡出现"数字货币"的概念。1996 年《个人电脑》杂志上转载的一篇译文《数字货币之现状》，文中的数字货币指代的就是上文反复提及的 Cybercash、Digicash 等网络电子货币或虚拟货币（Rupley、陈坤荣，1996）。1998 年，国内有数本杂志都曾转载了美国两位学者在《未来学家》杂志上撰写的有关数字货币前景的文章，认为其"前景诱人"，而这里提及的数字货币指代的依然是网络电子货币。① 可见，如果仅从概念范畴来看，电子货币、虚拟货币以及数字货币在当时基本上是一致的，因此随着概念逐渐统一，2000 年后有关数字货币的研究就很少了。

比特币的出现，令数字货币再次受到各界的关注。一方面电子货币的概念已逐渐清晰，另一方面人们对比特币等加密数字货币的使用已明显不再局限于网络虚拟社区内，因此尽管虚拟货币的概念仍然可以被用来指代这一类"货币"，但人们更希望用一个更加贴切的专有名词来指代这种数字化发行和流通的新型"货币"。因此可以看到，在此后相当长一段时间，国内文献中数字货币基本上就是与比特币等加密数字货币等价，而国外文献谈论的焦点也转化为加密数字货币（Crypto Currency），即便偶尔有人使用"数字货币"（Digital Currency）一词，基本上指代的也是加密数字货币，关于此有大量的国内外文献可以佐证，在此不再一一列举。

事实上，对于电子货币、虚拟货币以及数字货币概念之间的模糊不清并非仅存在于国内，自比特币横空出世后，各国学者以及官方都在围绕这种新生事物进行概念上的辨析。Wagner（2014）就将数字货币定义为以电子形式储存和转移的货币。这一定义较为笼统，不仅包含了数字货币，其中还包含了电子货币。2015 年 2 月欧洲央行发布了一份关于虚拟货币的报告将数字货币定义为一种价值的数据表现形式，它并非由货币当局发行，在某种情况下，它可被当作货币的替代品。同年 11 月国际清算银行（BIS）发布了一个题为《数字货币》的报告，其中认为数字货币是一种电子形态的货币，可以纳入广义电子货币的

---

① 参见：美未来学家展望数字货币前景［J］. 深圳特区科技，1998（4）：28；美学者预言：数字货币前景诱人［J］. 航天技术与民用，1998（10）：24.

范畴。

然而实践总是出现在理论的前面。比特币在现实中引起了各界的极大兴趣，并直接导致各国央行开启了央行数字货币（Central Bank Digital Currency，CBDC）研发竞赛，而在商业领域针对比特币价值不稳定的问题，许多机构也开始探讨所谓的稳定币。2019 年全球最大社交平台 Facebook 发布 Libra 项目白皮书，更是将人们对数字货币的关注度提高到一个新的水平。央行数字货币、稳定币等形态的数字货币陆续出现，使得人们开始重新思考数字货币的定义。目前来看，各国接受度最高的是 BIS 下属支付及市场基础设施委员会（CPMI）在 2018 年提出的"货币之花"。如图 2-1 所示，CPMI 从四个关键属性对各类"货币"进行分划：发行人（中央银行或非中央银行）、货币形态（数字或实物）、可获取性（广泛或受限制）、实现技术（基于账户或基于代币）。

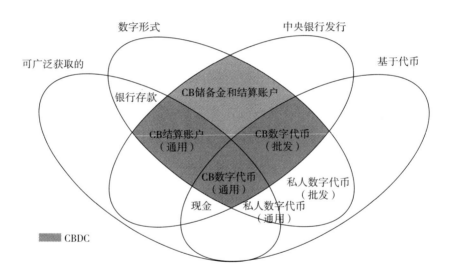

图 2-1 "货币之花"

资料来源：CPMI. Central Bank Digital Currencies ［J］. CPMI Papers，2018.

纵观现实中对数字货币以及与之相关的电子货币、虚拟货币等词汇应用的演化历程，我们不难发现这些概念本身可能都不是严格意义上的学术概念，并且随着时间推移，这几个概念的范畴又在不断地分开或融合。例如，中本聪自身也是将比特币称为电子现金（Electronic Cash）而非数字现金（Nakamoto，2008）；英国央行副行长 Broadbent（2016）在谈论数字货币时也曾指出各国银行账户上流通的货币绝大部分本身就是数字化的。因此，可能更值得我们关注的并不是每个概念的具体范畴，而是其试图强调的侧重点。电子货币强调的是支付结算以及附着于其上的更多金融业态的电子化和数字化趋势，虚拟货币则强调的是"货币"发行或经营的主体向"中央银行—商业银行"体系外的拓展。当前所谓的数字货币以及由此带来的各种经济金融现象，既是这种电子化和数字化趋势的延续，又存在发行主体向非官方体系的拓展，故在概念上出现混淆情有可原。对于数字货币这种现实中正在快速发展演变中的新事物，我们更倾向于在探究现实中人们关心的实际问题上下功夫，因此本书并不试图对数字货币做一个权威的概念界定，而是将研究对象聚焦于几种现实中人们更多提及的"数字货币"上，一是以比特币为代表的私人发行加密数字货币（非稳定币），二是以 Libra 为代表的稳定币，三是以数字人民币为代表的央行数字货币。

二、几种代表性数字货币

这里我们将详细探讨上述几个典型的数字货币案例，第一个是私人发行加密数字货币的代表比特币，第二个是 2019 年以来备受争议的 Libra，第三个是数字人民币。其中，以 Libra 为代表的稳定币的最主要用途在于跨境支付，本书第八章会就此展开更详细的探讨。关于央行数字货币，这里只简要介绍中国以及其他各国央行数字货币进展情况，对央行数字货币机制的深入探讨留待本书第三章。

1. 比特币

（1）比特币的兴起。

比特币发明者中本聪于 2008 年写下了题为《比特币：一种点对点的电子现金系统》（*Bitcoin: A Peer-to-Peer Electronic Cash System*）的文章，开启了一种新的货币体系，也是去中心化的虚拟电子货币研究的开山之作。根据中本聪的设计，比特币本质上是一套通过开源的算法产生的密码编码体系，所有感兴趣的人都可以自行发掘。该系统不属于任何一个国家，没有中央服务器或者托管方，完全去中心化，所有的一切都是基于参与者的自愿参与。比特币正式创建于 2009 年 1 月，是迄今为止最成功的加密数字货币，它采用开源的区块链技术，将交易信息存储在分布式账本中，这使得破解网络几乎成为了不可能。

可以说，比特币的诞生具有跨时代的意义，其开启了人们探索数字货币的时代。比特币的普及不仅推动了数百种其他私人发行加密数字货币的出现，也令诸多金融机构加入到探索区块链应用的行列之中进而催生出各种稳定币，同时还对各国央行具有极大的启发作用，令其纷纷开始探索法定的数字货币。

2011 年 6 月，比特币中国正式成立，这是中国最早的比特币交易平台。比特币中国的建立标志着比特币正式进入中国。从那以后，越来越多的中国网民通过网站、微博、QQ 群参与制造比特币和从事比特币交易，比特币在中国的影响力逐渐增大，中国比特币活跃节点①数目快速飙升。除了交易领域，在挖矿技术和矿场投资方面，中国在全球范围内也一直处于前列，最有代表性的证明就是张楠庚（论坛 ID：ngzhang）率先生产出世界上第一台 ASIC 比特币挖矿机阿瓦隆（Avalon），并且按期迭代更新，挖矿效率一度领先全球。此外，挖矿行业优秀企业还有蚂蚁矿机等。这些举动不仅带动了国际上比较主流的互联网货币（如比特币）的价格暴涨，并且国内自行模仿而生的各种山寨币也是层出不穷。有国内权威媒体在 2014 年 6 月曾调查发现，国内交易的互联网货币已超百种，年发行总额动辄近亿元，无外乎其感慨称现在在国内"开个网站就能发币"。②

从 2013 年底开始，我国相关部委就已开始对比特币等加密数字货币进行整顿，后来随着互联网金融专项整治的深入推进，到目前为止，混乱狂热的投机局面在国内基本上已经平抑了，不过从国际上看，比特币的价格仍然在大幅波动中。

（2）对于发行机制的探讨。

针对当前货币发行机制中币值不稳定问题，当前无论是官方法定货币还是私人虚拟货币，其货币发行机制均是以中心化的账户模式进行，这种中心化的货币发行模式需要存在某种机制来约束发行主体的超发冲动。哈耶克（2019）提出应实施自由银行业务（Free Banking）和货币自由发行（Free Issue of Money），取消政府垄断发行货币的权力以构建竞争性货币制度，因为货币发行是极为有利可图的生意，私人企业会更加倾向于执行严格的纪律约束，以此来保证公众对其发行货币的信赖与使用，而政府显然缺乏相关纪律约束。因此，可寄希望的货币竞争机制就是基于官方和私人中心化的货币发行的竞争关系，如账户支付机制下，私人机构发行的非法定货币称为虚拟货币（Vitrual Currency），这时期的虚拟货币具有真实货币的支付结算等相应功能，并没有任何主权货币或机构为其信用背书，但其发行和流通机制仍是中心化的。

然而，以比特币为代表的加密数字货币虽然也是以"自下而上"的方式与国家公权背书的信用货币进行竞争，但其竞争的思路与账户交易机制中的虚拟货币不同，即将集中式的发行与流通的账户模式改变为分布式的账本模式，并实施去中心化的管理机制。具体来说，此种加密数字货币可分为以算法为信用基础的

---

① 所谓"节点"，是指处于活跃状况的比特币客户端，但真正的用户数量远多于这些节点数。
② 杜放. 开个网站就能发币"山寨币"涌现潜藏坐庄套利祸心［N］. 经济参考报，2014-06-12.

比特币等算法货币、以特定合约价值为信用基础的以太币等众筹货币，以及通过锚定区块链资产为信用基础的数字代币。由于众筹货币机制主要应用于证券资产的筹集与收益分配，对信用货币发行和流通环节影响最大的是算法货币和数字代币。

在货币发行机制角度来看，作为一种私有货币，算法货币与公有货币最大的区别和差距在于"可信性"，公有货币是通过国家权威来保证其"可信性"，而私有货币是通过在网络环境内对算法的"社区互信"来实现的，两者的竞争关系在于可信性的共识范围与共识强度的乘积比较，即主权国家信用货币的使用范围取决于该国主权疆域范围的大小以及在非主权范围内的可接受领域，而共识强度则在于承认该国主权货币使用性的可信程度。从全球范围内看，不能简单地比较主权国家信用货币的可信性强还是比特币等算法货币的可信性强，因为很多主权国家的信用货币仅在本国政府管辖范围内具有法偿性，而比特币等算法货币在国际网络环境下具有一定的通兑性，尤其是比特币更像是数字货币世界中的"硬通货"，在很多数字货币交易所，可以用比特币来购买其他竞争币或是数字资产。此外，包括美元在内的主权国家信用货币频繁进行类似"量化宽松"的货币政策，在当前的多重博弈环境下，不断损失货币持有人的共识基础，以比特币为代表的加密数字货币没有一个明确的集中发行方，货币的发行数量是以一个预先设定的透明性货币增长政策的计算机算法得出，其设计初衷是通过对货币发行规模进行技术化的"自然约束"，使货币发行的控制权回归市场，以实施总量控制的规则来替代货币当局相机抉择的货币政策。

（3）对账户支付机制的改造。

由于在账户支付机制下，账户的身份数据便于主权国家政府识别和管理，因此以比特币为代表的加密数字货币是通过非中心化的"去账户"方式来规避主权国家政府的干预控制。以比特币为代表的加密数字货币，在货币流通环节中，又尽力避免将交易人身份等数据信息归集在账户之中，使货币的运行更加"匿名化"。具体来说，当前加密数字货币的通用结构分为三层：第一层是以区块链分布式账本为代表的底层技术，在加密数字货币的网络环境内部，由所有网络节点共享并共同维护更新的交易记录总账本，账本以数据库的形式向全网节点公开透明，每个节点均具有账本副本并可以随时监督；第二层是共识协议，基于区块链协议中的共识性算法，以软件系统形式自动进行链上的货币资产的确权转移与公证记录，以实现资金转账功能；第三层则是货币本身，也就是资金转移的标签化传输。

加密数字货币对账户支付模式的改造体现在对账户记账格式和账户数据属性的改变。首先，区块链创新了交易数据记录格式，区块链是将产生的交易数据按照一定的时间间隔分成不同的区块进行保存，就如同会计的月度或季度账本，将所有一定时间段内的交易消息整理和汇总，而后又将链用不同的区块相链接，这个链接的关联点是匹配各区块相对应的哈希值，而哈希值只能验证真伪，但无法回溯区块内的交易信息，这样就可以形成一个更整体和更安全的账本记录。如同复式记账法对传统流水式记账的改变，记账格式在区块链机制下实现了同一时间区间内的数据整合，即在账户间贷记借记关系的双向调整基础上，进一步增加了记账维度。其次，区块链将账户的数据属性改变为加密数字货币状态集合，去除了账户数据对身份属性特征的要求。在交易过程中，以比特币为代表的加密数字货币可凭借其内部的脚本程序安排，自行发送到任意"地址"，使任何一个区块均可执行地址的公开性全网播报与密钥的权益性解压，并将根据状态记录自动归集成权益集合，这样就将账户与账户间的信息网络体系内置于加密数字货币代码程序之中。在某种程度上，这种由货币和账本共同组成的支付系统替代了原有账户体系的支付功能特征，账户的贷记借记关系转变为对货币在账本间运动轨迹的时间性记录。因此，账户功能退化为金属货币时代的货币存储功能，如在比特币的设计中，账户的物理形态退化为与网络环境相隔离的存储介质，而以太币、Libra 等其他加密数字货币则试图保留账户的原有外在形式。但无论对账户外在形式如何改造，原账户支付机制下将资金存储、身份验证以及交易信息交互三大功能属性集合于账户一身的枢纽性作用发生了巨大改变。由于上述支付机制的结构性变化，加密数字货币创造出替代账户交易体系的价值传导网络，即只需要通过加密数字货币所有权标签或以货币链接资产的所有权标签进行确权登记和转移，即可快速完成自由、免费、零延时的国际汇兑业务。由于改变账户对于交易者身份属性的管理，比特币等加密数字货币的运行脱离原有金融体系，其货币发行和流通体系更加独立，而且从根本上免除了在账户货币机制中发行中介、支付中介的相应功能，使货币交易重回"现金支付"的即时性结算特征，大幅削减货币发行和运行的中介成本。

2. Libra

（1）从稳定币到 Libra。

鉴于比特币等加密数字货币币值不稳定的问题，不少机构开始探索更能充当价值尺度的稳定币，将其与法币币值进行锚定。从稳定机制来看，目前市场上影响较大的稳定币主要包括两种[①]：第一种是以法币为抵押的稳定币，最有代表性的是泰达币（USDT），是由 Tether 公司承诺严格遵守 1∶1 的准备金保证，即每

---

① 也有一些对无抵押的稳定币的探索，如 Basis，不过市场影响力不大。

发行 1 个 USDT 代币，其银行账户都会有 1 美元的资金保障；第二种是以加密数字货币作为抵押的稳定币，典型的例子是比特元（BitCNY），是以比特股（BTS）作为抵押发行的，如果 BTS 的价格大跌，抵押给系统的 BTS 币总价值跌到接近系统贷出的 BitCNY 总价值，系统就会强制将抵押物卖出以偿还"贷款"。

一些企业巨头也纷纷加入到稳定币的探索和发行中来。例如，摩根大通发起的一种与金融机构合作伙伴进行清算使用的稳定币摩根币（JPM Coin），沃尔玛正在策划中的用于超市积分替代和消费等用途的沃尔玛币等。不过，其中引起人们最大关注的当数 Facebook 组织牵头发起的联盟链稳定币 Libra。①

2019 年 6 月 18 日，全球最大社交平台 Facebook 上线加密货币项目 Libra，并发布项目白皮书，引发全球关注。Libra 的功能定位是支付和普惠金融，致力于建立一套简单的、无国界的货币和为全球数十亿用户服务的金融基础设施。

Libra 加密货币具有如下三个主要特点：一是基于区块链技术。Libra 项目的开发建立在开源、可扩展的"Libra 区块链"基础上。二是以资产储备为后盾。Libra 币由"一篮子"波动相对较小的资产作为价值储备，包括稳定且信誉良好的中央银行现金及政府证券等，且严格对照真实储备资产价值进行制造和销毁。三是由独立协会管理。由 Facebook 发起建立独立的非营利性成员制组织 Calibra 协会对 Libra 进行管理，协会目前共有 28 家会员，包括 MasterCard、Visa、PayPal 等支付巨头，eBay、Uber 等电商和移动互联网公司，以及 Vodafone 等电信运营商。

（2）Libra 对账户支付机制的改造路径及特征。

Facebook 在 Libra 白皮书中明确指出，传统银行所提供的金融服务存在不均衡、不平等的问题。例如，当今"互联网和移动宽带的出现"使全球绝大多数人口实现了低成本的信息连接，"这种连通性使更多人能够进入金融生态系统，从而推动了经济赋权"，然而当前的金融体系所提供的服务人群覆盖率和业务渗透率低于新网络技术提供的信息联通性，"全球仍有 17 亿成年人不在金融体系之内，无法使用传统银行，即使 10 亿人拥有移动通信设备，近 5 亿人可以享受互联网的接入服务"。与此同时，这种金融服务供给的不均衡，还造成了"无银行账户"人员在金融成本上遭遇到不平等对待，如"财富较少的人却为获得金融服务而付出更多。从汇款和电汇费用到透支以及 ATM 费用，来之不易的收入受到侵蚀。发薪日贷款可以收取 400% 或更高的年化利率，虽然仅借入 100 美元，但财务费用甚至可以高达 30 美元"。关于非银支付体系与 Libra 加密货币支付体系运行机制的比较可参见表 2-1。

---

① 有一些人认为 Libra 并非典型的稳定币，因为其并不与单一币种挂钩，不过我们倾向于认为其从发行机制上看与稳定币是高度相似的，只不过更像是一种数字化的"特别提款权"（SDR）。

表 2-1　非银行支付体系与 Libra 加密货币支付体系运行机制的比较

运行机制特征	非银行支付机构支付体系	Libra 加密货币的支付体系相似点	Libra 加密货币的支付体系创新点
支付代币的发行与价值基础	终端客户可用法定货币购买支付代币，所售代币的资金存入托管银行，以此资产作为代币的价值基础	终端客户可用本地法定货币购买支付代币，所售代币价值由"Libra 储备"资产池作为支撑	该资产池由投资性和地理分散性的资产作为支撑，承认各币种对应的资产价值存在波动性，但在 Libra 储备中设定相对应价值的一篮子合成货币的银行存款和短期政府债券，这种锚定组合货币的设计尽可能保证低波动性
代币兑换的双向性	通常实现与法定货币一对一的兑换关系，客户既可以将资金兑换为代币，也可以即时兑出资金返回银行存款账户	可将当地法定货币以一定的比率兑换成 Libra 稳定币，也可以按相应比率兑回原法定货币或其他法定货币	区块链内以区块链通证（Token）为特征的代币既可以兑换资产，也可以兑换货币，且资产既可以分为所有权交换，也可以拆分出使用权交换
支付功能的应用流程	在体系内的网币账户间支付条件下，第三方支付机构进行交易信息的数据库更新，并由托管银行进行每日净额结算，而在非网币账户模式下的银行账户间的"通道支付"条件下，完全由银行进行结算与交易数据库的管理	区块链内的 Token 交易在地址间转换，而涉及区块链外的 Token 交易，则在链外进行代币兑换	以账本记录代替账户记录，记账逻辑发生转化，是不同地址间 Token 的总和，而非账户间货币余额的总和
交易信息的信任基础	依托于银行体系构建信息信任基础	由 Libra 协会在初期进行储备资产管理，同时计划后期转移至自动化储备管理	一是基于技术的信任，以 POW 为代表；二是基于制度的信任，以 POS 为代表。根据 Libra 协议，存在客户终端和验证者两种实体类型，对数据库进行更新与维护

3. 数字人民币及其他央行数字货币

　　加密货币的兴起也引发了各国央行开始纷纷探索央行数字货币，其中中国是较早对央行数字货币展开研究的国家之一。2014 年，中国人民银行成立数字货币研究团队，对其发行、业务运行框架、关键技术、发行流通环境、法律问题等进行深入研究。2017 年，中国人民银行在深圳正式成立数字货币研究所。2018 年，数字货币研究所搭建贸易金融区块链平台。2020 年 4 月起，数字人民币研发工作稳妥推进，在深圳、苏州、雄安新区、成都试点，以不断优化和完善数字人民币支付功能。2020 年 10 月新增上海、海南、长沙、西安、青岛、大连作为试点城市，至此初步形成"10+1"试点格局。截至 2021 年底，数字人民币试点场景超过 808.51 万个，累计开立个人钱包 2.61 亿个，交易金额 875.65 亿元。2022 年，数字人民币作为北京冬奥会金融服务的一大创新举措，成为继 Visa 和现金支付后奥运场馆支付的第三种方式，实现了 40 多万个冬奥场景的覆盖，涵盖了餐饮、住宿、出行、游玩、购物、娱乐、医疗七个重点领域需求。2022 年 4 月，数字人民币三期试点扩容。数字人民币详细发展历程可参见表 2-2。

表 2-2　数字人民币的发展历程

时间	事件
2014 年	中国人民银行成立法定数字货币专门研究小组，开始论证央行发行法定数字货币的可行性
2015 年	中国人民银行发布央行发行数字货币的系列研究报告，中国人民银行发行数字货币的原型方案的完成两轮修订
2016 年 1 月	中国人民银行召开数字货币研讨会，进一步明确了央行发行数字货币的战略目标，指出央行数字货币研究团队将积极攻关数字货币的关键技术，研究数字货币的多场景应用，争取早日推出央行发行的数字货币
2016 年 11 月	中国人民银行确定使用数字票据交易平台作为央行数字货币的试点应用场景，并启动了数字票据交易平台的封闭开发工作
	中国人民银行在官网发布 2017 年度人员招聘岗位需求，其中将招录 6 名相关专业人才从事数字货币及相关底层平台的软硬件系统的架构设计和开发工作
2017 年 2 月	中国人民银行推动的基于区块链的数字票据交易平台测试成功，将开展基于区块链技术的数字票据平台建设相关工作
2017 年 3 月	央行科技工作会议强调构建以数字货币探索为龙头的央行创新平台
2017 年 7 月	中国人民银行数字货币研究所正式挂牌成立，依据招聘信息，该研究所主要的研究内容包括数字货币法律事务、软件开发等
2018 年 1 月	数字票据交易平台实验性生产系统成功上线试运行，并结合区块链技术前沿河票据业务实际情况对前期数字票据交易平台原型系统进行了全方位的改造和完善
2018 年 3 月	全国金融标准化技术委员会成立了法定数字货币专项工作组
	中国人民银行召开 2018 年全国货币金融工作电视电话会议，会议指出稳步推进央行数字货币研发

续表

时间	事件
2018 年 9 月	中国人民银行数字货币研究所与中国人民银行深圳市中心支行共同推出粤港澳大湾区贸易金融区块链平台上线试运行，初步构建了数字化贸易金融生态圈
	中国人民银行数字货币研究所在深圳成立"深圳金融科技有限公司"，该公司参与了贸易金融区块链等项目的开发
	中国人民银行数字货币研究所《法定数字货币模型与参考架构设计》项目在银行科技发展奖评审领导小组会议上获得一等奖
2019 年 2 月	中国人民银行召开 2019 年全国货币金银工作会议，强调稳步、深入推进央行数字货币研发
2019 年 5 月	在贵阳举办的 2019 中国国际大数据产业博览会上，中国人民银行数字货币研究所开发的 PBCTFP 贸易融资的区块链平台亮相，其服务于粤港澳大湾区贸易金融，并已落地
2019 年 8 月	中国人民银行召开 2019 年下半年工作电视会议，会议要求加快推进我国央行数字货币研发步伐，跟踪研究国内外虚拟货币发展趋势，继续加强互联网金融风险整治
	在第三届中国金融四十人伊春论坛上，中国人民银行支付结算司副司长穆长春首度公布采用"双层运营体系"，同时宣称央行数字货币已经"呼之欲出"
2019 年 9 月	《中国日报》英文版报道，DC/EP 的"闭环测试"开始，测试中会模拟某些支付方案并涉及一些商业和非政府机构
	中国人民银行支付结算司原司长穆长春担任中国人民银行数字货币研究所所长
	中国人民银行行长易纲明确表示，央行对于央行数字货币的推出"没有时间表"，并称"还会有一系列的研究、测试、试点和风险防范"
2019 年 11 月	中国人民银行数字货币研究所前所长姚前认为，央行加密货币（CBCC）是央行数字货币研发的重要方向之一，我国央行的研究起点也就是 CBCC；数字货币原型系统探索了区块链的应用，但并不完全依赖该技术
2020 年 2 月	《金融分布式账本技术安全规范》（JR/T 0184—2020）金融行业标准由中国人民银行正式发布。标准规定了金融分布式账本技术的安全体系，包括基础硬件、基础软件、密码算法、节点通信、账本数据、共识协议、智能合约、身份管理、隐私保护、监管支撑、运维要求和治理机制等方面，标准适用于在金融领域从事分布式账本系统建设或服务运营的机构
2020 年 4 月	数位银行业内人士表示，数字货币由央行牵头进行，各家银行内部正在就落地场景等进行测试，有的已经在内部员工中用于上交党费等支付场景，央行人士表示，数字货币不会取代微信支付或支付宝。据中国人民银行数字货币研究所相关负责人介绍，数字人民币体系基本完成顶层设计、标准制定、功能研发、联调测试等工作，先行在深圳、苏州、雄安新区、成都及未来的冬奥场景进行内部封闭试点测试

续表

时间	事件
2020 年 10 月	新增上海、海南、长沙、西安、青岛、大连作为第二批试点城市
2022 年 1 月	数字人民币（试点版）APP 在各大安卓应用商店和苹果 App Store 上架
	微信支持数字人民币，意味着数字人民币开始逐渐展现在大众的视野，数字人民币的购买力进一步提升
	中国人民银行发布数字人民币最新数据，截至 2021 年 12 月 31 日，数字人民币试点场景已超过 808.51 万个，累计开立个人钱包 2.61 亿个，交易金额 875.65 亿元，试点有效验证了数字人民币业务技术设计及系统稳定性、产品易用性和场景适用性，增进了社会公众对数字人民币设计理念的理解
2022 年 4 月	中国人民银行召开数字人民币研发试点工作座谈会，发布第三批数字人民币试点地区。其中，浙江省杭州市、宁波市、温州市、绍兴市、金华市及湖州市 6 个承办 2022 年亚运会的城市成功入围

资料来源：中国人民银行、中信建投证券研究发展部、第一财经、上海票据交易所、中国电子银行网等。

范一飞（2018）曾在《关于央行数字货币的几点考虑》一文中指出，现阶段，M1 和 M2 基于商业银行账户，已实现电子化或数字化，没有用数字货币再次数字化的必要。因此，中国现阶段的央行数字货币设计应注重 M0 替代，而不是 M1、M2 替代。同时，电子支付工具的资金转移必须通过账户完成，采用的是账户紧耦合方式，而央行数字货币则应基于账户松耦合形式。中国人民银行数字货币研究所前所长姚前（2018a）提出，虽然央行数字货币的当前目标是替代 M0 的实物现金形态，但事实上，央行数字货币势必会融入更多新特性，而不仅仅是替代现金。这就说明，央行数字货币预留其对 M1 和 M2 的替代可能。在技术路线方面，央行数字货币可分为基于账户形式（Account-Based）和基于价值形式（Value-Based），姚前（2018b）认为可考虑在商业银行传统账户体系下，引入数字货币钱包属性，实现一个账户下对不同属性货币的多重管理。中国人民银行数字货币研究所所长穆长春在其 2019 年 9 月的公开讲座中，提出数字货币可在双离线环境下进行支付且无须绑定账户，与比特币等加密数字货币一样，具有摆脱银行账户体系的特有优势。因此，研究现有双层零售支付账户的运行特征，有助于理解央行数字货币发行和流通的机制设计趋势，同时，当前电子支付环境下高度重视账户资源的共识机制，与数字货币及其分布式账本技术的"去账户"理念将如何协调，这些问题都具有较强的现实意义。

除中国外，欧、美、日、韩等主要国家和地区也在加大对央行数字货币的研究力度，尤其是 2019 年 Libra 项目的推出使得各国普遍意识到央行数字货币的重要性。关于各国央行数字货币进展情况可参见表 2-3。

表 2-3　全球部分国家的央行数字货币进展一览

国家	对央行数字货币的态度	进展
中国	试点状态	中国是世界上较早探索央行数字货币的国家之一，并于 2020 年 4 月成为世界上第一个试点数字货币的主要经济体，目前已在全国 10 余个城市展开试点，计划供大众用于所有交易以及供金融机构进行银行间交易结算
美国	技术性研究阶段	虽然美国在 2020 年 5 月发布数字美元项目（DDP）的白皮书，但其截至现在没有透露出完整的 CBDC 相关活动。并且由于内部存在两种截然相反的声音，所以具体美联储是否真的会发行 CBDC，仍待观察
英国	技术性研究阶段	2020 年 3 月，英国央行英格兰银行发布有关数字货币的讨论报告，概述了实现存储价值以及支付功能的央行数字货币"示例模型"。英国央行于 2021 年 4 月 20 日宣布，将联合英国财政部成立中央银行数字货币特别工作小组，以共同协调对数字英镑的探索，加速数字英镑计划
法国	测试中并计划推出	法国央行称，2021 年初开始对央行数字货币进行测试，与合作伙伴探讨新技术的潜在贡献，以改善金融市场的运作，特别是银行间结算
俄罗斯	研究测试中	2021 年 4 月发布了数字卢布白皮书，阐释数字卢布的定位、模型选择和技术方法。俄罗斯央行于 2021 年底完成数字卢布平台原型的建设，并于 2022 年第一季度进行测试。测试分为两个阶段，第一阶段计划连接银行等信贷机构和俄罗斯财政部，第二阶段计划连接各类金融机构，引入离线模式，支持数字卢布兑换外币，并考虑为非本国居民开设数字钱包
韩国	试点状态	韩国银行于 2020 年 4 月启动了一项为期 22 个月的试点计划，以研究 CBDC 的法律和技术影响。2021 年 5 月，韩国银行通过公开招标程序选择一家技术供应商为其数字货币构建试点平台。2021 年 7 月 20 日，韩国央行宣布将与韩国互联网公司 Kakao 的子公司 Ground X 合作进行即将进行的试点。虽然 CBDC 试行计划已经正常推进，但是对于在试点完成后是否发行 CBDC，韩国央行尚未发表评论
日本	测试中	日本央行最早在 2020 年 1 月针对 CBDC 展开研究，并于 7 月正式在清算机构局成立一个新的数字货币专责小组，借此加速对 CBDC 可行性的研究进程。2021 年 4 月，日本央行宣布启动 CBDC 启动了其中央银行数字货币（CBDC）实验的第一阶段，通过概念证明（PoC）测试 CBDC 所需核心功能和特性的技术可行性

续表

国家	对央行数字货币的态度	进展
泰国	研究中	泰国中央银行（BOT）一直在推进其推出 CBDC 的 3~5 年目标。在与中国香港成功进行跨境批发试点后，泰国央行计划在 2022 年末启动零售 CBDC 试点
新加坡	测试中并计划推出	早在 2016 年，新加坡金融监管机构就推出了 Project Ubin 计划，探索使用后区块链和分布式账本技术（DLT）进行付款和证券清算、结算。2019 年 11 月，新加坡央行的数字货币项目 Ubin 正式开启第五阶段。2021 年 6 月，新加坡金融管理局（MAS）与国际货币基金组织、世界银行、亚洲开发银行等组织合作发起的全球 CBDC 合作与发展挑战赛，以寻求创新的零售 CBDC 解决方案，提高支付效率并促进金融包容性。2021 年 7 月，法兰西银行（BdF）和 MAS 宣布成功完成使用 CBDC 的批发跨境支付和结算实验。2021 年 11 月，新加坡金融管理局推出了零售中央银行数字货币计划，即 Project Orchid
阿根廷、墨西哥	研究中	由于国内现有电子支付系统较为完善，缺乏发行 CBDC 的紧迫性
瑞典	试点状态	瑞典央行在 2020 年 2 月 19 日表示，已开始测试电子克朗（e-krona），并表示如果其最终进入市场，将被用于模拟日常银行业务，例如从通过数字钱包等手机应用进行付款、存款和取款。2021 年 2 月，瑞典央行将其央行数字货币（CBDC）的试点项目延长 12 个月，该项目将在埃森哲（Accenture）的协助下进行，运营至 2022 年 2 月
乌克兰	计划推出	乌克兰国家银行自 2016 年以来一直在探索发行国家数字货币的可能性。2021 年 7 月，乌克兰总统已经正式签署第 1591-IX 号"支付服务法"，该法律使得乌克兰国家银行正式获得权力发行数字货币，并创建一个监管沙盒，测试基于新兴技术的支付服务和工具。这在立法层面为发行数字货币扫清障碍，同时乌克兰也是极少数计划在公链平台发行数字货币的国家之一。2021 年 12 月，乌克兰历史最悠久的商业银行之一 Tascombank 将测试基于 Stellar 网络开发和测试的 e-hryvnia，并通过全球金融科技平台 Bitt 的数字货币管理系统（DCMS）进行部署。该试点将测试数字货币在公共雇员工资、点对点支付和商家支付中的有效性
巴西	研究测试中	巴西央行于 2020 年 8 月成立了研究数字货币发行的工作组，分析数字货币发行模型及其潜在影响。2021 年 5 月，巴西央行发布了 CBDC 指导方针，对数字货币的目标、形式、支付体系、法律原则进行说明。2021 年 9 月 3 日，巴西央行行长表示，计划在 2022 年建立数字货币创新实验室，并开展数字货币试点工作
乌拉圭	完成试点并研究中	乌拉圭央行早在 2017 年就开展了电子比索（e-Peso）试点项目，试点于 2018 年 4 月结束，此后一直处于停滞状态

续表

国家	对央行数字货币的态度	进展
土耳其	研究中	土耳其央行于 2021 年 9 月 15 日宣布成立"数字土耳其里拉合作平台",以研究引入土耳其里拉数字货币来补充现有支付基础设施的潜在好处。土耳其央行已与多家机构签署合作协议,包括技术承包公司以及科技信息研究中心。2022 年 12 月土耳其央行宣布已经完成了对数字货币的第一组测试,并将在 2023 年第一季度继续进行"有限的闭路试点测试"
沙特阿拉伯、阿联酋	研究中	沙特央行和阿联酋央行于 2019 年 1 月联合启动了 Aber 项目,拟推出共同的 CBDC,用于两个辖区间的跨境交易,目前已验证了技术可行性
智利、牙买加	研究中	智利和牙买加都曾研发或计划研发 CBDC,但此后未再公布细节
巴哈马	试点状态	巴哈马被认为是世界上首个正式推出 CBDC 的国家,其央行于 2020 年 10 月向全国推出"沙元"(Sand Dollar),但实际上仍处于测试阶段,公众尚无法使用。交易提供商 NZIA 是该国推出数字货币的技术解决方案提供商
立陶宛	研究中	2020 年 7 月,立陶宛成为欧元区首个发行数字货币的国家,将其数字货币命名为 LBCOIN。截至 2021 年 5 月,立陶宛银行已发布了 24000 个使用区块链技术创建的收藏代币
加拿大	研究中	2021 年 7 月,加拿大央行发表相关文件称,CBDC 总体来说对于加拿大是有益的也可能是必要的,它可能是一个更简单的竞争政策工具,降低现有的网络交易费用。2021 年 10 月,加拿大央行副行长蒂莫西·莱恩(Timothy Lane)在华盛顿智库组织的虚拟小组会议上说:"我们还没有决定发行 CBDC,因为在当前情况下,我们认为没有迫切的需求。如果人们开始减少使用纸币和硬币,这可能会让银行更有理由引入自己的数字货币。"
印度	计划推出	印度正在研究 CBDC 的利弊和技术路线,并正在制定推行 CBDC 的路线图。2021 年 8 月,印度央行表示,印度央行重点研究 CBDC 的安全性,及其对金融行业、货币政策和流通中的货币的影响,并探索数字卢比选择集中账本和分布式账本技术的利弊,将根据研究结果进行概念验证
尼日利亚	试点状态	2021 年 10 月 25 日,尼日利亚中央银行正式推出央行数字货币 e-Naira,由金融科技公司 Bitt 开发。该国央行数字货币的发行在很大程度上是为了应对不断贬值的法定货币 Naira。e-Naira 使用的是区块链技术,数字资产储存在特定数字钱包中,可用于支付交易、数字转账,转账成本几乎为零。尼日利亚央行对 e-Naira 实行严格的访问权限控制。与基于代币的加密资产不同,e-Naira 是一种基于账户的机制,交易原则上均可追溯

4. 讨论：谁会成为真正的货币

正如前文所述，现实中人们提及的"数字货币"主要包括私人发行加密数字货币（非稳定币）、稳定币以及央行数字货币三种。央行数字货币能够成为真正的"通货"，这一点无须论证，问题则在于另外两种是否也能成为真正的货币，而本书则倾向于得出否定的答案。

首先来看私人发行的加密数字货币，其中最具代表性的也是发展最好的当数比特币。由于这种货币是去中心化的，因此社会上很多人似乎由此看到了哈耶克、弗里德曼等老一辈经济学家提出的非国家化货币理念实现的影子。然而与早几年相比，近年来大多数学者对其认识开始回归理性。例如，Evans（2014）便指出即使比特币之类的私人发行加密数字货币能够借助分布式账本来便利金融交易以及进一步推动分布式创新，但其在激励和治理方面的明显缺陷也使得其整体上逊色于现有的货币体系。Walch（2015）则对照《金融市场基础设施原则》（PFMI），从操作风险的角度论证了比特币式加密数字货币的种种不适用于金融市场基础设施的弊端。此外，诸如能源消耗等技术问题，以及洗钱和恐怖融资等监管问题也常常被人提及。不过我们认为，比特币之所以不能成为真正的货币，根本原因还是在于其投资品属性上。当然，并不是说投资品本身不能充当货币。从货币的发展历史来看，货币的职责起初是由实物来担当，并且人们在不断摸索过程中会寻找价值最具稳定性的实物来充当一般等价物，比如金银①。实物货币的优点在于其本身具有价值和使用价值，因此价值稳定的实物便天然地具有用来衡量其他商品价值的价值尺度功能。但是到了符号货币时代，由于纸币或更为虚拟的电子货币本身没有实际的价值和使用价值，而完全是充当交易媒介，因此其价格稳定性便会与投资品属性发生矛盾，因为人们的投资（或投机）一定会带来其价格的波动，这种不稳定使得投资品天然地就不具备衡量其他商品价格的职能。因此，在现实中能够成为广义货币的金融资产，其存在的主要目的绝不是被大众用来投资，并且由于其期限短、收益较为固定或是其他种种原因，其本身被用于炒买炒卖的价值不大。实际上，相比于股票等其他金融资产，比特币还有其更为特殊的属性，其投资价值基于其能否被认可为货币，而若要成为货币则需要价格的稳定，而这又使其丧失了投资价值。对于一种虚拟的符号来说，在现实中我们无法设想市场会自发地调和这种矛盾，用经济学的术语讲，或许存在一个均衡，但这个均衡一定是不稳定的。因此，除非有某种外在于市场的力量去硬性规定其为货币，并且限制其与其他商品交换的相对价格，否则其根本不可能成为被

---

① 实际上马克思认为货币天然是金银还有其他方面的考虑，如体积小、易分割等。

人们普遍视为价值尺度和交易媒介的货币，但是一旦这种情况发生，那同时便意味着其失去了非主权货币的初衷。综上，无论怎样看，比特币都是一个悖论。此外，即便是比特币号称能够控制发行总量的这个优点，我们也需理性看待，正如马丁·沃尔夫（2019）指出的："虽然单一加密货币的供应有限，但总供应量是无限的。"国际货币基金组织曾披露，截至2018年4月加密数字货币就已有1500种。"这个数字很容易达到150万。处理加密数字货币的最佳方法是将其视为没有内在价值的投机符号。"

其次来看稳定币，市场上比较成功的稳定币，要么更多局限于虚拟社区之中使用，要么只是一些机构借其完成支付结算业务的中介工具。目前来看对于现实世界冲击最大的当数Libra。然而由于存在诸多问题，Libra项目能否落地存在较大不确定性。第一，金融监管与合规将是最大挑战。满足各国金融监管与合规要求对于加密货币来说是项艰难的考验，尤其在反洗钱和反恐怖融资方面。Libra白皮书发布后不久，各国监管部门就已高度关注Libra项目的进展：法国财政部长警告称Facebook的加密货币不具备成为主权货币的能力；英国央行行长呼吁G7集团应严格审查监管Libra项目；国际政府间合作机构反洗钱金融行动特别工作组（FATF）2019年6月22日公布最终版反洗钱和恐怖主义融资监管指引，明确要求包括加密货币交易所在内的虚拟资产服务供应商必须与政府分享转移资金的客户信息。此外，鉴于Libra的发行机制可能扰乱一些国家的法币地位和金融体系，预计其在部分国际收支较脆弱的国家也难获得官方认可。第二，存在较大汇率风险和流动性风险。尽管Libra试图将币值锚定"一篮子"货币，但实际操作中人们更可能使用各自的货币分别与之进行兑换，这会带来Libra项目运作过程中的币种错配和汇率风险。同时，由于Libra储备资产需要追求一定的回报用以支付系统成本、交易费用以及投资者分红，因此也要承担期限错配和流动性风险，如遭遇大规模挤兑甚至可能引发系统性金融风险。因此，如何处理汇率风险和流动性风险也将是Libra项目能否被监管机构及大众认可的关键点之一。第三，如何满足数据监管规则是另一难题。对于大型互联网公司来说，满足数据监管规则本身就是其面临的一大挑战，Facebook就曾因其在欧洲的业务违反了《欧盟通用数据保护条例》（GDPR）的规定而受到处罚。目前Libra白皮书仍未回答如何在技术上实现数据隐私的保护。对此，欧洲数据保护主管Giovanni Buttarelli公开表示了担忧，认为Libra项目将使Facebook进一步整合个人数据和金融信息，对用户隐私构成额外风险。第四，区块链技术支持Libra项目仍存在瓶颈。目前区块链技术的发展水平大致可支持千万级到亿级的用户规模，而截至2022年1月Facebook月活跃用户达29亿，要支持如此大规模用户的支付需求仍存技术障碍；且一味追求交易规模和速度，又会在开放性、安全性、隐私性等方面难以满足用户需求和监管要求。综上所述，Libra 项目落地困难重重，并且即便最终能够落地，也必然会在满足各国监管要求的情况下将其功能局限在服务 Facebook 自身的支付生态圈上，对于各国法币以及国际货币体系很难直接构成冲击。事实上，2022 年 1 月更名为 Meta 的 Facebook 已决定出售稳定币项目 Diem（即原 Libra 项目）。

因此，我们倾向于认为，未来可能只有央行数字货币能够笑到最后，即成为真正的数字货币。不过，我们却并不排除互联网的发展具有改造传统货币体系的可能性。货币的本质或许只是信息（姜奇平，2013），因此当随着互联网的发展可以提供更好的信息服务时，必然给人们带来无限的遐想。即便今天的比特币更多执行的并不是交易媒介的功能，而是沦为一种投机工具，但是这种尝试或许为将来探索出一种个人交易层面的"超主权货币"提供了经验。此外，即便私人发行的加密数字货币或稳定币可能无法成为真正的货币，也不能忽视其未来在经济金融领域可能发挥的重要作用。

第三章　对央行数字货币的深入探讨

从私人加密货币到稳定币的发展，可以发现对现有支付问题的解决方案已进入到"货币驱动"的新阶段，迫使央行提供新的货币改革方案与实践，并结合原有支付服务改进措施提升跨境支付服务质量。在此过程中，各国央行就央行数字货币的概念内涵、发展原则及推进意愿形成了基本共识，不过各国支付体系的首要问题、用户支付习惯、商业银行及支付基础设施运行情况以及对货币体系的变革期望均存在较大差异。

一、早期沿着区块链思路对央行数字货币的探讨

自从一些国家（如中国、加拿大等）央行陆续表态支持比特币背后的区块链技术，人们就开始纷纷评估由央行自身发行加密货币的可行性，有研究者甚至认为区块链技术的最大潜能只有通过央行发行加密货币才能实现（First Rand Bank Limited，2016）。

早期对于央行数字货币的探讨基本上都是沿着比特币和区块链的思路进行。较早出现的基于区块链的中央银行数字货币发行方案来自于 Koning（2014）在博客中发表的题为《联储币》（Fedcoin，即设想中的联储数字货币方案）的文章，其中详细描述了中央银行数字货币的发行方案。Fedcoin 可以允许个人和企业直接在中央银行开户，而不需要商业银行作为中介机构。私人加密数字货币去中心化的设计牺牲了价格的稳定性，在没有稳定的后备基础的情况下，诸如比特币等一类私人数字货币面临剧烈的价格波动，这种价格波动还具有强烈的传导性。而Fedcoin 可以解决价格波动这一难题，重新引入中央控制节点来管理货币系统，使中央银行可以在调节货币供给方面发挥作用，其保留了比特币去中心化以外的其他特征，同时还赋予中央银行纸币所没有的功能——负利率。

Broadbent（2016）谈论了人们普遍对于央行利用区块链技术的一些错误认识。他指出，第一，目前事实上在银行账户上流通的货币绝大部分本身已经是数字化的了，因此区块链技术对于央行的益处并非借助其实现货币的数字化，即发行数字货币。第二，区块链技术带给支付清算系统的好处主要在于其可简化中间环节，然而相比于其他支付清算机构，央行的支付系统并没有太多的中间环节，依托中央银行、商业银行这些授信第三方所构建的支付系统本身具有较强的规模经济效应，因此区块链在此应用的优势不明显。第三，虽然央行的支付系统并不是完美的，但却可以通过其他方式加以改进，而并不需要对其框架进行颠覆性的改革。那么央行基于区块链技术发行加密货币是否存在益处呢？Broadbent 对此表示肯定。他认为区块链技术最大的好处在于便于扩大央行支付系统的接入者的范围，甚至可将所有储户都接入央行系统中。这将会把商业银行的存款转移到央行，从而使得资产和负债的流动性相匹配。由于不再需要商业银行来进行流动性转换，因此挤兑的风险便不存在了，存款保险、救助等一系列制度设计就都不再需要了。实际上，在大萧条时期，芝加哥大学便呼吁过类似的方案，而在 2008 年全球金融危机期间类似的呼声则又起。

从理论上讲，非银行机构以及个人接入央行系统可以通过央行直接授予其加密货币的私钥的形式来实现，而非现有的账户模式。个人可以自己管理其货币资产，也可授权银行等机构代为托管其货币资产。然而在这种模式下，银行（或其他金融机构）执行的更多的是资产管理的职能，因为货币已不用必须通过存款负债的形式来保存。对于个人或其他非银行机构来说，这会降低结算风险和资金成本，而对于央行来说，则可实时观测货币流通速度（即主权链上的交易速度）以及每个接入机构和个人的资产变化情况（First Rand Bank Limited，2016）。

Raskin 和 Yermack（2016）沿着上面的思路进一步分析了央行建立这种"超级银行"的利弊。他们认为单从技术上讲，虽然历史上从没有实现过这种"超级银行"，但由于云计算技术的发展，使得由庞大的客户数量所带来的数据处理压力可得以缓解，同时移动终端的发展也使得央行不需要在各地自行设置诸多网点和 ATM 机。对于央行来说，建立这种"超级银行"的优点在于可使货币政策变得异常简单。通过智能合约，央行可以将货币创造与利率等指标直接关联起来，从而实现精准控制。同时，在此情况下，作为以往的一个大难题，零利率下限将很容易被突破。公开市场操作将被直接干预所取代，货币传导机制将变得更加顺畅，通过直接干预客户资产负债表便可实现货币的精准投放。由于不需要商业银行作为中介，相应的道德风险问题自然得到了解决，当然这对商业银行的打击可能是致命的，因为作为其信贷资金来源的储蓄被央行抢走了。此外，由于所有人的"账户"直接在央行，对于偷税漏税以及反洗钱等的监控将变得非常容易。不过，虽然这种"超级银行"有助于央行以及政府更多地了解和控制金融市场，但恰恰由此便容易引发争议，包括作者本人也认为，从政治上来考量，央行不可能真正做到这一点。其原因便在于这种"超级央行"将具备操控整个经济的能力，同时可监控每个人的资产变动情况，俨然成为另一种中央计划者。另一个弊端则来自于分布式账本技术本身。与私人发行的加密数字货币不同，央行基于区块链技术发行数字货币，必然需要将记账和监督管理职能都集中于央行自身，而不能是去中心化的，同时基于保护公民和企业隐私的考虑，账本也不能如比特币那样完全公开，这便意味着央行将成为整个账本的中心节点。而在上述描述的这种高度集中化的金融体系下，如果央行系统受到攻击则意味着整个金融体系甚至经济体系可能全部瘫痪。

Barrdear 和 Kumhof（2016）提出了一种设想，即中央银行保存全部账本，而一些公共机构可彼此保存一些相关的账本，私人部门则可通过代理人与央行合作参与其中。央行可以直接规定利率，私人部门则可自由决定其持有量和交易量；或者央行确定数字货币量，通过市场交易出清来决定利率。此外，央行还可以针对不同类型用户规定持有上限，以实现一些特定的政策目的。First Rand Bank Limited（2016）对央行建立"超级银行"的过程进行了探讨。他们建议采取渐进的方式用区块链上的数字货币来置换原有支付系统中的数字货币，以使货币总量保持不变，最终则完全过渡到基于区块链的实时结算（RTGS）系统：首先逐步用数字货币取代商业银行在央行的存款，在此阶段基于区块链的 RTGS 系统便已建立起来了；其次将商业银行的负债置换为数字货币私钥，此时商业银行仍将是信用贷款的发起人并保存自己的账本，但央行已可以看到银行系统的所有交易；再次是允许非银行机构持有自己的私钥，这将使得这些机构收回其在商业银行的存款债务，并进而对流动性及信用创造产生影响，为了缓解可能带来的银行危机，央行在此阶段可借给商业银行等额的货币；最后是允许私人持有其自己的私钥，这将进一步减少商业银行的存款，而央行则可继续对其予以支持。

二、央行数字货币的概念演进与当前的共识框架

作为货币价值的数字化表现形式，央行数字货币（CBDC）并不是简单地与私人机构数字货币相对应的官方版本。除发行人问题上，CBDC 与私人机构数字货币形成明确区分外，CBDC 在可获得性（批发或零售）、技术路径（代币或账户）上存在不同的概念内涵。在纵向关系维度上，央行与个人、商业银行、私人

支付机构乃至监管体系的关系也更加丰富。因此，近年来围绕央行数字货币的主要研究进展是在概念上对 CBDC 进行了梳理与界定，且各主要经济体对 CBDC 也展现出了更加积极的发展意向，当然这种积极意愿的驱动要素与利弊权衡存在差异性，这将影响各国 CBDC 的发展路径与跨境支付的协调机制。

1. 央行数字货币的概念演进与价值内涵

事实上，对于央行数字货币的概念演进，可以最早追溯到 Tobin（1987）提出的央行账户及货币直接发行的设想，这远早于比特币和区块链的出现。根据 Tobin 的设想，中央银行可创造一个存款现金账户（Deposited Currency Accounts），允许公众通过该账户办理存款、支票转账业务，账户货币是央行直接对公众的负债，而非银行信用。比特币的出现大大启发了学界对央行数字货币的看法，Shoaib 等（2013）开始从货币角度界定央行数字货币的概念，即由央行或政府控制和发行的数字货币。Bech 和 Garratt（2017）提出央行加密货币（Central Bank Cryptocurrency，CBCC）的概念，并将其定义为基于点对点电子化交换的央行负债，强调央行数字货币在技术形态上的演进，而价值内涵则并未发生改变，仍以国家信用作为价值支持。CPMI（2018）根据发行人（中央银行或其他）、形式（数字或实物）、可获得性（广泛或有限）、技术（基于代币或账户）将现有货币以"货币之花"的形式呈现，其中包含两种可能的央行数字货币。[①] Kiff 等（2020）则根据央行发行、法偿性、央行支持、锚定法定货币、点对点支付、编程性等方面，对现金、电子货币、私人数字货币、稳定币、合成型 CBDC 以及零售 CBDC 进行了划分。IMF（2020）在其工作论文中指出，CBDC 是主权货币的数字化表示，由一国中央银行（或其他货币当局）发行并作为其负债，这是目前认可度较高的概念界定。

（1）货币价值层面：强调与现金相对应的央行信用属性。

针对私人数字货币在货币本位层面的变革，主要由国家政府采取坚持货币的央行信用属性，仅将其作为一种数字资产，不承认私人数字货币的法偿性。而针

---

① 一种可能是中央银行的账户向社会公众开放，允许社会公众像商业银行一样在中央银行开户，相当于中央银行开发了一个"超级支付宝"，面向所有的 C 端客户服务。CPMI 将其称为基于账户（Account）的央行数字货币（Central Bank Digital Account，CBDA）。另一种可能的央行数字货币是中央银行以类似比特币的技术发行的代币，可称为基于代币（Token）的央行数字货币（CBCC），这类货币既可以面向批发，也可以面向零售。基于账户还是基于代币，代表了两种不同的技术路线，哪种思路未来将占据主流，还有待观察。在技术架构上，央行数字货币体系可分为两类：一元体系和二元体系。一元体系是指中央银行以类似于"超级支付宝"的方式直接为客户提供服务，但世界大多数中央银行并不认可这一方式，不愿意直接向公众提供央行数字货币服务，而是希望复用传统金融体系，与金融机构合作，将中央银行置于后端，前端的服务则交由金融机构提供，即采用"中央银行—商业银行"二元体系。

对 CBDC，无论采取何种模式，是"银行—个人—商户"模式还是诸如区块链这样的模式，都是对记账机制及其记账权力的论述，并不设计货币的价值支撑，也就是涉及铸币权和发行权的问题，CBDC 仅是信用货币新的外在表现，央行信用及其铸币权力仍然是信用货币发行和流通的基础。

根据 CPMI 的"货币之花"和表 3-1 的分析，可以发现 CBDC 在发行主体层面是由央行直接发行，同现金一样属于央行的直接负债，这与私人代币和银行存款不同。在电子货币的账户化发行过程中，货币的共识机制开始发生偏差，因为对于账户货币的持有人而言，其所持有的信用货币并非中央银行债券，而是商业银行的某种抵押债券，货币价值的信用担保部分转移至银行体系，导致商业银行对中央银行的货币信用权力存在"委托—代理"问题。与此同时，非银支付机构通过银行存款等账户准备金形式，对其账户持有人提供私人机构代币，提供类狭义银行服务。随着货币账户化支付方式的普及，以央行直接负债的现金比重日益降低，而以银行或私人机构信用属性的货币比例不断提高。由于电子货币本身并不具备计价功能，其所具有的法偿性是基于其与法定货币的绑定兑换关系，本质上是法定货币的一种延伸性支付安排。这在某种程度上加重了央行对货币信用的担保义务和监管责任。因此，CBDC 的价值内涵首先是强调其央行的信用负债属性，即 CBDC 是基础货币的替代，是现金和存款准备金的新形态，而非商业银行存单、债券等其他层次的货币。例如，姚前（2019）认为，数字货币可直接作为央行或发钞行负债，改变了电子货币在账户机构的多层负债属性。值得指出的是，由于"合成型数字货币"的发行理念，即数字货币运营机构可以通过提交全额准备金的形式代发 CBDC，不符合直接央行信用原则，BIS（2020）明确了"合成型数字货币"不属于 CBDC 的认定。

表 3-1　现有货币形态及属性特征

货币形态	现金	电子货币	私人加密货币	稳定币	合成型 CBDC	零售型 CBDC
央行发行	是	否	否	否	否	是
法偿性	是	不确定	不确定	不确定	不确定	是
央行支持	是	不确定	否	否	是	是
锚定法定货币	是	是	否	是	是	是
点对点支付	是	是	是	是	是	是
编程性	是	是	是	是	是	是

资料来源：Kiff J，Alwazir J，Davidovic S，et al. A Survey of Research on Retail Central Bank Digital Currency [R]. IMF Working Paper, 2020.

（2）货币形态层面：数字形态分为通证与账户两种形式。

对于私人数字货币通过货币形态的数字化推动点对点跨境支付效率方面，各国央行则希望借鉴私人数字货币的底层技术与运行逻辑，在减少对本国监管系统及银行体系的负面影响下，推进官方数字货币的市场应用，并寻求与私人机构的共存发展。Koning（2017）提出法定数字货币可分为央行数字账户（Central Bank Digital Account，CBDA）和央行数字货币（Central Bank Digital Currency，CBDC）。如表3-2所示，从货币的流通形式来看，CBDC可分为批发型（Whole-sale）和零售型（或称通用型，Retail）两种形式，前者用于金融机构之间大额资金结算，后者面向企业与个人用户。在电子货币阶段，货币的运行与账户体系形成紧密的"耦合"关系，账户是货币形态转变的必要组成部分。在数字货币形态下，CBDC的运行逻辑可以是基于账户形式，这与电子货币的运行逻辑相一致，也可以是基于代币（权证）形式，与现金、私人加密货币、稳定币的运行逻辑相一致，或者说，CBDC可与原有账户体系形成"松耦"关系。根据CBDC与账户的耦合关系，可以发现CBDC的流通形式可分为基于代币的批发型CBDC、基于代币的零售型CBDC以及基于账户的零售型CBDC。

表3-2 CBDC的流通形式及与账户体系的运行关系

种类		运行特征	货币流通与账户关联	代表项目
批发型CBDC		适用范围为央行与金融机构之间，采用分布式技术增强央行支付结算体系效能	货币运行与账户体系为松耦合关系，央行管理账本，并基于账户体系转移CBDC	加拿大的Jasper、新加坡的Ubin等项目
零售型CBDC	直接型	央行直接向个人或企业开立数字货币账户和发行CBDC，可以设定CBDC账户持有货币上限，但增加央行运营负担，并对商业银行形成挤出效应	货币运行与账户体系仍为紧耦合关系，央行直接管理账户体系，通过改变账户持有人与代币关联进行货币转移	冰岛的Rafkrona项目
	间接型	继续沿用"央行—商业银行"二元发行结构，但以通证形式发行，因此商业银行无法进行账户的信用扩张，无须增加央行的运营负担	货币运行与账户体系为松耦合关系，中介机构管理终端用户账本，央行管理中介机构账本	瑞典的e-krona、中国的数字人民币等项目

（3）货币功能层面：突出"稳定、效率与包容"原则。

对于CBDC的货币功能，央行所发行的货币可以看作是一种公共产品，这种公共产品主要为商品和服务交易，以及金融产品结算提供可接受的记账单位、价值存储和交换媒介。在一国的法定货币区域内，这种可接受是由其货币的法偿性所决定的，而在跨境支付领域，货币的可接受则是由市场决定的。从这个角度来说，CBDC 与传统的信用货币并无本质区别，任何国家所发行的 CBDC 能够广泛应用于跨境支付，需要其交换媒介、价值存储以及记账单位等货币功能为国际社会所承认，且货币执行的功能越丰富，其国际应用的广度和深度就越显著。

目前来看，CBDC 的功能更多局限在交换媒介层面。一方面，CBDC 可与现金共同作为央行所提供的公共产品服务，支持更具韧性与多样性的国内支付体系；另一方面，由于 CBDC 主要应用于数字经济场景，在此场景中相应地弱化物理距离与账户身份归属，CBDC 相较于传统主权信用货币，有着克服相应支付壁垒的先天优势，但其货币的信用支付本质并没有发生实质性的改变，并未形成新的价值存储与记账单位，使其在跨境支付的应用仍然离不开国际协调机制与国家间（无论是双边还是多边）的货币结算机制。

为此，国际清算银行 BIS 与美国、英国等七家央行在 2020 年 10 月的联合报告《中央银行数字货币：基本原则和核心特征》中，提出 CBDC 应遵循"无危害性""创新与效率"和"共存"原则，并梳理了 CBDC 的 14 条核心特征（见表 3-3）。所谓"无危害性"，是指不能因 CBDC 的发行，而阻碍中央银行履行其货币及金融稳定职能的能力，这涉及 CBDC 是否需要计息，公众对 CBDC 资金持有规模对银行等金融中介机构的影响，以及 CBDC 加载智能合约功能（如可编程货币政策），将模糊货币政策和财政政策界限等挑战或风险。[①] 所谓"创新与效率"，是指如果没有持续的创新来提升支付体系的活力，或者满足数字经济的新兴需求，则会将消费者引入到不安全的支付工具或货币，从而威胁现有金融体系的安全性。由此可见，"无危害性"与"创新与效率"与其说是央行需要坚持的两个重点原则，不如说是央行在 CBDC 问题上将面临的"两难"困境。"共存"原则也是体现了两个层面的共存性，是指不同类型的央行货币工具之间，以及央行货币与商业银行账户货币之间应良性共存，相辅相成。同时又强调现金的重要性，即只要公众对现金有足够的需求，则中央银行仍需继续提供现金服务，这反映出 CBDC 一方面是对现金支付功能的提升，可以借此增加基于央行直接负债的货币流通比重，但另一方面又不应是对现金的替代，而是对现金的补充。

---

① BIS 认为货币政策不应成为发行 CBDC 的首要动机，而对于支付动机，货币层面发行 CBDC 只是对目前央行现金数字化的升级，并需要在基于公共隐私的匿名支付需求与减少非法资金活动之间进行有效平衡。

表 3-3　CBDC 的核心特征

主要特征	核心特征	主要表现
工具特征	可交换性	需维持 CBDC 的货币单一属性，可与现金、民间资金等价交换
	便利性	CBDC 的使用应与其他支付方式，如现金、卡支付、移动支付一样简便
	可获得性	CBDC 与现金一样广泛应用，并可支持离线交易
	低成本	最小化终端用户的使用成本，并以最低限度实现技术或投资要求
系统特征	安全性	能够有效应对网络攻击或其他威胁，具有有效的防伪措施
	即时性	可以有效实现即时结算
	强韧性	有效应对系统运行障碍
	可获取性	支持终端用户全年 24 小时无间断使用
	大容量性	可以在极短时间内处理大量交易
	可扩展性	能应对未来更大的交易规模
	互动性	应建立 CBDC 与私人部门数字结算体系的相互作用机制
	灵活性和适应性	努力使 CBDC 适应其他国家环境和政策要求
制度特征	健全的法律框架	央行应拥有 CBDC 的明确权限
	技术标准	CBDC 应符合监管标准

资料来源：BIS. Central Bank Digital Currencies：Foundation Principle and Core Feature ［R］. 2020.

2. CBDC 的系统性认知框架与设计共识

近年来，国内外学者、学术机构以及多边组织围绕全球跨境支付体系的发展现状与挑战开展大量研究工作。BIS（2020）提出 CBDC 金字塔认知框架，将 CBDC 的设计要点依次分解为运行机制、基础架构、获取模式以及应用场景，且考量顺序需依据要点排序依次进行，即底层选择反馈至上层决策（见图 3-1）。与之相似，巴曙松和陈绍光（2021）认为，各国对 CBDC 的研发设计，可围绕价值、技术、运营和应用四个维度进行分类，并形成一定的发展共识。

（1）运行机制：信用属性、单双层结构及账本维护分工。

运营机制是各国央行在设计 CBDC 需要首先考量的问题。根据 Auer 等（2020），目前共有四类可供选择的架构方案：直接型 CBDC（Direct CBDC）、间接型 CBDC（Indirect CBDC）和合成型 CBDC（Synthetic CBDC），其中间接型 CBDC 又可以分为混合型 CBDC（Hybrid CBDC）和居间型 CBDC（Intermediated CBDC）。

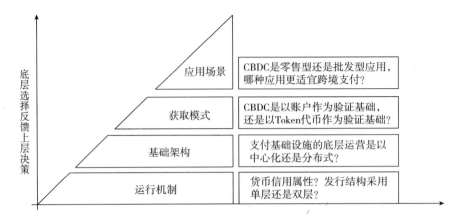

图 3-1 CBDC 金字塔认知框架

资料来源：根据 Auer 等（2020）´绘制。

如图 3-2 所示，央行 CBDC 运行机制的决策演示可分为三个步骤：第一步，CBDC 的信用属性是央行的直接负债还是间接负债？Bech 和 Garratt（2017）将

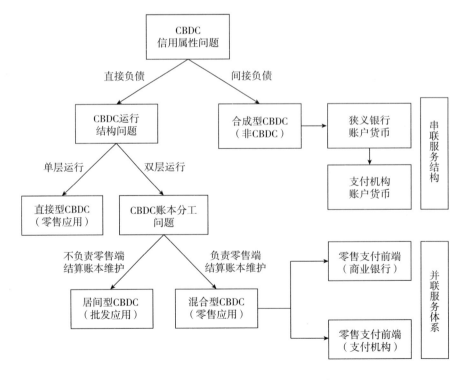

图 3-2 CBDC 运行机制设计决策演示

CBDC 定义为基于点对点电子化交换的央行负债。该定义明确了 CBDC 在私人数字货币"点对点"与"电子支付"的基础上，增加"中央银行信用"的特殊性，这说明 CBDC 非常强调央行直接负债的信用属性。与之相对应，合成型 CBDC 是货币运营机构可以通过提交全额准备金的形式代发 CBDC，本质上与电子支付的账户货币相一致，即便是以全额准备金的形式担保货币的偿付性，但其在信用属性上仍是央行的间接负债，也正因为其不符合直接央行信用原则，BIS 明确了合成型数字货币不属于 CBDC 的认定。

第二步，CBDC 的运行结构是单层还是双层？在单层模式下，由央行直接负责所有运营服务，相应地，账本维护及货币结算工作均由央行直接实施，基于该运行结构的 CBDC 称为直接型 CBDC，也是零售型 CBDC 的主要形式之一。而在双层模式下，虽然 CBDC 仍然是央行的直接负债，但账本维护工作则部分交由商业银行和支付机构承担。与 CBDC 的央行信用属性不同，单层或双层运行结构存在各自的利弊权衡，各国 CBDC 的机制设计也存在一定的差异性。在单层模式下，央行对 CBDC 的流通具有更多的控制权，与社会主体的资金关系更加直接，且有利于执行更为精准的货币政策；然而运行单层模式也意味着央行需要承担更多的支付服务职责，同时也会引发对其他金融中介职能的"挤出效应"。根据 BIS 2021 年 4 月的调查，计划采用双层结构的央行为 15 家，相比于 2020 年有明显的增加，而单层模式则更适合一些金融部门不甚发达的小型经济体。

第三步，是在 CBDC 双层运行模式下，央行的职能定位是怎样的？其中，在居间型双层模式中，央行仅承担数字货币向商业银行批发的工作，而兑换赎回以及流通环节仍然交给更擅长运营用户体验的中介机构完成，这表明 CBDC 的主要运行范围在批发领域，因而也可称为批发型 CBDC。在混合型双层模式中，商业银行与支付机构承担零售支付前端服务工作，而央行则负责支付基础设施并对零售交易的数据总账进行维护，并成为零售型 CBDC 另外一种主要形式。BIS（2020）调查发现，非常规经济形态规模越大的经济体更加倾向于发行零售型 CBDC，而拥有更加成熟金融服务的发达经济体则青睐发行批发型 CBDC。Boar 等（2020）发现发达经济体将促进支付体系的稳健性与安全性作为其首要目标，而新兴市场国家则将金融普惠性作为其优先目标。因此，在该层面问题上，CB-DC 的结构设计路径更加离散化，并由此引发在跨境支付领域中，需要解决零售型 CBDC 与批发型 CBDC 的互联问题。

值得关注的是，在现有的市场实践中，支付机构以账户备付金形式，形成中央银行对非金融机构的负债。这种运行机制接近于合成型 CBDC 的发行理念，但如图 3-2 所示，该模式下的货币流通是在现金、银行账户货币以及支付机构账户货币（或称为电子化货币）之间双向流转，形成了一种串联式的支付结构关系。对于账户货币的持有人而言，其所持有的信用货币并非中央银行债券，而是商业银行的某种抵押债券，货币价值的信用担保部分转移至银行体系，导致商业银行对中央银行的货币信用权力存在"委托—代理"问题。另外，虽然混合型 CBDC 在运行机制设计上与合成型 CBDC 较为接近，但其货币属性是央行直接负债，如姚前（2019）认为，CBDC 可直接作为央行或发钞行负债，改变了电子货币在账户机构的多层负债属性。更重要的是，由于央行直接负责零售支付的总账维护，改变了原有电子支付"交易、清算、结算"的传统流程，使央行货币的流通不再是串联式的纵向传递，而是将商业银行与支付机构同时作为支付服务的前端，削弱了其在系统内进行闭环清算的能力，使账户体系下支付资金流与信息流不再分离运行，有效提升了支付体系的稳健性与安全性。

（2）基础架构：中心化账本模式或分布式账本模式。

在决定相应的运行机制基础上，可以考虑 CBDC 的基础架构问题，表现为账本模式是采用中心化还是分布式。从目前的技术来看，在分布式技术模式中，许可型分布式账本较为可行，该架构可以控制哪些参与者能够接入系统，并设定不同的访问权限，从而满足"了解你的客户"和反洗钱、反恐怖融资的相关要求，与此同时，分布式账本还可以保留央行对货币发行和货币政策的控制权。Danezis 和 Meiklejohn（2016）提出 RS Coin 系统的分层运行理念，使央行可以在中心化加密货币发行的基础上，实现基于分布式账本技术的货币流通，并有效提升系统交易容量与运行效率。虽然许可型分布式账本比非许可型分布式账本更具优势，然而其仍然无法比肩中心化账本模式的应用效能。因此，大部分央行采取中心化账本模式，以提升 CBDC 的支付效率。

但我们也应该看到，中心化和分布式的技术比较是动态的。首先，分布式账本技术的运行效率正在显著提升。一是共识验证模式已经由工作量证明（PoW）转换为权益证明（PoS）。二是交易处理分片（也称链下解决方案，即 Layer2 方案），将原主链上大量交易在链下网络完成校验、打包，然后将结果放回主链。①三是边缘计算与原生云安全技术的深度应用，将"网络身份验证+大容量数据传输+中心化权威处理"转变为"服务安全管理+终端算力服务+分布式交叉验证"的新型支付流程。其次，两者在技术上也存在融合趋势。一是在传统的公有云、私有云之外，以金融行业云、专属云、团体云为代表的混合云发展更加显著。在混合云模式下，用户可以将面向公众，承载大流量、高并发弹性业务的系统部署

---

① 以太坊 Rollup 是 Layer2 方案中最具代表性的技术方案之一，主要分为以"欺诈证明"为原理的"Optimistic Rollup"技术路线和以采用"零知识证明"为原理的"ZK Rollup"技术路线。

在公有云上，而将更敏感、更核心的关键应用和数据部署在本地私有云上，从而更好地兼顾货币运行对"敏态"和"稳态"的双重需求。二是跨链技术已成为未来 CBDC 跨境应用的必然应用。由于不同经济体及应用场景所用的区块链系统不同，导致不同区块链存储的区块信息出现隔离状态，为改变区块链价值的"孤岛"效应，以"公证人机制""哈希锁定""侧链和中继链"为代表的跨链技术发展迅速，实现不同属性区块链的互联互通，也打破了区块链内部对公链、私链和联盟链的固有界限。因此，随着技术的发展，原有的数据库容量及比对校验问题或许已经不再是难题，中心化模式对于各国央行来说将变得愈发有吸引力。

（3）获取模式：账户范式或通证范式。

在货币获取方式上，账户范式在本质上将货币流通与账户身份形成了紧耦合绑定关系，有利于实施精准货币政策的优势，但同时也限制了其对现行电子货币支付的边际改善效应，如账户范式将可能降低央行货币的金融普惠作用，使无账户人群仍然依赖于现金支付，也阻碍了 CBDC 的匿名支付的发展目标。尤其在跨境支付场景中，对于用户身份的绑定将使 CBDC 很难与私人数字货币相竞争，并使更多相关支付需求用户转向私人数字货币，最终有悖于 CBDC 发行的初衷。

与账户范式突出身份性，即强调"我是所以我有"不同，通证（Token）范式的货币所有权取决于是否持有某个"通证"，即"我知道所以我有"，而拥有通证的地址却是匿名的状态，这种匿名状态有利于突破现有账户体系的支付壁垒与市场分割，也有利于提升零售端在跨境支付场景的效能与体验提升，因为在通证范式下，CBDC 的持有与使用在技术上可不依赖于用户身份，海外用户与国内居民在使用 CBDC 方面并无二致。为应对通证范式对包括反洗钱/反恐怖融资等监管政策带来挑战，CBDC 的基础架构通常以双层为主，即实现货币流通与账户身份实现"松耦合"机制。姚前（2017a）认为，CBDC 虽然与银行账户实行松耦合关联，但可利用银行账户体系实现客户端点的支付服务。同时，也可降低对银行账户资金的冲击效应。此外，商业银行账户体系对用户身份的管理，也有助于中央银行实现"可控匿名"，满足其对反洗钱及反恐怖融资等资金审查的需要，这意味着主流 CBDC 的应用架构将在双层投放结构的基础上，采用账户与通证（Token）相混合的运行模式。在官方数字货币支付阶段，银行账户体系将依然存在，只是作用方式与运行机制将发生重大改变（见表3-4）。

表3-4 账户范式电子支付与通证范式 CBDC 支付比较

运行机制	电子货币的账户运行机制	数字货币的 Token 运行机制	运行差异及影响
价值转移标的	只具备货币价值转移功能	具备货币价值转移功能，也可代表区块链外资产及权利	支付系统增加了价值数据转移的拓展性，但也增加了支付系统的不稳定性
记账权属关系	中心化账本机制，由明确性的中心化数据单位负责账本数据登记与维护管理，对于中心化账本机构的管理权限需要进行审批与授权	分为中心化或分布式两种账本机制，并可依据工作量（PoW）证明或权益证明（PoS）对账本数据进行公钥证明与验证更改	将资金的账户身份权属关系转为账本确权关系
价值数据存储与转移形式	账户余额显示资产规模，支付过程体现为付款方账户余额减少，收款方账户余额增加，且会经历多家机构相应账户的余额调整	余额显示需要对各地址 Token 量的汇总，支付过程体现为 Token 的付款方的地址转移为收款方地址，Token 总量不变	改变账户体系的等级组织结构，Token 地址之间无权属关系，形成点对点的拓扑交易结构，便利于跨境支付等相关场景
支付结算效率	支付结算效率较高	中心化账本机制的支付结算效率极高，分布式账本机制的运行效率与区块链认证模式相关	改变账户体系将资金流与信息流分离的运行模式，有效降低结算风险

资料来源：参考邹传伟（2019）部分内容整理编制。

（4）CBDC 的包容性与扩展性需求对支付产业链的变革影响。

各国 CBDC 的另一个共识原则是，提升数字货币支付体系的包容性，通过确立统一的监管框架，明确公共部门、银行与非银行支付机构的合作基础与业务界限。在 CBDC 双层运营的基础上，各国 CBDC 的应用原则还提倡银行与其他私营服务机构的共存生态建设。同时，由于数字货币市场主体均是在央行"可控匿名"的框架下开展服务，也可打破现有零售支付的账户体系壁垒，打造协调、公正的市场竞争环境。戚聿东等（2021）发现，部分 CBDC 实践国家采用平台运作模式，将公共部门与私人运营机构进行有效链接。

另外，CBDC 的包容性还体现在技术发展及扩展服务方面，需要私人机构的全面参与。CBDC 不仅是货币形态的数字化，其价值内涵还包含了货币功能的智能化。其中，智能合约的功能嵌入，将实质性拓展货币的功能边界。巴曙松和陈绍光（2021）认为，依托区块链系统，数字货币可应用智能合约程序，并实现担保支付、智能投资、理财服务等各种金融智能服务，提升用户的智能化体验。王永利（2021）指出，CBDC 定位不仅局限于对货币现金的替代，而是应将服务功能扩展至整个金融服务领域。从这个意义来说，数字货币是对账户管理功能的一种底层替代，从而在功能定位上，驱动账户服务的互联性，削弱零售支付账户体系闭环服务的市场基础。

如图3-3所示，在CBDC双层运行模式下（以混合型CBDC为代表），CBDC的发行仍将利用商业银行的账户体系，延续原有"中央银行—商业银行"的二元账户发行机制，使银行账户体系可以直接参与CBDC的发行与兑换。而在"可控匿名"的需求原则下，CBDC的运行仍需要借助银行账户的身份认证功能，将CBDC钱包与银行账户"了解你的客户"机制进行关联，并根据客户身份识别强度开立不同等级的数字钱包。而对于支付机构而言，由于CBDC与账户体系为松耦合关系，在CBDC的场景服务领域，其可以与商业银行一样，为零售客户提供终端服务，使其账户体系与银行账户体系的"串联型"关系转变为钱包服务的"并联型"关系，呈现出更加开放的支付生态。

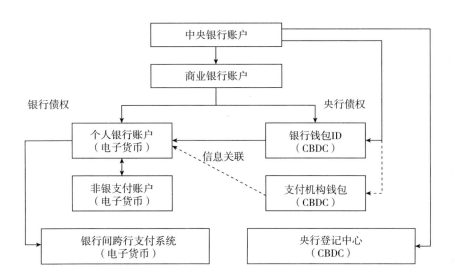

图3-3 电子货币支付与CBDC支付产业链比较

在当前的实践中，各商业银行也在建设自己行内的数字货币支付系统，开发各项功能，满足CBDC钱包开立及维护、CBDC钱包与银行存款账户绑定及维护、CBDC存取现金、电子货币与CBDC兑换等功能。未来很长一段时间内，现有的电子货币支付系统与CBDC支付系统有可能并存，客户之间点对点交易CBDC，通过CBDC交易系统进行确权。交易电子货币则和现有流程一致，通过央行现代化支付系统、商业银行核心业务系统完成。

三、各国央行数字货币的发展动态与驱动要素

国际清算银行调查显示，2020 年全球 65 个国家中央银行中，已着手启动研究和评估央行数字货币（CBDC）的比重已达 86%，其中 60% 的中央银行已进入概念性实证检验（PoC）阶段，有 14% 的央行已经在开展数字货币试点工作。而此前，各主要经济体央行对数字货币的表态尚不甚积极，2019 年，有意启动研究和评估 CBDC 的央行比重仅为 42%。因此，需要首先梳理各国政府推进 CBDC 的发展动态及其背后的驱动要素。

1. 美国：维持美元霸主地位与支付服务的普惠性需求

对于私人加密数字货币及全球稳定币的支付应用，美联储的表态较为谨慎。2019 年 11 月，美联储主席鲍威尔在给众议院金融服务委员会（House Financial Services Committee）的回信中声称："美联储暂未开发美元央行数字货币。"[①] 2020 年 10 月，鲍威尔在 IMF 年会小组讨论中依然强调"不仅要看 CBDC 的潜在好处，还要看到其潜在的风险"。美联储的心态较为复杂。一方面，作为世界最主要的信用货币，美元享受着信用货币体系下最大的铸币税利益，同时以美元为核心的支付体系一直以来都是美国政府进行资本控制及长臂管辖的有效工具。另一方面，构建新的 CBDC 货币体系，增加了维系现有国际货币体系及美国金融霸权的不确定性。美联储在跨境支付场景的紧迫性与国内支付场景的必要性两个层面，推进 CBDC 的意愿相对较低。

从短期来看，新冠肺炎疫情的暴发是美联储态度转向积极的直接因素。为应对疫情负面冲击，美国国会于 2020 年 3 月批准《新冠病毒援助、救济和经济安全法案》（Coronavirus Aid, Relief, and Economic Security Act, 即 CARES 法案）。然而，在执行过程中，发现存在大量无账户人群，以及因银行账户费用或维护条件过高而不使用银行账户人群，致使支付援助服务（Economic Impact Payments, EIPs）及薪酬保护项目（Paycheck Protection Program, PPP）等政府救济，无法通过银行账户体系向所有救济用户提供支付服务。这反映出美联储的支付基础设

---

① 在对众议院金融服务委员会成员 Bill Foster 和 French Hill 的回函中，鲍威尔表示"美国不存在那些别国希望解决的，如不使用实物现金、银行服务范围有限以及缺乏发达的支付基础设施等问题"，"我们也未发现通用数字货币在执行货币方面具有更大的潜在物质利益"。

施服务因银行账户体系服务结构失衡，其公共服务无法惠及所有民众，也暴露出政府与非账户人群缺乏其他有效的支付联系。[①] 鉴于此，部分机构及学者呼吁应尽快推出与实物货币法律属性相对等的数字化货币。Ricks 和 Grawford（2020）提出，美联储的 FedAccount 也应向普通个人、企业和机构开放，以保证货币的电子形式与实物形式是完全对等的。Copic 和 Franke（2020）则进一步认为，发行 CBDC 有助于央行实施更精准和有效的货币政策，如可鼓励特定类型消费或为特定群体提供货币支持，以此来增加货币流通速度。

从长期来看，防范中国等新兴国家拓展其本国 CBDC 的国际化应用，削弱美元的霸权地位是最重要的考量因素。Rogoff（2019）将央行数字货币竞争称为"新科技战争"，并提出对美元的真正挑战并非私人机构数字货币，而是各国政府推出的 CBDC。2020 年 5 月，数字美元基金会（Digital Dollar Foundation）与咨询公司埃森哲（Accenture）公布数字美元白皮书，即《数字美元项目——探索美国的 CBDC》（The Digital Dollar Project：Exploring a US CBDC），提出在其他国家实施 CBDC 计划的背景下，美国应推出自己的"数字美元"计划，以此来保证美元在国际货币体系的核心主导地位，并体现美国的民主价值理念。在此背景下，美联储对 CBDC 的态度转向积极。2021 年 5 月，美联储主席鲍威尔表示将认真研究发行央行数字货币（CBDC）的收益与风险，并计划在年内推出关于 CBDC 的研究报告讨论稿。2022 年 1 月，美联储发布《货币和支付：数字化转型时代的美元》（Money and Payments：The U. S. Dollar in the Age of Digital Transformation），初步勾勒了美国版 CBDC 的雏形，也预示着美联储将在未来加速推进 CBDC 的试验工作。表 3-5 对美联储推进 CBDC 的主要驱动要素进行了简要的梳理。

表 3-5　美联储推进 CBDC 的主要驱动要素

驱动要素		跨境支付场景	国内支付场景
竞争驱动[②]	紧迫性	较低，美联储多次强调"做好"比"先做"更加重要，目前仅推出讨论稿进行原则汇总	较低，美联储于 2019 年推出 FedNow 服务，强化现有支付体系的服务能力

---

① 2020 年 6 月，美国众议院金融服务委员会举行听证会，指出由于美国银行对账户手续费及资金余额等要求，在低收入群体中相当比例不在银行账户服务体系内，导致只能通过邮寄纸质支票或提供通用预付卡等方式提供政府救济，严重影响 CARES 法案的实施效果。

② 竞争驱动是指经济体推进 CBDC 决策的竞争性考量，包含在跨境支付层面与其他经济体 CBDC 及私人机构加密货币及稳定币，以及在国内支付层面与私人机构加密货币及稳定币的竞争性因素。

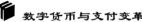

驱动要素		跨境支付场景	国内支付场景
竞争驱动①	必要性	优先，防范新兴市场国家推出 CB-DC，影响美元霸权地位	一般，私人数字货币及稳定币均以美元作为计价单位或目标资产，并不对美元构成威胁，但警惕其交易的"匿名性"特征对监管体系和金融系统的负面冲击
普惠驱动②	紧迫性	较低，现有以美元为基础的银行账户支付体系提供国际长臂管辖能力	优先，新冠肺炎疫情政府救济缺乏非银行关联通道，影响对非银行账户或低银行账户的货币政策效果
	必要性	较低，代理行网络以美元为主支付通道，纽约清算所银行同业支付系统（CHIPS）使美元结算的成本及时效性损耗相对较低	一般，美元非现金支付率较低，且可以通过增加通用预付卡和邮局账户提升社区服务

2. 欧盟：迎合用户数字支付偏好，维护欧元支付体系独立性

相较于美联储较为复杂和谨慎的态度，欧洲央行的态度总体上更为积极。2019 年 12 月，欧洲央行在其辑刊《焦点》第四期发布了题为《如何实现中央银行数字货币的匿名性》（Exploring Anonymity in Central Bank Digital Currencies）的专题报告，提出欧洲中央银行系统（ESCB）已经完成了"中央银行数字货币"（CBDC）匿名性的概念验证。2020 年 10 月，欧洲央行发布了《数字欧元报告》（Report on a digital euro），分析了发行数字欧元的收益与风险，尤其是在特定场景下数字欧元的存在是十分必要的。2021 年 7 月，欧洲央行将成立数字欧元市场咨询小组，并自 10 月 1 日起对数字欧元项目启动为期两年的调查工作。

虽然与美国同为发达经济体，但欧盟的跨境支付行为更加普遍，然而各国消费市场深度有限，零售支付市场呈现"碎片化"特征，零售支付账户体系正遭受来自区域外账户平台的挑战。如图 3-4 所示，欧盟内部采用统一市场货币，构建了完善的支付清算基础设施，但在前端账户平台层面，个人用户转向非欧洲大型支付机构账户网络，在其主导的支付生态系统内实现网络支付或跨境支付服务，本土银行退居支付服务的后端环节。这种双层化的运行模式虽然促进了欧洲

---

① 竞争驱动是指经济体推进 CBDC 决策的竞争性考量，包含在跨境支付层面与其他经济体 CBDC 及私人机构加密货币及稳定币，以及在国内支付层面与私人机构加密货币及稳定币的竞争性因素。

② 普惠驱动是指经济体推进 CBDC 决策的福利性考量，包含在跨境支付层面和国内支付层面拓展支付服务范围、提升支付体验的普惠性因素。

国家非现金社会的发展，然而过度依赖非欧支付机构的前端账户平台，从长期来看并不适宜欧盟内部市场与单一欧元支付区（SEPA）的发展，并削弱欧洲货币与金融主权。欧洲央行（ECB，2019）调查显示，约70%的银行卡支付是由非欧洲支付机构提供的。①

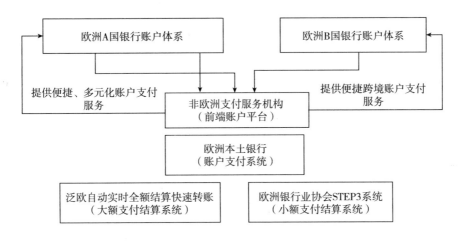

图 3-4　欧洲零售支付账户体系运行模式

资料来源：根据欧洲央行 ECB 网站公开资料整理绘制。

另一个重要的驱动要素在于，零售用户的支付行为偏好正在发生改变。传统的现金支付可以满足零售用户之间的点对点支付需求。然而，点对点支付需求方式正在发生重大转变，在线与离线支付需求正在主导零售支付形式。欧洲央行（ECB，2020a）调查显示，超过40%的受访者表示在新冠肺炎疫情期间已改变现金支付方式，且即便在疫情结束后，仍将采用银行卡或电子支付方式。欧洲央行执委会成员 Panetta（2022）表示，个人用户支付方式存在行为惯性，这曾经阻碍了部分国家电子支付的发展进程，然而一旦新的支付偏好趋势确立，支付产业的生态环境也必然进入重塑进程。与此同时，现有基于账户体系的电子支付需要验证交易双方的身份并存储交易数据，而更多的欧洲用户希望能够体验交易的"匿名性"，这也将区别于现有电子支付与数字支付的货币需求场景。表 3-6 对欧洲央行推进 CBDC 的主要驱动要素进行了简要的梳理。

---

① 由于欧盟各国银行账户的规模数据价值不显著，无法形成典型的 DNA 商业模式（包括数据分析、网络外部性和紧密结合活动），使其在与欧盟体系外的大型金融科技平台公司的竞争中处于劣势，为此以英国、法国等国家为代表的欧洲国家以"税基侵蚀和利润转移"为由，向亚马逊、脸书等区域外数据巨头企业征收数字服务税（Digital Services Taxes）。

表 3-6 欧洲央行推进 CBDC 的主要驱动要素

驱动要素		跨境支付场景	国内支付场景
竞争驱动	紧迫性	一般，需要平衡发行 CBDC 的收益与风险，进行相应的概念测试与试点运行	较低，欧盟推出 TARGET 2 自动清算系统，可提供便捷化的支付清算服务
	必要性	优先，打破区域外支付平台对跨境支付的市场主导优势，维护欧元支付体系的独立性	优先，以欧元资产为抵押或计价的全球稳定币比重较低，形成对主权信用货币的潜在威胁
普惠驱动	紧迫性	一般，欧洲银行账户支付体系的账户覆盖率与服务深度较高，欧元支付的抗制裁能力较强	优先，新冠肺炎疫情增加零售市场的非现金支付需求，需要提升非接触式在线及离线支付服务
	必要性	一般，代理网络以欧元为主支付通道，且欧洲央行即时支付平台 TIPS 以及 SWIFT 可提供便捷化的跨境零售支付服务	优先，部分欧洲国家非现金支付率较高，需要以新的货币形式形成新的央行负债，同时需要满足数字经济及用户匿名支付需求

3. 日本：关注 CBDC 标准制定，强化发达经济体协调合作关系

日本官方对 CBDC 的态度出现一定程度的分歧：以执政党自民党政治研究部门及部分学者为代表，从货币竞争关系角度提出要推动日元数字化建设。日本执政党的战略议员联盟提出应尽快启动数字日元工作。2020 年 7 月，日本内阁公布了 2020 年度《经济财政运营与改革基本方针》（経済財政運営と改革の基本方針），首次从国家层面提及 CBDC。2020 年 10 月，自民党战略研究部门再次督促日本政府加快推进发行 CBDC 的法案修订工作。相比较而言，日本央行（即日本银行，BOJ）对发行零售型 CBDC 的态度相对谨慎。[①] 2019 年 12 月，日本银行总裁黑田东彦指出："在现金流通量不断增加的现实状况下，日本国民不必考虑发行 CBDC。"[②] 2021 年 3 月，日本银行设立"中央银行数字货币联络协调委员会"。2021 年 4 月，日本银行宣布开展 CBDC 实证测试，并进入概念性验证的第一阶段，其工作重点是研究发行、分配和赎回其 CBDC 的技术可行性。自 2021 年 9 月起，日本银行与国际清算银行发布系列研究报告，表示将推进"一般利用

---

① 2016 年 12 月，日本银行与欧洲央行启动"星云项目"（Project Stella），对基于分布式账本技术的批发型 CBDC 的设计及应用进行联合研究。

② Haruhiko Kuroda. Payments Innovations and the Role of Central Banks: Addressing Challenges Posed by Stablecoins［EB/OL］. Speech at the Symposium for the 35th Anniversary of the Center for Financial Industry Information Systems，2019-12-04. https://www.boj.or.jp/en/about/press/koen_2019/ko191204a.htm.

型"CBDC（即零售型 CBDC），并已明确发展 CBDC 的相关原则与基本特性。2022 年 3 月，日本银行启动第二阶段概念性验证工作，完成制定详细 CBDC 发行和支付基础设施的推行方案及试点地区的划定工作。

如表 3-7 所示，在竞争驱动要素方面，日本银行在推进 CBDC 的过程中，更加注重发达经济体之间的国际协调，优先保障日本在制定 CBDC 的技术及法规国际标准的影响力。刘瑞（2021）认为，日本银行短期内不会发行 CBDC，但会积极在 G7 峰会等国际会议上推进发达经济体在 CBDC 国际标准及规则制定上的主导权，以此来牵制数字人民币的国际应用。与此同时，鉴于当前私人机构加密货币及全球稳定币仍主要以美元为计价单位，加密货币的大量发行对日元的主权信用及金融系统稳定存在潜在风险。在国内支付场景中，大量私人虚拟货币的流通对于金融市场及支付系统稳定也造成负面影响。自"Coincheck"事件发生后，日本政府将"虚拟货币"改称为"加密资产"，进一步突出其投机资产属性，将其与法定货币结算加以明确区分。① 日本银行总裁黑田东彦对于全球稳定币的快速发展，指出"应重视以本国货币计价的数字货币的建设"。② 而在普惠驱动因素层面，由于日本银行长期维持低利率的存款政策、电子化支付服务市场集中度较低，以及老年人口比重较高等原因，日本国内非现金支付低于发达经济体平均水平。截至 2021 年末，日本非现金结算比率为 30%。日本政府希望通过发行零售型 CBDC，改善国内现有非现金支付平台的互操作性，实现至 2025 年大阪国际博览会时，非现金结算比率要达到 40% 的目标。③

表 3-7 日本银行推进 CBDC 的主要驱动要素

驱动要素		跨境支付场景	国内支付场景
竞争驱动	紧迫性	一般，需要在发达经济体的协调下推进 CBDC，目前以技术验证为主	较低，基于日本全国银行数据通信系统和日本银行金融网络系统，可提供便捷化的支付清算服务

---

① 2018 年 1 月，日本交易所"Coincheck"遭黑客袭击，时价 580 亿日元（约合 33.7 亿元人民币）的新经币（NEM 币）失窃，是继 2014 年比特币交易所 Mt. Gox 比特币失窃的又一重大黑客入侵事件。

② 黑田東彦：決済のイノベーションと中央銀行の役割——ステーブルコインが投げかけた問題 [EB/OL] . 創立 35 周年記念 FISC 講演会における講演，2019－12－04. https：//www. boj. or. jp/about/press/koen_2019/ko191204a. htm/.

③ 経済産業省：キャッシュレス決済の中小店舗への更なる普及促進に向けた環境整備検討会とりまとめ概要 [EB/OL] . [2022－03－18] . https：//www. meti. go. jp/shingikai/mono_info_service/cashless_payment/pdf/20220318_3. pdf.

驱动要素		跨境支付场景	国内支付场景
竞争驱动	必要性	优先，应确立在 CBDC 技术和法规标准方面的主导权，维护日本在现有国际货币体系中的地位	优先，以日元资产为抵押或计价的全球稳定币比重较低，形成对主权信用货币的潜在威胁
普惠驱动	紧迫性	一般，日本银行账户支付体系的账户覆盖率与服务深度较高，日元支付的抗制裁能力较强	优先，新冠肺炎疫情增加零售市场的非现金支付需求，需要提升非接触式在线及离线支付服务
	必要性	一般，代理行网络及跨境支付平台可提供便捷化的跨境零售支付服务	优先，日本非现金支付率在主要发达经济体中属于较低水平，需要以零售型 CBDC 促进非现金社会发展

4. 发展中国家：优先金融普惠性，态度更加积极

在官方数字货币的具体实践层面，发展中国家央行态度更加积极。2014 年 12 月，厄瓜多尔央行推出其"电子货币系统"及其系统货币"厄瓜多尔币"（Dinero Electronico）。2018 年 2 月，委内瑞拉宣布正式预售以石油为担保的加密货币"石油币"（Petro）。BIS（2020）指出，乌拉圭、乌克兰、马绍尔群岛等国央行也均推出各自的官方数字货币测试计划，巴哈马与柬埔寨则于 2020 年 10 月分别启用本国央行数字货币"沙元"（Sand Dollar）和"巴孔"（Bakong），为全球首批发行数字货币的主权国家。2021 年 3 月，东加勒比中央银行（ECCB）启用其央行数字货币 DCash，成为首个发行官方数字货币（CBDC）的货币联盟中央银行。2021 年"e-Naira"的推出使尼日利亚成为首个正式启用数字货币的非洲国家。

如表 3-8 所示，发展中国家推进 CBDC 的驱动要素主要来源于国内经济社会发展需求，其发展目标也主要是针对国内支付场景。BIS（2020）调查显示，移动支付使用比率越高，创新能力（也可理解为创新容忍度）越高的国家，推进 CBDC 的积极程度也越高。Rantan（2008）认为，在发展中国家城市化的趋势下，劳务人口在境内大城市和境外劳务的输出，带来"农村—城镇"的双向联系，这使得城市化进程同对偏远地区"无银行服务"人群的汇款需求呈正向关系，而移动支付的快速渗透与覆盖能力正是迎合了这时期特有的社会需求。据全球移动通信系统协会（GSMA，2022）统计，截至 2021 年底，53 亿人正在使用移动互联网服务，预期到 2025 年将再有 4 亿人口的增量规模，其中绝大部分来自亚太及撒哈拉以南非洲地区（见表 3-9）。

表 3-8　发展中国家推进 CBDC 的主要驱动要素

驱动要素		跨境支付场景	国内支付场景
竞争驱动	紧迫性	一般，主要目标为夺回货币主权及国内货币流通问题，但俄乌局势加深了各发展中国家的危机意识	优先，部分发展中国家希望通过发行 CBDC 解决主权信用货币危机或美元化问题
	必要性	优先，避免本国货币被美元取代或外汇管制政策效果因非本国支付机构服务而削弱	优先，发行 CBDC 有助于增强货币市场中现金的应用与央行直接负债的比例
普惠驱动	紧迫性	优先，部分发展中国家需要防范美元或国际货币的汇路制裁	优先，新冠肺炎疫情增加零售市场的非现金支付需求，需要提升非接触式在线及离线支付服务
	必要性	优先，构建更适宜本国货币跨境支付结算的服务环境，降低本国民众跨境支付和侨汇等支付手续费率，提升服务时效	优先，移动支付网络覆盖率及支付渗透率已超过传统银行服务，需要发行新的货币形式以适应数字经济支付方式，提升金融普惠水平

表 3-9　全球各区域移动用户渗透率及智能手机覆盖率增长趋势

地区	移动用户渗透率		智能手机覆盖率	
	2021 年	2025 年	2021 年	2025 年
亚洲（东亚但不含中国、东南亚、南亚）及太平洋地区	59%	62%	74%	84%
大中华地区	83%	85%	77%	89%
独联体地区	81%	82%	79%	86%
欧洲	86%	87%	79%	83%
拉丁美洲	69%	73%	77%	82%
西亚北非地区	66%	68%	79%	82%
美国及加拿大	84%	85%	82%	85%
撒哈拉以南非洲	46%	50%	64%	75%
全球平均	53%	60%	75%	84%

资料来源：根据全球移动通信系统协会（GSMA）《2022 年移动经济》（The Mobile Economy 2022）报告整理。

在跨境支付场景层面，传统上发展中国家发展 CBDC 以普惠驱动为主。一方面，以美元、欧元为代表的代理行网络发展更加健全，使得国际主流货币的跨境支付成本更低，支付体验更加良好，而发展中国家主权货币的代理行网络发展相对落后，且代理银行呈萎缩趋势显然更加不利于支付成本的降低，与此同时，闭环模式下的跨境支付也对发展中国家外汇管制政策形成潜在威胁；另一方面，美国对银行账户体系及美元结算通道的主导地位，使其有能力对发展中国家实施长臂管辖，对发展中国家境外支付形成能力约束。更重要的是，发展中国家的竞争驱动特征也在显著增强。近期美国对俄罗斯的金融制裁，特别是美国及其盟国冻结俄罗斯中央银行外储，将使更多的发展中国家对于外汇储备的安全性感到担忧。余永定（2022）指出，此次事件严重动摇了后布雷顿森林体系的信用基础，传统的外汇储备分散化的做法已经无法保证在非常时期外汇储备的安全，也将引发全球支付体系更加碎片化。因此，发展中国家对于发行 CBDC 的动机更加强烈，变革内涵也更加丰富。对于发达经济体而言，其对于发行 CBDC 的态度更多是从保证其货币体系领先地位，以及适应数字经济创新发展的需要出发，在某种程度上，仅是针对货币形态或者说货币支付效能的边际改善，而对于发展中国家来说，这种变革性需求不仅是针对现有支付体系的普惠性问题，也是针对现有国际货币体系的发展问题。

第二部分

数字货币与零售支付清算

第四章 我国零售支付清算体系及其发展变迁

第二部分主要围绕数字人民币时代我国零售支付清算体系所受影响，尤其是零售支付清算机构所受影响及可能应对进行深入探讨，重点仍聚焦于银行卡清算机构和非银行支付机构网络支付清算机构。本章着眼于微观的账户视角，分析近年来清算市场格局的改变，即由"银联主导"到"银联+网联"双平台对整个零售支付清算市场的影响。

一、零售支付清算

在我国，对支付交易、清算、结算等概念的界定是有一个变化过程的。在未引入世界银行的顾问之前，监管部门的主要看法是，结算发生在银行与客户之间，而清算发生在银行与银行之间。但是，随着我国与世界银行越来越多地来往，逐渐发现国外监管机构对概念的理解与国内监管部门先前的理解并不一致，双方无法在同一层面上讨论问题。概念的模糊，曾经影响到监管层对支付清算体系的起步建设和发展思路的整体规划，也给监管层对支付清算组织的日常监管带来了不利影响。当然，现在国内的支付清算体系理论与现实已经逐渐与国际接轨。

以零售支付流程为例，其可分解为"支付交易"、"清算"和"结算"三个标准化阶段。"支付交易"环节指支付的产生、确认和发送，包括对交易主体及相关方的身份确认、支付工具以及支付能力的确认，支付与市场基础设施委员会（Committee on Payments and Market Infrastructure，CPMI）将支付定义为"完成付款人向收款人转移可以接受的货币债权的过程"。"清算"环节包含了收付款人金融机构之间支付工具的交换，包括交易撮合、交易清分和数据收集等方面以及计算金融机构之间待结算的债权。"结算"则指完成债权债务最终转移的过程，包括收集待结算的债权并进行检验、保证结算资金的可用性以及结清金融机构之间的债权债务关系并进行记录与通知。

在上述账户支付机制的三个环节中，"支付交易"可以看作是支付环节的前端，支付信息的传递是以使用交易主体所认可的支付工具，实现账户间支付信息的交互。基于支付信息服务类型、支付工具、支付受理方式、支付信息交互环境等支付要素，账户支付网络成为支付信息流在账户间高效、安全传递的重要载体，并呈现出典型的双边市场特征：账户支付网络内部活跃账户规模越多、对各类账户形态的兼容性越强、接入支付场景越广泛，该账户平台的网络效应就越显著，但同时其对整个支付体系的稳健运行影响就越重要。与支付环节相对应，清算与结算则是支付系统处理资金流的两个环节，清算是支付信息的归类与撮合，包含收付款人在账户开立机构之间的敏感支付信息的交换以及计算出最终待结算的债权债务余额，而结算则是账户余额变动的最终确认，通常清算和结算业务被作为支付环节的后端处理机制，可以看作是各交易主体账户间资金结算调拨的清偿过程。在封闭式账户体系下，账户间资金划转可以通过账户体系构建主体的记账系统的簿记关系调整完成，在开放式账户体系下，账户间资金划转则需要清算组织通过与会员单位账户间进行债务轧差，并依托各自会员单位在央行备付金账户间的资金划转完成最终结算。

一般支付流的简要示意见图 4-1。

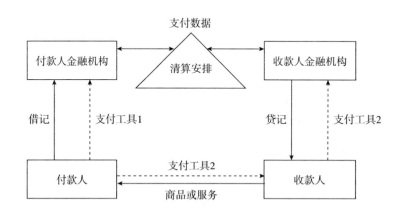

图 4-1　一般支付流

资料来源：十国集团中央银行支付结算体系委员会．支付体系比较研究 ［M］．北京：中国金融出版社，2005.

从零售支付清算系统来看，目前我国已建成包括小额支付系统、网上支付跨行清算系统、全国支票影像交换系统、同城票据交换系统、银行卡跨行交易清算系统、城商行资金清算中心支付清算系统和农信银支付清算系统、银行业金融机构行内支付系统以及支付机构业务系统等在内的较为完善的零售支付服务网络，支付基础设施已逐步缩小甚至赶上发达国家。

　　从市场化清算机构来看，一是为促进银行卡市场可持续发展，中国人民银行在借鉴国外先进经验的基础上，成立了专门的银行卡跨行交易清算服务机构，即2002年3月成立的中国银联。二是为解决城市商业银行、农村信用社资金汇划渠道不畅的困难，中国人民银行先后批准成立了城商行资金清算中心（后改制为城银清算服务有限责任公司）、农信银资金清算中心，专门办理城市商业银行、农村信用社的汇兑和银行汇票等业务。三是为了处理非银行支付机构发起的涉及银行账户的网络支付业务，2017年成立了网联清算有限公司。四是随着银行卡清算市场的开放，第二家银行卡清算机构连通（杭州）技术服务有限公司（以下简称"连通公司"）于2020年8月在杭州揭牌，而由网联和万事达卡合资成立的万事网联信息技术（北京）有限公司也已获批筹建。

　　严格来说，在我国，零售支付清算机构包括处理中国人民银行履职相关支付清算业务的中国人民银行清算总中心，分别服务于农村和城市中小银行业金融机构的农信银资金清算中心有限责任公司和城银清算服务有限责任公司，以及银行卡清算机构（目前有中国银联股份有限公司和连通公司）和非银行支付机构网络支付清算机构（网联清算有限公司）。其中，清算总中心主要负责建设、运行、维护、管理中国人民银行支付清算系统，属于基础设施的基础设施，并非市场化的商业机构，故不是本部分探讨的重点。而农信银中心和城银清算在零售支付领域服务范围较窄，业务规模也比较小，并且在目前两者在与银联和网联的分工格局中，更多承载转接职能而非清算职能，故也并非本部分探讨的重点。

二、银联主导下的银行卡清算机制

1. 介质账户形态及账户与支付工具的绑定关系

　　账户介质是指能够证明、记录以及核实账户内容的实体物，通常由产品参数定义允许配发的介质类型。在介质账户形态下，账户信息以磁条或芯片形式承载于票据、银行卡、预付卡，或以安全元件、SIM 卡形式承载于移动终端等支付介质，并以介质号码（如卡号）或移动介质（如手机 PIN 码）等作为支付信息流中账户的主要识别方式。传统卡基介质账户可分为银行卡介质账户①和银行卡网银账户②，并分别应用于线下和线上支付场景。

在卡基介质账户支付网络中，账户外在形态只体现在付款侧一方，且与支付工具形成一对一的绑定关系。如表 4-1 所示，在该支付流程中，账户绑定于银行卡等卡基支付工具，并由付款方展示账户信息并启动付款指令验证，而收款侧则展示无须账户信息，其支付受理方式主要通过发卡机构授权的特定终端（如 POS 收单设备）验证银行卡账户信息、识读发出支付指令、验签支付单据。因此，卡基介质账户网络主要由发卡机构来主导，如银行卡账户支付网络的构建由两组相对应的供需关系组成：在付款侧层面，由持卡人和发卡机构（通常由银行体系为主）共同组成发卡市场的供需双方；在收款侧层面，由收单机构和商户构成收单市场的供需双方。在上述两组四方关系中，正是账户受支付介质载体的约束性影响，使得账户支付网络构建局限于介质发行机构及相应的发卡规模，发卡量及其用卡支付规模是账户支付网络的构建基础。

表 4-1　卡基介质账户与移动介质账户支付网络表现形式及运行方式

介质账户	账户形态	账户表现形式	账户与支付介质的关系	账户交易网络支付模式
卡基介质账户支付网络	银行卡介质账户	账户信息存储于银行卡支付介质，由 POS 机具等特定终端及专用网络环境下进行账户信息读取和传输	账户与支付介质形成一对一的绑定关系	由单一银行内部账户系统交易或银行卡组织构建的跨行交易，因专有受理终端及网络成本问题，网络交易以持卡人向商户支付的单向关系为主
	银行卡网银账户	使用 U 盾等数字签名及加密认证技术进行账户信息加载，可在公共网络环境中进行账户信息读取和传输		由单一银行内部账户系统交易，交易关系可实现网络内部节点与节点间的任意多元支付

① 银行卡介质账户信息存储于银行卡、支付卡等卡基介质，由 POS 机具等特定终端及专用网络环境下进行账户信息读取和传输。

② 网银账户则是以银行卡介质账户为基础，使用 U 盾等数字签名及加密认证技术进行账户信息加载，可在公共网络环境中进行账户信息读取和传输。

续表

介质账户	账户形态	账户表现形式	账户与支付介质的关系	账户交易网络支付模式
移动介质账户支付网络	移动介质账户（SE-NFC，SIM-NFC）	账户信息可模拟至手机等移动终端中的安全元件（SE）或 SIM 卡中	同一个账户可以由多个支付介质承载，同一个支付介质可以存储并显示多个账户信息	由单一银行进行封闭账户体系内部交易或银行卡组织构建的跨行交易，手机厂商或移动运营商提供付款侧账户平台服务
	移动闪付账户（HCE-Token）	账户信息存储于数据云端，通过令牌技术将账户信息展现为一组无序且不可回溯的字符串		由单一银行进行封闭账户体系内部交易或银行卡组织构建的跨行交易，由银行或银行卡组织提供付款侧账户平台服务

移动介质支付的变革性主要体现在改变账户与支付介质的单一绑定关系，将账户身份验证要素模型化并可映射在多个支付介质中。例如，银联的近场通信（Near Field Communication，NFC）技术主要应用于线下支付场景，NFC 技术基于非接触式射频识别（RFID）及互联技术，通过非接触读卡器、非接触卡和点对点信息交互功能汇集于单一芯片之中，将卡基介质的账户信息模拟至手机等移动终端安全元件（Secure Element，SE），或通过令牌（Token）技术将账户信息转化为一组无序且不可回溯的字符串，并通过云数据实时动态传输至手机等移动终端进行展示[①]。如表 4-1 所示，在支付工具层面，其账户形态不再与单一支付介质相绑定，而是可以通过账户信息模拟至多个支付工具，这样同一个账户可以由多个支付介质承载，而同一个支付介质，也可以存储并选择使用多个银行卡账户的模拟信息，如 SE 可通过安全芯片和芯片操作系统（Chip Operation System，COS）实现数据安全存储、加解密运算等功能，通过智能卡形式或嵌入式 SIM 卡形式，可将多个银行卡账户信息模拟至手机等移动终端。此外，卡组织云账户体系对发卡行账户信息存储与处理职能形成替代效应。例如，基于由国际芯片卡标准化组织（EMVCo）于 2014 年发布的支付标记化技术，银行卡组织将账户身份的卡号验证转变为要素验证，改变原有商业银行自行编制账户卡号权力，在支付过程中，商户可以通过 Token 指令将账户信息转化为一组无序且不可回溯的字符串，来代替原有银行卡要素验证，这样无须统一各银行账号格式仍可实现跨行转

---

① NFC 技术包含主机卡模拟（HCE）、无线射频技术和非接触式 POS 机等技术要素组合，账户模拟应用可分为全手机的 NFC 模式、基于 SD 卡的 NFC-SD 模式和基于 SIM 卡与可信服务管理（TSM）平台的 NFC-SIM 模式。

接清算①。同时，卡组织借助主机卡模拟（Host Card Emulation，HCE）技术可将相关账户信息存储至云端，无须借助银行卡或其他移动设备绑定安全元件即可进行支付。相较于卡基介质账户，这种账户网络结构可以更加灵活地与各种支付终端相连接，并适用于各种支付渠道与支付场景。

2. 竞合式卡组织的"四方模式"清算机制

银行的账户体系及其背后的电子化信息处理系统是一个封闭体系，银行无论是作为发卡机构建立全国性的持卡人账户体系，还是作为收单机构建立庞大的特约商户账户体系，都难以做到全面性的市场化覆盖，这种困难有的来自于推广成本和时效性约束，有的来自于法律性约束（如美国银行的业务开展受到洲际经营的限制，我国的城市银行部分业务也同样受到地域经营的约束）。因此，在实际业务中，任何一家银行都无法快速和经济地建立起可供用户消费、不受地域等条件限制的封闭账户体系，跨行账户结算是无法避免的，尤其对于中小银行而言，这种跨行账户结算更是其银行业务开展的前提条件。鉴于由单个银行发起的银行账户体系连接进程受竞争关系和成本因素影响难以形成有影响力的支付产品，借鉴商业的"生产—分销"模式而建立一个全国性的银行卡支付平台成为银行机构的共识。

竞合式卡组织不直接涉足发卡和收单领域，只负责银行卡授权和转接清算系统维护，以及品牌推广、产品开发和市场研究等工作。例如，1971年，美国国家标准协会颁布关于银行卡的通用标准，这些标准涉及卡片的尺寸、签名条的位置、凸印字符的格式以及账户编码体系等，以确保交易处理系统、授权系统和清算系统可以按照标准顺利进行。竞合式卡组织实行开放式的会员准入机制，任何符合要求的金融机构都可以成为卡组织的会员或认购相应股份，且享有相应的会员权力（如一定权重的投票权，投票权的比重会结合该会员机构运用卡组织的交易量以及其他因素综合衡量），而且这种会员参与也非排他性的，即同一机构可以参与多家卡组织。

在清算机制模式上，竞合式卡组织通常采取"发卡银行—收单机构—特约商户—消费者"四方参与的支付结算模式，简称"四方模式"（Four-Party Model）。在此模式下，四方模式是由发卡机构和持卡人构成了发卡市场的供需双方，以及由收单机构和特约商户构成了收单市场的供需双方组成，发卡机构和收单机构分别由银行卡组织中不同的成员机构独立承担。在发卡市场端，发卡机构的基本职

---

① 2016年11月9日，中国人民银行发布《中国金融移动支付标记化技术规范》，要求各商业银行、非银行支付机构、银行卡清算机构从2016年12月1日起全面应用支付标记化技术。

能是向消费者发行各类银行卡，并且通过提供各类相关的银行卡服务收取一定费用。通过银行卡的发行，发卡机构从持卡人处获取银行卡年费、循环信用利息以及持卡人享受各种服务的手续费，以及从商户处获取手续费分成等。发卡机构通过向持卡人提供多样化的服务参与发卡市场的竞争，在权衡成本与收益的基础上，决定银行卡的发行数量以及发行对象，并激励持卡人使用银行卡。在收单市场端，收单机构主要负责商户开发与管理、授权请求、账单结算等活动，收益主要来源于商户手续费、商户支付的其他服务费（如 POS 机具租用费等）以及商户存款的增加。收单机构通过银行卡组织（或通过其他机构代理接入银行卡组织）将收单交易信息传输至发卡机构。特约商户是指与收单机构签订受理银行卡 POS 交易业务协议并且同意用银行卡进行交易结算的商户，其中银行卡 POS 交易就是通过在销售点的 POS 机具上刷银行卡来完成支付交易。消费者则是使用银行卡刷卡消费的持卡人。持卡人基于银行卡带来的便利、安全和消费信贷等因素选择持有银行卡，并向发卡机构支付一定的卡费，如银行卡年费等。银行卡的现金替代作用和消费信贷功能使持卡人潜在或随机的消费需求变成实际的支付能力，从而推动接受银行卡付款的商户的销售额增加。

自 2002 年中国银联和银联商务成立以来，我国银行卡产业发展有了强大的发展支撑平台，到 2003 年全国地市级以上城市联网通用基本实现。同时，中国银联联合各商业银行开始建立并完善各项规范标准的推广实施机制和工作流程，并在受理环境建设、银行卡跨行交易风险管理等多方面逐渐形成了制度化的合作机制。2004 年，中国自主银行卡品牌——银联标准卡正式诞生。2010 年，中国人民银行公布了《非金融机构支付服务管理办法》，放开了银行卡收单市场。2013 年，中国人民银行出台了《银行卡收单业务管理办法》，同时废止和失效有关银行卡"联网通用"的五套规范性文件，标志着我国银行卡产业进入了更加市场化、多元化的新发展阶段。2015 年 6 月 1 日《关于实施银行卡清算机构准入管理的决定》正式实施，2016 年 6 月中国人民银行会同银监会发布《银行卡清算机构管理办法》，至此，银行卡市场化取得实质性突破，银行卡产业将由"政府主导"的发展模式逐步转向"市场主导"。银行卡无论在发卡量、人均持卡数、银行卡交易笔数及金额、银行卡授信总额方面，还是在跨行支付系统联网商户、联网 POS 机具、联网 ATM 机具等方面都实现持续稳定增长。此外，由于各商业银行本身就是经银监会准入和监管的金融机构，加之银行卡组织行业的再次规范，使得四方模式对金融监管要求的自律性和适应性都是较强的，银行卡组织对消费行为、货币支付流量及流向等货币数据的统计也为货币决策机构提供了有效的数据支持和监控手段，增强了央行的货币管控能力和货币政策的效力。

以中国银联为代表的开放式卡组织为例，其在四方模式下银行卡账户运行流程分为两个阶段：第一阶段为交易信息流在账户间的交换（信息流用虚线代表）。假设持卡消费者在银行 A 开立银行卡账户，并用该银行卡（假定该银行卡为带有"银联"标识的信用卡），去中国银联的特约商户 B 处，用该信用卡在 POS 机具上刷卡购买商品（价值为 m），POS 机具会从银行卡中获得数据信息，并整合银行卡账户信息、特约商户信息以及购物商品信息为一个标准化的电子交易信息，发送给商户 B 的收单机构 C。收单机构 C 将该信息报送至中国银联的计算机系统以确认该持卡人身份（此时产生转接费 n1）。中国银联的计算机系统获得信息后，会与银行 A 进行确认，核实持卡人的账户中是否有足够的信用额度来支付这次购物（此时产生转接费 n2）。当中国银联得到银行 A 反馈此次交易的授权通知后，即将此授权通知发送到商户 B 的 POS 机具。POS 机具将打印出需由持卡人签字的 POS 签购单。第二阶段为资金流在账户间的划转（资金流用实线代表）。中国银联会将该交易信息发送至相关支付系统，若持卡人与特约商户 B 均在银行 A 开立账户，则即可以在银行内部进行资金划转，若持卡人和特约商户分别在银行 A、银行 D 开立账户，则在银行间跨行交易系统中利用备付金账户进行划转，收单机构 C 先行垫付款项，为此商户需向收单机构支付回扣手续费 d，银行 A 再向收单机构 C 支付扣除交换费 a 后的 m-a，商户收到货款 m-d（d 包含a）。若算上银行卡的年费 f，则持卡人的总支出为-m-f，而商户收益为 m-d，银联收益为 n1+n2，收单机构收益为 d-a-n1，发卡机构收益为 a+f-n2。图 4-2、图4-3 对银行卡组织的账户交易流程及互联机制给予更加形象的演示。

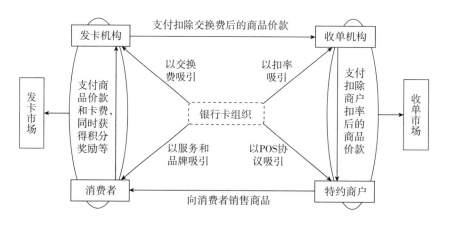

图4-2　银行卡组织的账户交易流程及互联机制演示（一）

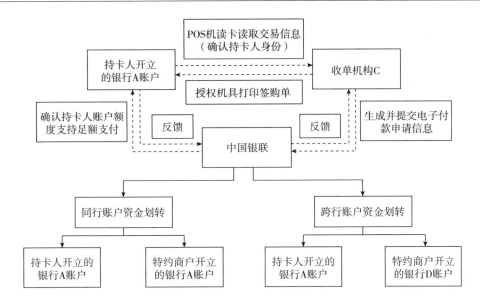

图 4-3　银行卡组织的账户交易流程及互联机制演示（二）

3. 银联主导的卡基介质账户清算机制的优势与问题

在"四方模式"下，由于发卡机构和收单机构通常都是卡组织的成员单位，因此，形成了业务分工合作和利益竞争并存的竞合式关系。在组织管理机制及特征方面，竞合式卡组织的优势主要体现以下几个方面：第一，竞合式卡组织是由各成员单位协议授权为基础的合作平台，这种开放式的组织架构使其可以有效获得双边市场用户资源，能够在最短时间内迅速产生网络效应。第二，竞合式卡组织促进了各成员单位在发卡和收单业务的市场竞争，由于该组织定价及利益分成结构是由银行之间争夺商户和持卡人的竞争情况而决定的，这就决定了发卡银行之间对于消费者的竞争关系，以及收单机构对于商户的竞争关系，并从整体上扩展合作体的账户支付网络，提升支付网络的市场份额与活跃程度。第三，由于各商业银行本身就是经银保监会准入和监管的金融机构，加之银行卡组织的再次行业规范，使得"四方模式"对金融监管要求的自律性和适应性都是较强的，竞合式卡组织出于对其成员单位共同制定产品标准及维护产业秩序的需要，开展大量协调产业主体利益，规范成员行为的工作，这类工作有助于与监管机构的沟通协调。同时，银行卡组织对消费行为、货币支付流量及流向等货币数据的统计也为货币决策机构提供了有效的数据支持和监控手段，增强了央行的货币管控能力和货币政策的效力。

然而，竞合式卡组织的组织结构也存在阻碍其账户平台体系发展的问题。首先，竞合式卡组织的网络效应使成员单位不愿意进行创新和变革。开放式卡组织及其"四方模式"构建了一个平台式的账户网络体系，即会员单位通过统一的读卡设备与网络接口，将账户信息及资金交易指令通过接入卡组织的转接清算系统，这样就可以在同行账户支付网络之外，构建跨行账户支付网络，并由此形成网络效应，如果商户或消费者想要采用新的支付网络形式，则需要投入一定的投资支出，这种转换成本及支付行为惯性使新建账户支付网络较难与原有的系统（具有很大价值的支付网络）展开竞争。同时，竞合式卡组织的组织结构是采用合作体形式，各成员单位的行为动机倾向于最大化自身利益，而非合作体的整体利益，因此成员单位倾向于采取"搭便车"行为，即愿意从账户平台的间接网络效应中获取短期收益，而不为创新原有账户平台体系分担成本或承受损失，从而造成"公共产权悲剧"。因此，竞合式卡组织的账户平台较难在卡基账户形态向账基虚拟账户形态转变的"窗口期"内进行快速准确的市场创新，以迎合新的支付市场需求。

其次，竞合式卡组织存在成员单位的利益协调及行为一致性问题。在竞合式卡组织内部，任何重大的业务提议必须获得大多数成员单位的支持方可执行，只有当合作体对绝大部分成员单位有益时，才能形成一致的行为决策。然而，其成员单位虽然以银行机构为主，但各银行在资产规模、账户资源以及营销方向上存在较大差异，这使得成员单位间行为存在较大的利益诉求及行为差异。例如，对于账户资源相对丰富的大型银行，其存在对竞合式卡组织的忠诚度分散问题，当大型银行的账户资源对于整个账户支付网络具有影响力的市场份额时，大型银行就存在对卡组织的讨价还价能力，并能够以"退出组织"为要挟条件，迫使组织按照其意愿运作。此外，除了大型银行与中小型银行因账户规模体系的不同而形成的利益矛盾，竞合式卡组织还在银行卡收费结构对持卡用户和特约商户之间的不对称问题，以及不同商户类别之间收费费率不平衡及套利行为等，这样竞合式银行卡组织在发展中更加关注利益的协调，而非关注支付产品的升级，也不干涉银行自身账户管理理念的改进与服务提升，这些都为新的支付产品以及新型账户组织机构对此市场性功能的替代埋下了伏笔。

在某种程度上，竞合式卡组织的账户互联机制增加了交易用户来自金融机构的成本支出。例如，收单服务费是由商户与收单机构双方谈判决定的，而交换费是由银行卡组织与发卡银行共同制定的；网络转接费是发卡机构和收单机构为弥补银行卡组织营销和转接交易的成本而缴纳的费用。这些成本应用到商业模式中，就是金融机构附加在消费者身上的消费成本以及商户身上的运营成本，这实质上是用一种形式的成本来替代另一种形式的成本，而非支付成本的完全消除。

只有持卡人和商户使用银行卡支付和收款的收益分别大于其各自的用卡成本，才会发生银行卡交易，然而由于发卡行和收单机构的定价机制并不能保证持卡人和商户的用卡收益都能大于成本，则推论银行卡的交易规模并未达到社会最优水平（Rochet and Tirole，2002）。从某种程度上来说，削减来自于竞合式卡组织的支付成本或约束要求，成为非银行支付机构与商业银行实现合作，以及获得商户和消费者支持的共识基础。

三、非银行支付机构对银行卡清算机制的冲击

账户内在记账系统功能，使支付信息流基于账簿数据进行数据传输及账目登记，而账户外在形态的演变，使账户支付信息流不再局限于在发行支付介质的机构账户体系内部运行，可以由虚拟账户平台对接不同结算账户，从而进行跨账户系统的交互运行。在此过程中，非银行支付机构从网关支付服务模式转变为虚拟账户网络服务模式，并形成与商业银行账户体系并立运行的虚拟账户支付网络的二元化市场格局。

1. 账户外部形态虚拟化及支付网络的运行特征

（1）条码支付的账户形态虚拟化及对支付工具的多元关联。

账户虚拟形态以账户信息的数字化为代表，数字化的账户信息以手机号码、电子邮箱、支付服务机构账号、条码或二维码形态为外在形式。条码支付等创新技术[1]加速了账户形态虚拟化的演进过程。当前条码支付以日本 Denso 公司研发的 QR 码标准为主导形式[2]，主要分为付款扫聚合码支付和聚合收款设备扫码支付，也称为正扫和反扫，正扫是指付款人通过手机等移动终端识读商家或商品二维码进行支付的方式，反扫是指收款人通过收款设备识读付款人的二维码进

---

①　条码技术是用某种特定的几何图形，按一定规律在平面分布的黑白相间的图形以记录数据符号信息，使用若干个与二进制相对应的几何形体来表示文字数值信息，通过图像输入设备或光电扫描设备自动识读以实现信息自动处理。

②　一维条形码是在水平方向展示字符信息，而在垂直方向上并不显示任何信息，而二维条形码是相对于一维条形码的技术改进，其可以在横向、纵向两个方位同时展示字符信息，这就能在较小的面积内展示更多的数据信息。二维码形式主要有行排式和矩阵式两种形式，行排式的编码设计、校验原理和识读方式与一维码类似，代表性的编码规则有 PDF417、CODE49、CODE16K 等，矩阵式是通过深浅两种颜色像素在矩阵中的不同分布进行编码，代表性的编码规则有如 QR 码、GM 码、CM 码等。

行支付的方式。如图 4-4 所示，在支付指令生成阶段，正扫支付由收款方生成条码，形成其账户形态的虚拟展示，而由付款方通过移动终端对账户信息进行识别验证。

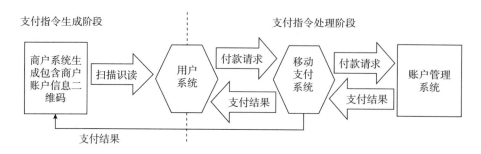

图4-4 付款扫聚合码（正扫）支付流程

如图 4-5 所示，反扫支付由付款方生成条码，由收款方通过商业聚合扫码设备进行扫描识别。在支付指令处理阶段，反扫支付将识别出的账户信息和支付信息形成统一格式提交至移动支付服务系统，形成收款请求提交至账户管理系统，若该账户管理系统属银行账户体系，则进入银行及转接清算组织的信息流与资金流处理程序，若账户属非银行支付账户体系，则由支付机构在其账户系统内部，依据支付信息流进行账目调整，支付资金流的处理则视用户是否提现进行后续安排。

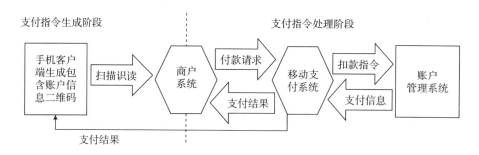

图4-5 付款扫聚合码（反扫）支付流程

与移动介质支付相比，条码账户支付的变革性体现在账户的外在形态不再局限于付款侧，而是同样可以由收款侧展示，这使得虚拟账户支付网络不再局限于对付款侧账户身份的开立和识别，而是在付款侧和收款侧双方构建账户支付网络。以日本 QR 码或美国 PDF417 码为例，账户信息及支付链接由二进制代码展示，同时以不同的条、空或块组合存储并配以编解码软件，使账户信息或链接入口可以映射至移动终端 App 中，不需要与特定的支付介质绑定即可展示账户信息，"发卡方"在付款侧账户体系的主导优势被"发码方"所取代。

（2）生物特征账户形态及其运行约束条件。

与传统的身份物品验证或身份标识验证不同，生物特征账户以人脸、指纹、声纹以及虹膜等生理特征或行为特征作为身份验证方式，其包含登记和验证两个环节：在登记阶段，个体生物特征被采集并转换为特定数字格式，而后保存至本地设备或上传至服务器存储管理；在验证阶段，终端设备通过传感器将生物特征数据与原有存储数据进行比对，以完成账户身份数据验证与支付指令的传输。

与前两种账户形态不同，生物特征账户形态的变革性在于身份验证与授权流程的效率性，其将生物特征与账户身份直接关联，并由其代替支付工具与受理终端进行身份验证，同时由于生物特征的专属性特征，又可以减少对专有传输网络的依赖性。这就使将以前需要出示的银行卡或手机二维码被人脸所替代，也就是由刷卡、刷码发展为"刷脸"，用户无须拿出手机、银行卡等物理介质，便利客户在多场景的支付效率。生物特征账户网络构建与卡基介质账户网络相似，也是仅在付款侧构建账户体系，而无法在收款侧和付款侧两方构建账户支付网络。但生物特征账户形态需防止生物特征数据存储和传输过程中的截获与篡改问题，考虑到人脸、声音具有典型的弱隐私特征，且生物特征为个人用户的唯一性身份数据，一旦数据泄露将面临无法更改密码的问题，因而生物识别技术仅作为Ⅱ类和Ⅲ类账户的辅助认证方式，主要采用"人脸识别+支付口令"的方式，需要由人脸识别环节连接被绑定账户，并输入与账户绑定的手机验证码，确认后方可完成支付。

（3）基于不同账户形态的账户支付网络构建与运行。

电子支付包括支付指令发出和受理两个业务流程，而指令发出和受理均需要在账户支付网络内完成。所谓账户支付网络是支付信息流生成、确认和传输的账户环境。如图 4-6 所示，账户支付网络为收款人账户、付款人账户或第三方账户组成，并由支付信息服务类型①、支付工具②、支付受理方式③、支付信息交互环

---

① 支付信息服务类型既包括收付款人账户间的直接转账交易，也包括涉及多方账户交易关系的生活缴费、代收代付、预授权等各种交易类型的资金服务。

② 支付工具由票据业务、银行卡、贷记转账工具以及电子支付工具构成。

③ 支付受理方式指对电子签名的验证及数据电文的接收过程，以实现对账户身份的验证与交易指令的读取。

境①等支付信息要素组成。支付受理方式与账户外在形态和支付工具直接相关，无论是 POS 机具、ATM、互联网终端、各种移动终端及客户端应用程序，均与支付工具及账户外在形态相对应，通过口令、标记以及生物特征比对等方式，完成对账户身份核对、账户付款能力认定及交易指令验证等工作。侯晓靓等（2015）认为与实体介质账户相对应，新型账户形态的主要创新并不在于账户是真正的结算账户还是虚拟账户，而在于其服务介质不再遵循传统的实体支付工具，改为以互联网为载体，通过各种电子化终端等新兴渠道提供服务，这类账户即可视为"无介质账户"或"虚拟账户"。无论基于哪种具体技术，虚拟账户支付网络均是对账户形态进行数字化存储、传输和读取，并改变账户支付网络的构建方式与发展路径，最终使原有以银行卡作为账户身份识别和支付信息传输的介质功能逐步弱化，使扫码支付则成为替代刷卡支付的高频交易行为。

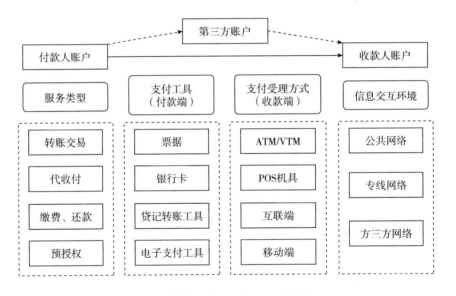

图 4-6　不同账户形态下账户支付网络（一）

如图 4-7 所示，付款侧账户可以是介质账户形态，也可以是条码账户形态。在条码账户形态下，若发码方为具有结算功能的银行卡账户，则支付信息流仅在结算账户的支付系统内运转，若发码方是虚拟账户，则其需要与结算账户相绑

---

① 支付信息交互环境主要指账户间身份信息及交易指令交互的路由环境及加密状态。根据 2019 年 4 月修订的《电子签名法》，电子签名的制作数据为"将电子签名与电子签名人可靠地联系起来的字符、编码等数据"，而电子签名的验证数据包括"代码、口令、算法或者公钥等"。

定，支付信息流将在前端虚拟账户与后端支付系统的体系内交互运行。

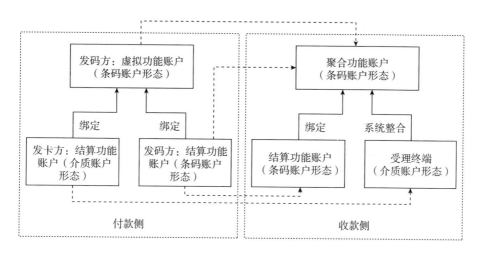

图 4-7　不同账户形态下账户支付网络（二）

在市场实践中，前端虚拟账户以支付宝、微信等非银行支付机构，云闪付以及银行Ⅱ类、Ⅲ类账户为主，而后端支付系统以银行Ⅰ类结算账户与信用卡账户为主。与此同时，虚拟账户和结算账户同样可在收款侧呈现。其中，商业端的收款侧虚拟账户可通过采用聚合码牌、智能 POS、扫码枪、扫码盒子等技术手段，将银行、非银行支付机构的多种账户服务形式整合于一体，提供各类机构的收款侧账户的通道服务①。至此，收款方账户信息同样可以映射至移动终端进行展现，收单市场不再依赖 POS 机具等受理终端布局，而是如同付款侧一样，在收款侧构建条码形态的虚拟账户体系。

2. 非银行支付机构账户网络的构建及账户价值的再发现

（1）非银行支付机构由网关支付到虚拟账户网络的演进。

非银行支付机构发展阶段存在多个维度的划分标准，从是否提供账户服务的视角来划分，非银行支付机构存在两种业务模式：第一种模式为非账户服务模式，在银行卡等支付模式下，非银行支付机构大多以收单机构形式存在。作为银行卡账户身份认证与支付信息传递的一个服务环节，非银行支付机构主要职责在于遵守商业银行或清算组织相关规范，开展商户地推、电子收单和交易数据报送

---

① 鉴于各虚拟账户的条码形态不能互联互通，具有账户通联功能的聚合支付服务广泛应用于 B 端支付领域，并可分为线下扫码聚合支付和线上网关聚合支付两种主要形式。

等工作，并不涉及账户支付网络构建与账户功能服务。第二种模式为账户服务模式，在账户服务模式下，非银行支付机构则可以为服务对象开立账户并提供账户支付服务。根据支付工具和账户交易网络的构建特征，又可分为以预付卡、签账卡为代表的卡基支付账户模式和虚拟账户支付模式。

如图4-8所示，最初互联网身份账户仅具备身份识别功能，大部分账户均不需要实名认证，具有较为显著的匿名性特征，身份账户网络内部一般不存在交易信息与资金的交互需求；而在此后的发展过程中，部分互联网公司在拥有大量身份账户基础上，开始对账户赋予资金功能，即在弱身份账户的基础引入上虚拟货币，此时网络身份账户逐渐发展为网币账户。所谓网币账户，是指对属于其控制的网络账户自行分配网络货币，这种网币账户的交易机制是闭环应用，即只能在其互联网平台内或账户持有人之间进行交易，而与银行账户资金只能进行单向兑换，这种网币账户从本质上与预付卡账户性质相似。此后，非银机构将以绑定银行账户作为其开立支付账户的前提条件，实现同一个人授权下，银行账户与其支付账户间的双向联系，客户可以从银行账户向支付账户充值法定货币，也可由支付账户将资金提现回银行账户，这样就实现了客户资金在非银支付账户与银行结算账户之间的双向流动。

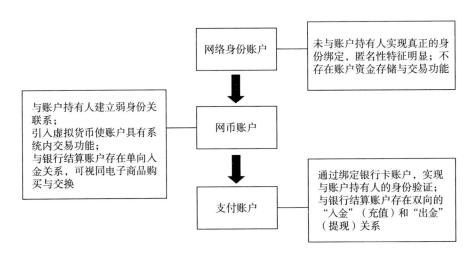

图4-8　互联网模式下账户身份与资金功能演进

（2）非银行支付机构虚拟账户网络的创新意义与市场价值。

首先，我国非银行支付账户支付网络的构建与发展，是基于满足电子商务对互联网线上支付的市场需求。在互联网支付阶段，商业银行通过网银账户满足用户线上交易需求，网银账户实质上是银行线下账户体系的网络延伸，其开立方式仍是以线下银行资金账户的设立为前提，即需要用户到银行柜台办理开户手续并授权开立网上支付功能，线上交易账号与银行卡账号完全一致，且具有线下银行卡相同的金融服务功能。在线下银行卡支付场景，各家银行账户体系互不通融的缺陷可以通过银联组织实现账户清算的横向关联，但在线上支付场景，银行账户体系的"垂直性"问题却并没有相应的横向服务机构，银行早期的网银账户清算结算机制仍然是基于自身的账户支付网络，远程支付仅支持同行账户转账，不能进行跨行支付。如图 4-9 所示，在网关支付模式下，非银行支付机构为电商平台提供一个支付端口的链接服务，用户在付款阶段可以转至非银行支付机构的支付平台界面，选择相关银行账户链接并进入其合作网关完成付款，银行在完成对客户身份认证及支付指令授权后完成扣款，并经非银行支付机构返回电商平台。

在此过程中，非银行支付机构仅作为合作银行账户的聚合展示，并未提供账户相关服务。支付信息流是通过网关转接实现电商平台账户与银行账户之间的交互，而支付资金流运动的起点与终点均来自于银行账户，但其变革性意义在于网关支付模式中的支付指令无须依赖银行或卡组织制定的专有设备渠道，打破了介质账户网络依赖终端设备及专属网络的约束，支付信息流的交互环境开始由专属网络转变为开放式的公共网络。此外，网关支付模式是基于非银行支付机构与发卡银行的网关合作协议，而不必遵守银行卡清算组织制定的业务规范，这就使非银行支付机构由此开始摆脱在银行卡线下支付模式中，作为收单机构受银行卡组织的约束关系。

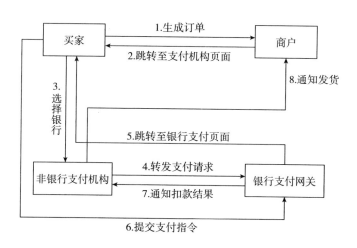

图 4-9 非银行支付机构网关支付模式

其次，我国非银行支付机构在提供网关支付服务的基础上，构建虚拟账户支付网络。吴昊（2019）认为非银行支付机构账户体系的构建发端于为银行网关支付提供接口服务，而在条码聚合支付阶段演进为账户平台服务模式。这种虚拟账户支付网络可在收款侧和付款侧同时构建账户体系，使其网络内部的支付关系更加多样化，有效填补银行账户体系（包含银行卡基介质账户和银行网银账户）在长尾个人客户线上和线下支付服务不足的问题。如图 4-10 所示，零售账户支付网络主要基于线上或线下支付，个人对商户（B2C）或个人对个人（C2C）支付，以及境内或跨境支付三个维度需求进行构建，即可分成线上 B2C 境内支付、线上 B2C 跨境支付、线上 C2C 境内支付、线上 C2C 跨境支付、线下 B2C 境内支付、线下 B2C 跨境支付、线下 C2C 境内支付、线下 C2C 跨境支付八类账户支付需求场景。卡基介质账户支付网络在线下和线上支付场景具有清晰的应用分界：银行卡网银账户（代号为 1）主要应用包含消费、预授权、代扣、代收等各种线上支付需求。如对于线上 C2C 支付，网银账户可提供基于 U 盾等专属网络环境下的账户支付服务，而对于线上 B2C 支付，则主要借助网关支付模式，付款人可基于其开立的网银账户发出支付指令，通过非银行支付机构提供的收款接口界面选择相应的收款银行，即可在公共网络环境下发起和完成的远程交易服务，而无须转接清算组织进行跨行清算。银行卡介质账户（代号为 2）主要进行线下支付交易，且由于需要布放专用银行卡受理设备，主要适用于个人对商户的 B2C 支付，其账户支付网络并未着力于个人间的线下支付需求，大部分的线下支付仍以现金交易为主要的支付方式。而对于非银行虚拟账户支付网络（代号为 3）而言，由于其收款侧能够提供收款码等形式的账户信息，可以将线下支付转化至线上支付，也有助于实现其账户交易网络内，任意账户节点间支付信息的自由交互，将支付关系由相对单一的 B2C 支付关系扩展为 B2C、C2C 以及 B2B 多元化支付关系。

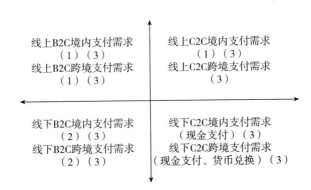

图 4-10 银行账户支付网络与非银行虚拟账户支付网络支付场景服务分布

四、监管规制与网联平台的设立

随着非银行支付机构以账户平台服务替换原有的网关接口服务，针对个人支付账户监管体系的构建需求也日益迫切，支付账户实名制、支付账户分类管理、备用金存缴管理以及断直连等政策的推出，初步构建了我国个人支付账户体系的监管机制，也从监管层面确认了我国"银联+网联"的双清算平台的监管规制与市场运行机制。

1. 我国个人支付账户体系监管机制的构建

（1）支付账户实名制政策的落实。

2015 年 12 月，中国人民银行发布《非银行支付机构网络支付业务管理办法》（中国人民银行公告〔2015〕第 43 号），首次确立了非银行支付机构提供账户服务和支付账户的法律地位，开启了我国个人支付账户的监管实施阶段。关于支付账户实名制问题，非银行支付机构最初是在网币账户的基础上，通过与部分商业银行签订账户授权协议，实现支付账户与绑定银行卡账户的资金双向流动，但支付机构仍在使用基于互联网身份的账户系统，仅对用户登录名和密码进行匹配性验证，缺乏对客户身份真实性严格审核。2012 年 1 月，中国人民银行发布《支付机构互联网支付业务管理办法〈征求意见稿〉》，要求支付账户的开立实行实名制，支付机构对客户身份信息的真实性负责，支付机构不得为客户开立匿名、假名支付账户，明确支付机构应建立客户唯一识别编码，采取持续的身份识别措施，确保有效核实客户身份及其真实意愿，不得开立匿名、假名支付账户。这意味着对于银行账户体系下要求的"了解你的客户"（Know-Your-Customers，KYC）原则同样适用于非银行支付机构账户体系。

（2）支付账户分类管理与交易限额政策的推出。

个人支付账户依据账户开立方式及身份要素的验证强度进行分类管理。如表 4-2 所示，Ⅰ类账户支付最为便捷，但限定于小额支付场景，相应的支付场景与应用受到严重限制，Ⅱ类与Ⅲ类账户的实名验证强度依次递增，其中，Ⅲ类账户要求非银行支付机构应自主或委托合作机构以面对面方式核实身份，或以非面对面方式但通过至少五个合法安全的外部渠道进行多重交叉验证。此外，支付机构被要求原则上只能对同一个体用户开立一个Ⅲ类账户，在此后多次专项账户清理核实工作，监管机构多次要求对开立了多个Ⅲ类账户予以降级或撤并，以贯彻落实账户分类管理政策。

表4-2　个人非银行支付账户分类及功能对比

账户分类	Ⅰ类账户	Ⅱ类账户	Ⅲ类账户
验证方式	非面对面方式，只需一个外部渠道验证	面对面身份验证，或非面对面方式，三个外部渠道验证	面对面身份验证，或非面对面方式，五个外部渠道验证
额度限制	账户累计余额付款限额每年1000元（含向本人账户转账）	账户累计余额付款限额每年10万元（不含向本人账户转账）	账户累计余额付款限额每年20万元（不含向本人账户转账）
功能定位	小额消费与转账	消费与转账	消费、转账及购买理财产品

另外，支付账户交易验证方式直接影响余额支付的单笔和单日交易限额，根据《非银行支付机构网络支付业务管理办法》，将静态密码、经安全认证的数字证书或电子签名，以及一次性生成、传输密码、生物特征密码作为主要的交易指令验证方式，并根据交易验证方式的安全级别进行限额管理。如图4-11所示，在账户余额支付模式下，鼓励支付机构采用数字证书或电子签名等要素验证账户支付指令，而若采用其他要素验证方式的，则支付账户的单日累计限额将会视情限定在5000元或1000元以内。

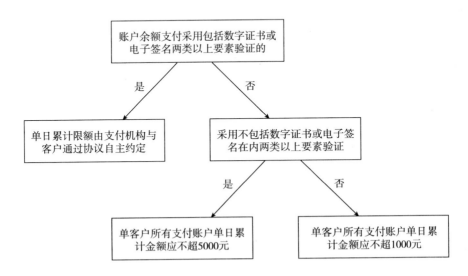

图4-11　支付账户交易指令验证方式及支付限额

2. 支付账户备用金的银行存管机制及调整

2013 年 6 月，中国人民银行发布《支付机构客户备付金存管办法》（中国人民银行公告〔2013〕第 6 号），规定支付账户的资金余额应缴存至备付金银行的备付金专用存款账户中。备付金存管账户体系包含两种备付金存管类型银行及其开立的四种账户形式，形成账户间的关联机制与资金运行路径，并形成相对应的存管职责。如图 4-12 所示，支付机构的备付金银行分为备付金存管银行和备付金合作银行。备付金存管银行为非银行支付机构主存管银行，可开立备付金存管账户和自有资金账户，而备付金合作银行可以有多家商业银行，并开立备付金收付账户和备付金汇缴账户[①]。除自有资金账户外，备付金存管账户是支付机构客户备付金的主要账户，该账户客户备付金日终余额合计数，不得低于上月所有备付金银行账户日终余额合计数的 50%，且支付机构只能通过存管账户进行备付金的资金跨行调拨，可与其他备付金合作银行的收付账户与汇缴账户相关联，而各合作银行的收付账户只能接收本行汇缴账户充值资金及本行现金支取，不能进行跨行资金运转。

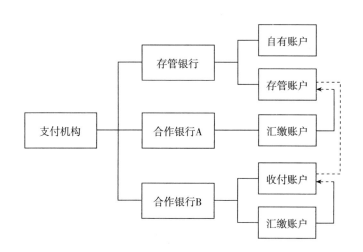

图 4-12 支付机构备付金银行

《支付机构客户备付金存管办法》的实施有助于对支付账户客户备用金的管理，但由于备用金账户的存管形式是以支付机构名义在商业银行开立，而非以个

---

① 开立备付金存管账户或收付账户的备付金银行总资产不得低于 2000 亿元，而仅开立汇缴账户的备付金银行总资产不得低于 1000 亿元。

人用户名义开立或在备用金账户项下设立二级账户，因此，非银行支付机构仍可利用合作银行汇缴账户与收付账户，形成多个行内账户资金清算系统，同时可利用存管银行的存管账户进行跨行资金调拨，形成跨行资金结算系统，使其通过在各家银行的备付金账户网络，具备了支付交易（基本功能）、清算（附属功能）、结算（隐形功能）三大功能，形成了系统内账户支付、清算与结算体系，形成较大规模的体外"货币循环"。

3. 网联平台的设立及清算市场的功能划分

自 2016 年起，中国人民银行等部门开展对非银行支付机构风险专项整治工作，提出建立备付金集中存管制度，将非银行支付账户的支付网络功能保留在前端支付环节。2017 年 8 月，中国人民银行要求非银行支付机构自 2018 年 6 月 30 日起，将其受理的涉及银行账户的网络支付业务，全部通过网联平台处理。2017 年 8 月，网联清算有限公司（Nets Union Clearing Corporation，NUCC）在北京注册成立，这标志着监管机构终结非银行支付机构与商业银行的直连模式进入到具体实施阶段。

在"断直连"政策实施后，我国的转接清算业务可分为银行卡支付清算与网络支付清算两部分，银联是负责银行卡支付以及银行机构间的网络支付清算业务，而网联则负责非银行支付机构的网络支付清算业务。如图 4-13 所示，引入网联清算机制后，非银行机构的支付账户无论是通联支付模式还是余额支付模

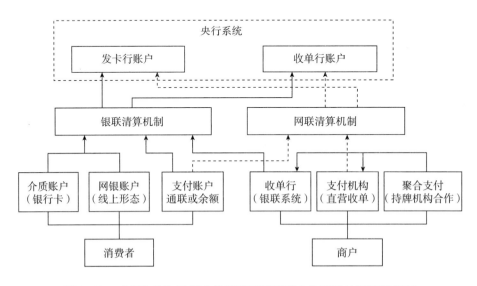

图 4-13　"断直连"政策实施后我国双层账户体系的转接清算机制

式，其账户支付信息均需先通过网联平台对交易信息进行记录、保存，而后依托网联平台的"一点接入、集中清算"的运行原则与各商业银行支付结算系统相连接。网联与银联在清算业务的范围划分为，若交易账户由银行卡等卡基介质账户发起，收单方属银联系统授权，则该笔资金交易归银联组织进行转接清算，而若交易账户并不涉及银行卡支付，并由非银行支付机构进行直连收单或委托聚合支付机构收单，则该笔资金交易可转为网络平台处理。这就形成了我国"银联+网联"的"双核"清算机制。

从账户体系的功能角度来看，虽然网联平台并不干预账户资金流的具体转移路径，但通过对支付信息流的跟踪和记录参与到支付账户平台的清算管理机制，消除了因原有非银行机构支付账户与商业银行账户直连造成的监控盲区。在网联模式下，非银行支付机构不再继续承担清算功能，但从另一个角度来看，这也意味着非银行支付账户可以通过网联系统独自完成支付中介职能，无须再"寄生"于银行的支付结算系统。冯彦明和高璇（2019）认为，在网联平台主导下，非银行支付机构有机会脱离银行构建自身的支付结算体系，独立开展支付结算业务，进而发展成为与银行支付结算体系并重并行系统的可能性。此外，网联的成立也改变了非银行支付机构本身的市场结构，在直连模式下，只有如支付宝或财付通等拥有巨量账户规模的平台机构才有足够的谈判筹码与银行谈判，建立各种直连账户接口，而在网联模式下，非银行支付机构只要接入网联平台的统一接口，就可以与各家商业银行结算账户实现业务关联，这实质上是降低了非银行支付机构的网络构建成本，大量中小非银行支付机构有机会与头部机构在细分市场上进行充分竞争，也有助于非银行支付账户体系在更广泛的机构群体内进行构建和发展。

五、CBM 模型视角下零售支付市场竞合趋势

Osterwalder 和 Pigneur（2010）将商业模式要素归纳为价值主张（Value Proposition）、架构管理（Infrastructure Management）、客户层面（Customer Interface）以及财务视角（Financial Perspective）组成的四大分析支柱，并由此可拆解为 9 个构造模块（Building Blocks）。其中，价值主张是指为客户解决了哪些核心困扰，或提供哪些核心价值（见表4-3）。Sosna 等（2010）认为商业模型不是一个静态模型，而是需要通过对各要素的期间性演变进行动态化的分析，并将其作为商业决策的试错机制，因而将商业模型（Business Model）改进为商业演进

模型（Business Model Innovation，BMI）。

表4-3　账户服务主体的画布模型要素结构

模型支柱	构造模块	模块含义	虚拟账户平台经营特征
价值主张	价值主张	细分特定客户需求，形成价值差异化的产品或服务	对不同客户群体特征（对公或个人客户、高净值客户或长尾客户）或不同客户需求（线上/线下支付、境内/跨境支付）提供价值服务
架构管理	核心资源	使商业模式能够有效运转所必需的资源要素	合规资源、技术资源、商业资源、人力资源、资金支持
	主要伙伴	商业活动的合作网络及主体间的竞合关系	开放式账户体系内部的竞合关系及封闭式账户体系间的替代关系
	关键业务	提供价值主张的活动内容或形式	提供账户横向价值服务的支付中介职能或提供账户业务间的纵向专业服务职能
客户层面	客户关系	对特定客户细分群体的评估营销服务关系	针对产品特征、地理可得性等因素的营销策略及其客户黏性与切换成本
	客户细分	客户群体划分及重点服务客户选择	不同客户群体支付（B2B、B2C或C2C，高净值客户群体或长尾客户群体）
	沟通渠道	与细分客户的沟通渠道及价值主张传递路径	发卡（码）与收单侧采用外包或直营方式以及账户群体获取与维护方式（采用补贴或增加服务内容等）
财务视角	收入来源	盈利水平与结构	普遍存在非对称性的收费结构
	成本结构	支出水平与结构	虚拟账户平台通道支出费用及成本结构

　　Hayashi（2012）认为不同商业主体提供的核心价值主张可以针对不同的细分客户群体。基于CBM模型四支柱分析框架，可以发现在非银行支付机构发展初期，其价值主张与商业银行存在差异化的竞争策略。如表4-4所示，在架构管理层面，银行体系将银行卡发行及介质账户在线下B2C支付场景应用作为关键业务，核心竞争要素主要围绕发卡侧支付介质的发行与收款侧POS等硬件终端布局，这使得商业银行更加强调业务的垂直化经营，将金融服务切割为各种独立业务系统并以此增加本行支付介质的发行空间。非银行支付机构则在为银行提供网关支付接口服务的基础上，发展余额支付的封闭式清算机制作为关键业务，核心竞争要素以扩展注册账户规模，形成账户平台网络效应为主。在客户层面，商业银行着重账户的资金价值，以对公客户和高净值客户为主，非银行支付机构则注重账户的数据价值，为大众消费用户提供小额便利支付服务。由此可以发现，在账户分类政策实施后的第一阶段，商业银行体系与非银行支付机构的价值主张

存在较大差异,其各自账户系统针对的是不同客户及不同支付场景需求,两者形成较为显著的合作关系。

在账户分类政策实施后的第二阶段,银行账户体系逐渐分离为Ⅰ类、Ⅱ类和Ⅲ类账户功能,使商业银行及银行卡组织可以基于Ⅱ类和Ⅲ类账户构建账基虚拟账户平台,非银行支付机构也完成支付接口统一接入网联平台,非银行支付机构账户平台在清算机制与商业银行的跨行支付清算机制相似,形成平等的市场竞争环境。至此,商业银行与非银行支付机构在构建账户平台,形成流量入口的价值主张基本相同,两者服务于同一客户群体,在架构管理、客户层面和财务视角的发展策略基本趋同,形成显著性的竞合关系特征。但对于商业银行或银行卡组织而言,当前用户对账户平台的使用习惯已然形成,难以打破非银行支付机构占优的市场态势。而对于非银行支付机构而言,账户平台的通道性价值与流量数据价值均受到财务性和合规性约束,双层零售支付账户体系形成的竞合关系逐渐接近合作博弈的均衡状态,但市场增量空间趋缓也会进一步加强大型商业银行与头部非银行支付机构围绕前端账户端口形态与月活用户规模等市场要素间的竞争趋势。

表4-4 CBM模型视角下商业银行与非银行支付机构账户体系的动态要素比较

经营主体	第一阶段 (2013~2016年)		第二阶段 (2017年至今)	
	商业银行	非银行支付机构	商业银行	非银行支付机构
价值主张	依托银行卡支付,构建介质账户支付网络,注重支付安全性	依托条码支付,构建虚拟账户支付网络,突出支付便利性	账户分层管理,结算账户以安全性为主,虚拟账户平台突出便利性	构建新兴支付形式的账户支付网络,突出账户平台的综合金融服务功能
架构管理	持有银行牌照,开放式银行卡组织模式下,各银行"搭便车"行为,致使出现账户垂直化经营特征,账户横向价值服务局限于线下B2C的支付场景	持有支付牌照,构建虚拟账户平台提供封闭体系内的余额支付或以备付金账户形式提供各银行结算账户的横向价值服务,拓展线上支付与C2C支付场景	大型商业银行或银行卡组织发展账基虚拟账户平台,与非银行支付机构竞争活跃账户资源	"断直连"与备付金集中存管,改变封闭账户体系余额支付及沉淀资金收益模式
客户层面	着重账户的资金价值,重点营销对公客户及高净值客户,通过外包形式进行商户维护	着重账户的数据价值,重点营销大众消费群体,形成长尾客户的集合价值	转变传统账户价值思维,强化对普通用户的零售支付服务,提升账户的活跃度	进一步嵌入细分支付场景,下沉支付区域市场,突出开放平台的跨账户系统流量入口作用

续表

	第一阶段 （2013~2016 年）		第二阶段 （2017 年至今）	
财务视角	结算账户维护成本较高，将账户管理纳入成本管理机制，倾向对账户持有人征收手续费用	突出虚拟账户网络效应，将账户资源作为收入来源的基础，向账户持有人提供补贴	提高对非银行支付账户平台的通道收费标准，减少对账户持有人的手续要求	结束对账户持有人的补贴政策，提高支付手续费用，但鼓励通过账户平台开展跨系统金融服务
双方关系	针对不同的客户群体，形成显著性的合作特征		服务于同一客户群体，形成显著性的竞合特征	
潜在问题	介质账户支付网络被账基虚拟账户支付网络所取代	备付金支付涉及资金的封闭性清算功能，涉及银行卡组织维权问题	当前用户对虚拟账户支付网络使用习惯已形成	失去备付金沉淀资金收益，头部机构行业内外优势显著

第五章　数字人民币对零售支付清算的变革影响

在零售支付清算市场开放趋势下，市场主体也应对包括数字货币技术在内的新技术持开放态度。数字人民币的发行流通可能会对以往基于账户体系的零售支付清算体系带来改变，并最终带动整个金融体系相应改变。

一、理解零售支付清算市场开放的三个维度

在数字化时代，国内零售支付清算市场的开放趋势已经势不可当，事实上无论是从市场竞争度、与国际接轨程度，还是从技术先进性上来讲，前端的零售支付市场的开放度已然很高。目前人们普遍聚焦的是处于中后端的清算市场以及支付清算基础设施的开放。

从广义上讲，若要真正理解零售支付清算市场的开放，需从三个维度来思考：第一个维度是市场结构层面的开放；第二个维度是国际化层面的开放，包括"引进来"和"走出去"；第三个维度是支付清算行业对新技术的开放，其中也包括较为前沿的 5G 技术以及数字货币的兴起。

1. 第一个维度：市场结构的开放

市场结构层面的开放主要是指新的市场主体进入市场，在零售支付领域，主要是第三方支付的兴起，如今支付机构与银行之间大体上已经形成一种动态的平衡。目前人们关注较多的是清算市场的开放，即银行卡清算市场中出现第二家、第三家市场主体，而后可能出现更多新的机构。清算市场的适度放开符合历史发展趋势，许多实证分析表明，适度扩大竞争、引入新的市场主体，是符合消费者、商户与社会利益的支付清算产业发展的正确方向。这是因为如果市场竞争程

度不够，则最终用户不能获得创新、集中或者利用规模和范围经济产生的利益，缺乏竞争的市场反过来会减少对进一步改善效率和安全的创新的激励。在 G20 国家中，除中国外，其他各国境内都有两家以上的卡组织，为消费者提供了多种类、多样式、多层次的银行卡选择。因此，开放银行卡清算市场有利于为银行卡产业各方提供多元化和差异化的服务，提升我国银行卡清算市场整体竞争力，提升我国银行卡服务能力和水平，同时这也有助于优化产业格局、提升市场效率。对我国金融机构和消费者来说，开放还意味着将有更多的选择。不过与国际主流银行卡收费标准相比，我国银行卡费率是偏低的，因此国内银行卡收费大幅度下降的可能性不大。

不过我们需要意识到，银行卡清算行业本身是一个具有规模经济效应的行业，因此，即便开放也不会出现太多的卡组织。就全球来看，在银行卡清算环节都体现出适度、有限竞争的特点，一方面在发展演变过程中，各国都逐渐形成不同规模的银行卡清算组织，另一方面在激烈的长期市场竞争中，加上规模经济和服务效率的影响，只有 VISA、万事达等极少数卡组织占据了主要市场份额。就我国来看，从过去的单一卡组织到放开市场准入，充分体现了清算市场的开放与竞争。而考虑到银行卡清算市场的特殊性，加上我国需在较短时间内跨越欧美国家几十年的市场探索，因此监管者必然会秉持严格的市场准入管理，以此避免出现大量低效和无序竞争。总的来看，根据国际经验，银行卡清算市场的有限竞争通常是符合各方利益的，而不是过度和无序竞争。因此，银行卡清算市场的开放终究不可能走向大量发牌照的另一个极端。

银行卡清算市场的放开，对于不同主体带来的影响也是有差异的。对于挑战者来说肯定是利好的，但对在位者而言影响实际上是复杂的。比如，对在特定历史时期对中国银行卡产业发展做出突出贡献的银联来说，当前也到了"二次创业"的时期。无论是外资卡组织进入，还是出现新的内资卡组织，在目前整个银行卡收费模式既定的情况下，可能会分掉银联一部分市场份额。但是长远来看，则或许会化危机为动力。一方面，在竞争作用下，银行卡清算服务乃至整个银行卡产业可能形成更好的发展生态，最终导致技术引领的交易和清算环节创新不断涌现，使得整个市场"蛋糕"不断做大；另一方面，依托于多年的国内深耕和品牌影响力，银联在市场化转型和二次创业的动力下，可能在依托平台提供多元化增值服务、拓宽盈利模式方面做出更大文章。无论是在位者还是挑战者，只有提供高质量、特色化的服务，才能在激烈的市场竞争中获得发展。

这里有必要对银行卡清算机构和网络清算机构之间的关系再稍加探讨。如果严格从政策表述看，所谓的清算市场的开放，主要指的是银行卡清算市场的开放，并不涉及网络清算市场的开放。目前经官方批准成立的非银行支付机构网络支付清算平台只有一家，就是网联清算有限公司。从当前对银联和网联的业务范围划定来看，银行卡清算业务主要面对的机构是银行，而网络清算业务主要面对的机构是非银行支付机构。然而，这种划分是否合理是值得商榷的。首先从国际经验来看，此前似乎并没有在清算市场中进行如此划分的先例，当然如果在技术快速演变的背景下，以上述因素来反驳区分银行卡清算与网络清算的合理性，并不能完全站得住脚，因此更重要的应该是从清算业务的角度来看，如果银行卡清算业务和网络清算业务确实各自具有独立性，那么这种区分就是符合发展趋势的。进一步讲，清算业务的区分则要根植于更为基础的支付业务的区分。通常我们对于支付业务的理解，更重要的是基于支付机构、支付工具和支付账户等。我国对银行卡清算业务和网络清算业务的区分主要是基于支付机构层面的区分。从支付工具角度来看，无论是银行的支付业务还是非银行支付机构的支付业务，目前来看似乎并无本质的区别；而从支付账户的角度来看，按照互联网账户的发展脉络来看，可以说如今的非银行支付账户是从早期的互联网身份账户逐步发展而来的，如今对于平台类账户来说，已在实现支付功能的基础上，通过关联形式逐渐扩大至投资、理财、借贷等各领域，形成多元化的账户资金功能。目前，在非银行支付账户与银行账户针对个体消费者来说功能越发一致，并且消费者对两种账户的认知也越发趋同的情况下，则两者在纯经济学意义上区别变得越来越小（杨涛、李鑫，2019）。因此，我们倾向于认为，尽管银行卡清算机构和网络清算机构目前在业务上各有侧重，但从本质上讲两者是趋同的，可以预期无论是银行卡清算机构还是网络清算机构，它们之间的合作和竞争关系在未来一段期间内会继续存在，谁能更好地为客户提供便利化和安全性的服务，谁能更满足监管机构和社会对支付风险管控的监管要求，那么这种清算体系就会在整个零售支付清算占据更大的份额和市场关注度。

2. 第二个维度："引进来"与"走出去"

虽然在2008年金融危机后，全球贸易与金融保护主义不断抬头，但是对致力于在经济金融全球化中承担更大职责的我国来说，合理的对外开放仍然是重要的国家战略。从支付领域来看，随着我国移动支付的普及、支付技术的进步、支付机构的发展壮大，事实上支付机构已经在加速"出海"。相较于支付行业，人们对清算行业的对外开放要谨慎得多。然而，无论在把握国际化带来的银行卡清算需求方面，还是借鉴发达国家的金融基础设施建设等方面，放开银行卡清算市场都愈发有必要，并且在此过程中，银行卡清算市场的"引进来"和"走出去"也应同步进行。

一方面，放开银行卡清算市场对于外资卡组织提供了进入的通道，正体现出我国以对外开放来维护公平竞争，并鼓励外资卡组织为我国金融机构、企业和居民提供更高质量的国际化服务。一些学者可能会认为如果允许大量具有雄厚资本、先进技术和管理经验外国银行卡组织进入中国，抢占银行卡市场客户群，必然会减少本土清算机构的市场占有率，减少其盈利并削弱市场竞争力，甚至对其生存造成威胁。许多例子似乎可以对此进行佐证。澳大利亚曾试图建立自主品牌信用卡组织 Bankcard，但受到了在外资卡组织 VISA 与 MasterCard 进入本国市场后强力的市场竞争的冲击，加上本身的经营模式存在问题，不得已退出了市场，VISA 和 MasterCard 成为澳大利亚清算转接市场的主导。我国台湾地区"梅花卡"的衰落也是如此，开放市场之前台湾本地信用卡"梅花卡"占据八成以上市场份额，而在对外开放市场后梅花卡市场份额仅剩0.53%，而 VISA 和 MasterCard 的市场份额合计升至95%（李芳，2016）。这些"前车之鉴"固然需要被重视，但也应注意到我国之所以敢于对外开放清算市场，也与我国自身零售支付清算的快速发展和竞争力提升密不可分。可以说目前我国在零售支付领域，特别是在移动支付方面已经走在世界前列，其中扫码支付甚至被誉为"中国新四大发明"之一。同时，在支付技术快速发展、市场格局的不断演变过程中，我国的清算机构无论是从技术能力方面还是适应市场变化方面都在不断进化，竞争力与日俱增，这也为本土清算机构直面国际卡组织竞争奠定了基础。

另一方面，伴随人民币国际化、资本和金融项目开放的步伐不断加快，包括卡组织在内的支付清算设施，也必然走向国际化，适应国际化的"游戏规则"。包括银联在内的本土清算机构，借助近年来在国外的品牌和渠道建设成绩，并依托"一带一路"等国家战略，未来很有可能在全球范围内进行更大的业务拓展，同步服务于我国金融市场和人民币国际化进程。

不过，我们也要清醒地认识到，零售支付清算机构"走出去"不会一路坦途，而是要做好打硬仗的准备。各国监管政策、文化习惯等方面的差异必然会使海外业务的拓展比在国内时困难得多，同时政治风险在一些国家也不容忽视。此外，不同国家的支付基础设施情况也存在较大差异，尽管我国零售支付以及相应的清算业务从技术上讲已处于世界先进水平，但如果希望将业务拓展到一些较为落后的国家，那么势必也要根据其基础设施的承载能力设计合理的支付清算业务模式。

通过对内资、外资企业提供同等国民待遇、放开外资机构准入，多主体同台竞争的双向开放市场环境正在形成，将对我国零售支付清算市场各类市场主体带来新的机遇和挑战。不过总的来看，可以预计，在我国的全球金融影响力逐渐提升的大背景下，未来零售支付清算走向国际化的市场"蛋糕"，将为各方带来前所未有的合作空间与发展机遇，而我国的零售支付清算机构也能够在全球化竞争中壮大实力，真正成为国际金融基础设施舞台的主角之一。

3. 第三个维度：对新技术的开放

技术变革趋势的影响，信息及通信技术的进步，大大降低了交易成本，提高了资源配置效率，其对于原有支付清算的体系的冲击是全面的。从过往几年来看，互联网、大数据、云计算等技术的飞速发展，极大地改变了消费者的行为模式，引发了客户消费需求的多样性，这又引起商户行为变化，进而引发商业业态的重新整合，然后引起电子支付工具创新，再进一步就会引起利用这些工具的新型支付组织演变，接着对于清算服务提出全新的要求，最后对于整个零售支付体系产生影响。特别是，在新技术的冲击下，作为零售支付体系核心的银行卡清算市场，也直面走向多元化和差异化的迫切需要。未来，随着5G技术、数字货币等进一步发展，现有的零售支付体系还将面临更大的冲击，而零售支付市场各类市场主体若要适应这种技术快速变革的时代，则势必要始终对新技术保持开放的态度。

譬如，5G技术就势必会给支付清算行业带来十分显著的影响。通信技术从3G演变到4G，网速的提高改变了人们支付习惯。而随着5G时代的到来，势必掀起支付领域的新一轮变革。目前主流的支付手段仍然需要依赖手机等终端媒介，而随着5G商用的持续推进，在未来5G时代，支付或将不再依靠扫码、刷卡等模式。随着个人信息（如人脸、瞳孔等）和其金融账户的联系，基于账户体系认证和身份识别认证的紧密关联，通过快速识别场景、人和物，用户可以真正达到无感的程度。此外，5G+物联网同样具有较为广阔的前景。现在普遍认为5G的主要应用场景包括云VR/AR、车联网、智能制造、智能能源、无线医疗、无线家庭娱乐、联网无人机、社交网络、个人AI辅助、智慧城市等，从这些场景切入，其实也可拥有很多支付应用（见图5-1）。总之，5G时代移动支付行业的商业化路径将更趋多元化，包括交互模式、支付场景、支付效率、商业化探索将实现全面升级。在支付业务快速创新的情况下，清算业务势必也要紧随其后。从技术上来说，清算的三个环节，即信息收集、信息处理和信息发送，势必都将随着5G技术的应用以及其与支付的深度融合而改变。

相较于5G技术，数字货币技术对零售支付清算体系的冲击可能会更大，因此有必要围绕这方面内容展开更加深入的探讨。

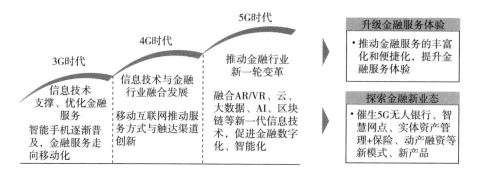

图 5-1　移动通信与金融融合发展

资料来源：中国信息通信院。

二、当前数字人民币在零售支付中的初步应用

当前，我国数字人民币的探索走在了世界前列，初步积累了一些经验，但尚处在试点测试阶段，距离真正落地还需一定时间。数字人民币相关的法律框架和制度体系建设、金融基础设施与运营技术路线的统筹协调、基于数字人民币的金融新业态发展、金融监管体系的完善、数字人民币的货币政策传导机制，以及数字人民币的国际化等，都是下一阶段数字人民币发展在理论与实践方面需要认真研究和探索的。但是，有一点可以肯定，数字人民币是加快数字化发展、建设数字中国的助推器，在网络技术和数字经济蓬勃发展的推动下，在中国不断提升的经济实力支撑下，数字人民币的未来大有可期。

1. 数字人民币零售支付场景不断拓展

当前，数字人民币围绕科技冬奥、智慧城市、智慧"三农"、数字政务、数字教育等重点领域，结合试点地区发展规划、地方特点，不断探索与地方经济发展相适应的数字人民币应用新模式，应用场景囊括 2B 与 2C 领域。2022 年 3 月，中国人民银行召开数字人民币研发试点工作座谈会，会议强调数字人民币研发试点要坚持体现"人民性"，在拓展金融服务覆盖面、提升普惠金融服务水平、助力地方经济发展、支持数字政务建设、提升金融服务实体经济质效、改善营商环境等方面发挥更大作用。

一方面，有序扩大试点范围，在现有试点地区基础上增加天津市、重庆市、广东省广州市、福建省福州市和厦门市、浙江省承办亚运会的 6 个城市作为试点地区，北京市和河北省张家口市在 2022 北京冬奥会、冬残奥会场景试点结束后转为试点地区。结合 2022 北京冬奥会、冬残奥会场景试点示范作用，亚运会将成为数字人民币国际展示的又一重要窗口，围绕亚运会的数字人民币应用场景有望持续拓展。

另一方面，随着试点在未来进入到覆盖更多地区、更广泛人群的第三阶段，数字人民币将更加强调对用户日常生活的深入渗透。在这一阶段，数字人民币与互联网融合发展态势将更加显著，拥有丰富消费场景的互联网平台必将在助推数字人民币普及的过程中发挥更重要的作用，两者将协同发展、深度融合。目前，数字人民币已在批发零售、餐饮文旅、政务缴费等零售支付领域形成一批涵盖线上线下、可复制可推广的应用模式。需要注意的是，拓展场景不仅指从一个消费场景拓展到另一个消费场景，更应该在消费场景以外去拓展。比如数字货币的推广能够提升贸易货币的流动性，降低贸易货币成本，以掌握更多国际贸易的话语权。这就意味着数字人民币在丰富线下支付场景的同时，将重点向线上发展，对接电商和线上线下支付模式。鉴于粤港澳大湾区连接港澳的特点，数字人民币可以在跨境支付上做更多尝试，丰富跨境贸易支付方式。

2. 数字人民币交易规模迅速增长

2021 年 6 月至 2021 年 12 月，数字人民币交易金额增长率达 153.8%。目前，我国正处于数字人民币的推广期，且试点仅为 11 处。未来，随着我国数字人民币的试点区域铺展开，推广力度将不断增大。参考前瞻产业研究院《中国数字人民币行业市场前瞻与投资战略规划分析报告》，保守估计到 2027 年，我国数字人民币的交易规模将超 5000 亿元（见图 5-2）。

3. 数字人民币接口范围不断扩大

伴随着数字人民币（试点版）App 在 2022 年初上架各大应用商店，除相关银行以及数字人民币 App 的入口外，数字人民币的接口范围或扩大至各大应用的主界面。2022 年 1 月，美团宣布开启电影演出场景的数字人民币支付通道，北京、上海、深圳等试点地区居民可使用数字人民币在美团平台预订电影演出票，这是数字人民币首次接入电影演出场景。京东也开通数字人民币"硬件钱包"线上消费功能，成为全国首个支持数字人民币"硬件钱包"的线上消费场景。用户在京东 App 购买自营商品时，只需在支付环节选择"数字人民币支付"中的"挥卡付"功能，便可用手机 NFC 芯片读取数字人民币"硬件钱包"进行支付，耗时与普通支付方式无异。目前此功能已向部分试点城市的用户开放，并可支持市面上大部分搭载了 NFC 功能的主流安卓机型。

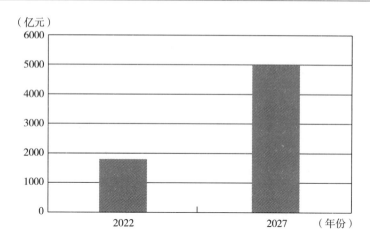

图 5-2　2022~2027 年数字人民币行业交易规模预测

资料来源：前瞻产业研究院。

目前，商户可选择的数字人民币支付接口（线上）共有四种，分别是数字人民币 H5 支付、数字人民币免密协议支付、子钱包推送功能、数字人民币 App 支付。其中，数字人民币免密协议支付是指由商户调用数字人民币接口，上送用户实名信息与运营机构进行协议签约，用户签约成功后在商户指定场景支付时无须输入钱包密码即可完成支付，安全快捷。子钱包推送功能是指用户通过登录数字人民币 App，选择某一商家打开子钱包推送功能，互联互通系统将用户信息打包后进行加密处理，通过子钱包的形式推送到合作商户，商户无法获知用户个人信息，这样用户核心信息得到了隐私保护。以上两种支付方式均调协议支付 tokenpay 接口进行交易。数字人民币 H5 支付即接入银行移动网页端，是直联模式的一种。用户需跳转至银行网页端进行支付，验证短信验证码及钱包支付密码，用户体验并不友好。数字人民币 App 支付即上文中美团、京东案例，试点城市商家可选择与受理服务机构合作接入。

不同的支付接口适应的场景不同，以线上场景为例，数字人民币 H5 支付适用于商户虚拟账户充值场景；数字人民币免密支付适用于交通出行即公交/地铁展码乘车场景；子钱包推送功能适用于商户自有平台业务场景，是目前中国人民银行数字货币研究所主推的方式之一。数字人民币 App 支付原理同商家拉起微信支付/支付宝支付。用户在商家选定商品确定支付时，选择数字人民币 App 支付进行付款。在支付过程中，商户拉起数字人民币 App 进行支付请求，用户在数字人民币 App 中选择已开通的子钱包验密后即可完成付款。

三、数字人民币对零售支付清算体系的潜在影响

1. 数字货币账本技术对支付清算体系运行逻辑的变革

CPMI（2018）对数字货币提出了包含发行人、货币形态、可获取性以及技术路径四个维度的概念界定。数字货币的兴起使各国政府开始纷纷探索央行数字货币（Central Bank Digital Currency，CBDC），其中，以非对称密码及 RSA 算法、区块链技术以及云计算/边缘计算等创新技术组成的账本技术对现行账户体系运行机制最具变革意义，将影响着零售支付产业发展方向。

由于传统的电子货币形态本身并不具备物权的身份属性，本着持有人即为占有人的原则，将货币存量登记转化为账户余额，将货币的价值流通转化为账户间的信息交互，从而赋予对账户的物权身份属性确认的重要意义。在存量货币的登记查询流程中，账户的功能意义在于是一系列产品或服务合约的货币性载体，通过对其所集合产品或服务合约产生的货币性交易记录、分类和汇总后，以账户余额的形式呈现。数字货币对货币支付的变革性体现在，偿付模式由账户存量数据的权益性确认，调整为账本中流量数据的输入与输出加载，也就是记账模式由传统的账户模式转变为 UTXO 模式。在 UTXO 模式下，其底层技术以默克尔树、时间戳、哈希函数等数据结构为基础，结合算法加密与共识认证流程，每一条区块链即是一个以时间戳依次标注的"流水账本"，在默克尔树根将哈希值输入至区块头（Block Header）后，由认证节点通过共识算法得出的哈希值作为货币解锁脚本和锁定脚本的匹配序列。当然，在实践中，UTXO 模式与账户模式在技术上可以通过 Split/Map/Reduce 架构实现数据转换，如在 UTXO 模式转换为账户模式过程中，账本数据验证每笔交易后可插入 Map 指令，使其产生新的 Key-Value 数据对，并通过 Reduce 指令转移至用户钱包汇总，实现对流量数据权益的账户归集，而 Split 则是将账户模式转换至 UTXO 模式，即将用户钱包中的转账申请拆分为若干 UTXO 模式的数据输入，实现对账本流量数据新的区块加载与验证。

此外，数字货币账本技术改变了原有账户支付机制中对支付信息流和资金流的分离运行机制。基于电子货币支付的金融基础设施主要是在支付信息流与资金流分离基础上，支付系统基于前端账户平台信息流的指令运转，对账户系统资金流开展实时全额结算（RTGS）、延迟净额结算（DNS）或实时全额结算和延迟净

额结算的混合模式。徐忠和邹传伟（2018）研究发现，以区块链为代表的 Token 范式不同于银行账户范式。Token 在区块链内不同地址的转让时，其状态更新与交易确认是同步发生的，即不会形成传统意义上的结算在途资金或结算风险。数字货币是基于区块链技术的 Token 范式通过全网记账和点对点的实时结算，可以实现信息流和资金流的合并，但这也意味着传统的支付、清算和结算之间的边界将不再清晰。

如表 5-1 所示，基于电子货币和数字货币的支付系统模式分为账户范式和 Token 模式，并形成各自支付结算模式的差异性。在实践中，区块链技术的"去中心化"原则转变为"多中心化"原则，以降低全网共识的节点数量与验证损耗。同时借助云计算（Cloud Computing）和边缘计算（Edge Computing）等分布式计算技术，结合基础设施即服务（IaaS）、平台即服务（PaaS）和软件即服务（SaaS）等当前账户体系应用模式，进一步强化分布式终端的数据验证及处理分析能力。在原有双层零售账户体系下，非银行支付机构依托基于银行结算账户的支付系统，构建虚拟账户支付网络来提供账户间信息流交互的中介服务。然而，基于区块链分布式账本技术的加密数字货币及其支付系统，替代原有账户身份信息管理与资金数据集中于中心化的银行账户管理模式，改变原有账户系统间分级管理及大量"断点"性的拓扑互联结构，非银行支付机构金融中介功能存在的市场基础和作用方式也将遭遇严峻挑战。

表 5-1　基于账户范式与 Token 范式下支付系统运行模式的差异性比较

运行模式	账户范式	Token 范式	与账户范式的差异性特征及影响
价值转移标的	只具备货币价值转移功能	货币价值转移或代表区块链外资产及权利	支付系统增加了价值数据转移的拓展性，但也增加了支付系统的不稳定性
记账权属关系	中心化账本机制，由明确性的中心化数据单位负责账本数据登记与维护管理，对于中心化账本机构的管理权限需要进行审批与授权	分布式账本机制，由非明确性的匿名性验证单位组成，验证节点方式可依据工作量（PoW）证明或权益（PoS）证明对账本数据进行公钥证明与验证更改	替代需要外部性机构维系中心化账本机构的可信性
体系开放性	账户持有人身份均需要事前审批环节，存在账户身份数据保管与泄露风险	参与者生成公钥与私钥即可，但也可以与"了解你的客户"形成关联关系	具有更强的开放性，可改进账户服务的覆盖性问题

续表

运行模式	账户范式	Token 范式	与账户范式的差异性特征及影响
价值数据存储与转移形式	账户余额显示资产规模，支付过程体现为付款方账户余额减少，收款方账户余额增加，且会经历多家机构相应账户的余额调整	余额显示需要对各地址 Token 量的汇总，支付过程体现为 Token 的付款方的地址转移为收款方地址，Token 总量不变	改变账户体系的等级组织结构，Token 地址之间无权属关系，形成点对点的拓扑交易结构，便利于跨境支付等相关场景
支付结算效率	支付结算效率较高	交易效率与区块链运行的准确性和去中心化程度呈反向关系	呈现"三元悖论"问题，即无法同时实现安全、可拓展以及去中心化特征
结算风险特征	结算风险无法消除，但具有结算风险最终性	资金流与信息流合二为一，无结算风险，但只能在概率意义上保证结算最终性	风险特征各异，且还需要关注金融科技自身的技术风险

2. 数字人民币实践及与原有清算结算体系的对接

2014 年，中国人民银行成立数字货币研究团队，开始启动对数字货币的发行、流通及相关技术和法律问题进行深入研究，并于 2017 年正式成立数字货币研究所。2018 年，数字货币研究所搭建贸易金融区块链平台。2019 年，中国人民银行宣布开始正式推进数字货币试点工作。2020 年，数字人民币在深圳、苏州、雄安和成都以及未来冬奥会比赛场点进行"四地一场景"的内部封闭测试。

我国央行数字人民币主要基于 D-RMB 系统，围绕"一币、两库、三中心"[①]等核心要素开展数字货币的研发与落地工作。如表 5-2 所示，数字人民币体系可分为发行机制、兑换机制、流通机制、回笼机制与银行间结算机制，数字人民币的发行与流通环节会继续对接原有银行账户体系及相应的清算结算系统。在此框架指导下，我国商业银行纷纷构建行内数字货币支付系统，满足数字货币钱包开立、数字货币钱包与银行存款账户绑定、数字货币存取以及两种货币形态双向兑换等功能，意味着基于传统电子货币的账户支付机制与基于数字货币的 Token 支付机制将会并存运行。

---

① 所谓"一币、两库、三中心"分别指人民银行签发的加密字符串，数字货币发行库和数字货币商业银行库，以及认证中心、登记中心和大数据分析中心。

表 5-2　数字人民币运行环节及具体流程说明

运行环节	具体流程说明
发行机制	接收并审查商业银行前置系统发行请求，向央行会计核算数据集中系统（ACS）发送扣减存款准备金指令，待 ACS 系统反馈扣减结果后生成数字货币并传至商业银行前置系统
兑换机制	验证用户身份并根据用户兑换请求信息，根据兑换数字货币额度扣减账户相应的电子货币余额，待收到扣款反馈后，将生成数字货币发送至用户账户相对应的数字钱包 ID
流通机制	通过货币终端、投放系统、控制系统实现不同客户应用端间的货币流通
回笼机制	由商业银行前置系统向 ACS 系统发送货币回笼请求，核查通过后由 ACS 增加存款准备金，并实施相应货币量的数字货币回笼指令
银行间结算机制	先处理数字货币在银行间的清算关系，而后调整清算银行相应账户余额，并将调整结果反馈至发起行和接收行系统

此外，我国央行数字货币如何与我国当前双层零售支付账户体系对接，以及对商业银行和非银行支付机构账户体系的影响同样受到广泛关注。如图 5-3 所示，央行数字货币下的数字货币产品采取双层运行机制。

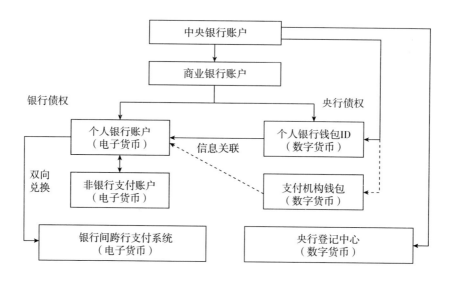

图 5-3　基于电子货币与数字货币的账户支付机制

第一层结构是基于"中央银行—商业银行"的二元账户体系，中央银行既可以向商业银行账户注入基础货币，也可以向其钱包投放数字人民币，央行的相关职责包含维护数字人民币的币值稳定，建设配套金融基础设施以提供可靠结算服务，以及促进不同支付产品之间的互联互通，并做好货币运行系统中的应急和替代方案。商业银行、电信运营商和非银行支付机构则作为第二层，根据是否直接参与数字货币兑换功能，分为银行账户端和客户服务端，在银行账户端，商业银行将在个人银行账户的身份认证基础上，构建个人数字钱包 ID 并将其与"了解你的客户"（KYC）机制进行关联，客户身份数据保留在央行数据系统内，以保障在货币交易层面实现"可控匿名"，同时基于数字货币钱包与央行账户系统开展数字人民币的兑换服务，客户服务端则集中于数字货币的应用服务，需在展示层和应用层实现支付功能。姚前（2017a）认为数字货币属性的注入可以理解为是商业银行账户体系的一次创新，商业银行不仅可以利用现有其账户体系提供数字货币兑换服务，还能够开发基于数字货币创新相应的金融服务产品。

对商业银行而言，未来随着数字人民币的发展，商业银行作为重要参与方，不仅承担的角色会发生升级改变，技术、渠道、场景建设以及风险管控多个方面或都将受到影响。商业银行能够扮演重要角色，源于商业银行具有成熟的信贷网络基础设施、支付网络基础设施以及较为完善的 IT 服务系统。一方面，经过 40 多年的发展，我国商业银行基础设施比较成熟，22 万个银行网点数遍布全国各地，存款信贷网络密布，国有商业银行、股份制银行、城商行各个层级的商业银行对应的客户群体开始分化，具有较高的专业化程度。另一方面，商业银行在 IT 应用及服务体系上不断发展，在金融科技方面持续投入积累大量经验，人才储备持续扩充。这意味着，采用双层运行体系对于央行来说，将不必闲置现有商业银行在资源、人才、技术、IT 基础设施等方面的优势，也不必承担重新重复建设、另起炉灶、缺乏经验的成本与风险。因此，数字人民币采用双层运行体系不仅有效降低了中央银行所承担风险，专业化中央银行监管职能，同时也保证了商业银行不被通道化或边缘化，避免成为所谓的"狭义银行"，减少数字人民币发行流转对商业银行的冲击。总体而言，采用双层运行体系，数字人民币的运行可实现双赢局面。

数字人民币对于非银行支付账户体系的影响在学界也存在一定的分歧。一种观点认为数字货币与支付宝、微信等机构支付服务是货币与支付工具两个层面的关系，两者不存在直接影响关系。穆长春（2020）认为数字货币是对原有传统电子货币的转化，而支付宝、微信等钱包服务机构仍然会在支付工具层面发挥相应的功能，两者不存在替代或竞争关系。邹传伟（2020）认为，数字人民币与非银行支付机构账户在零售支付领域存在应用场景重合现象，形成支付系统的冗余性特征。张锐（2020）认为，数字人民币具有无限法偿性特征，而非银行支付机构账户货币在信用属性上无法与其比拟，且平台间存在互不认可与间隔问题，这使得数字人民币在支付手段上优于第三方支付工具。这种分歧实质上也是基于非银行支付机构参与数字货币流通机制功能定位以及市场竞争格局的不确定性。一种可能是非银行支付机构账户平台也可以如商业银行一样，在中央银行开立账户并缴纳全额准备金，参与数字货币的发行流程，这种模式有些类似于非银行支付机构备付金账户全额上缴至央行政策，正是基于该政策保障了非银行支付账户平台内货币兑付的可信性。如果可以成为数字货币的发行过程，则其无论是以发钞方形式还是以代理方形式，都可以有效支持其系统内部的数字人民币流通及相应的货币衍生价值服务。由于非银行支付机构不得经营或者变相经营货币兑换、现金存取等业务，因此不具备与中央银行兑换数字人民币的合规资格，只能作为第二层中的钱包应用端参与数字人民币的流通。

这种分歧的根源在于将头部非银行支付机构与整个非银行支付账户服务体系相混淆。基于数字人民币的属性及发行机制，总体而言，我们判断尽管其有助于整个非银行支付账户体系及我国双层零售支付账户体系的发展与重塑，但将会对支付宝、微信等头部账户平台造成挑战。从基于数字人民币的支付对以往基于账户的非银行支付的替代角度讲：

第一，数字人民币将对支付宝、微信等非银行支付平台形成一定的挑战。目前我国居民日常支付结算主要以支付宝、微信等第三方移动支付平台为主，虽然交易时不涉及实物现金，但资金需要在居民和商户的银行电子账户上划转、对账，存在着一定的时滞及通道成本。而对于数字人民币，用户之间的日常交易是在彼此的数字人民币钱包中进行，无须通过银行账户划转、对账，且在双方设备都离线情况下也能完成支付，在支付体验上能达到像使用现金一样方便快捷（见图 5-4）。因此，数字人民币的发行将会改变目前第三方支付结算的流程。同时，在未来可能会占据一部分移动支付市场，对支付宝、微信等非银行支付平台造成一定的挑战。关于央行数字人民币与支付宝、财付通的简要对比可参见表 5-3。

第二，数字人民币削减与第三方支付平台相关联的资管产品的销售规模。支付宝等第三方支付机构因其交易的便利吸引了大量的用户流量，为了充分利用庞大的用户流量，第三方支付机构接入了货币基金等资管产品的销售端口。以支付宝为例，由于享受了支付流量红利，从 2018 年 3 月开始，其接入货币基金规模不断增加。数字人民币对第三方平台销售货币基金等资管产品的影响主要取决于央行数字钱包对第三方支付机构用户群体的吸引程度。若数字人民币的发行可能造成第三方支付机构流失部分用户，又或者与商业银行合作在央行数字钱包 App 中接入资管产品的销售端口，则会影响与平台关联的货币基金等资管产品的销售规模。

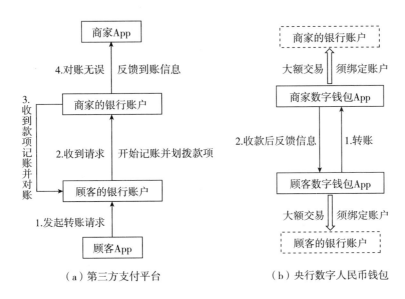

（a）第三方支付平台　　　　　　（b）央行数字人民币钱包

图5-4　第三方支付平台和央行数字人民币钱包支付流程

资料来源：根据搜狐财经网站资料绘制。

表5-3　央行数字人民币与支付宝、财付通对比

对比类别	数字人民币	支付宝、财付通
法律效力	地位等同人民币纸钞	地位低于人民币纸钞
安全性	具有无限法偿性	存在小概率破产风险
结算模式	央行货币结算	商业银行存款货币结算
隐私保护	可控匿名	一定程度匿名
额度	依实名认证程度分级	支付系统内部顶级
手续费	未知	提现手续费
离线支付	双离线	小额支付，先记账后扣款

资料来源：根据公开资料收集整理。

　　第三，数字人民币将在一定意义上与第三方支付存在同构关系。如果数字人民币在技术效率和商业拓展上做得足够好，站在用户角度，用数字人民币与用"断直连"后的第三方支付理论上应该带来同样的体验。从货币属性上看，支付账户余额所对应的资金尽管所有权归属于客户，但由支付机构以其自身名义存放在中国人民银行的"非金融机构存款"科目，并实际由支付机构支配与控制。而数字人民币是M0，即一种新形态的流通中现金，是央行负债。数字人民币在任何场景下都具有法偿性，而第三方支付的政策工具意义要弱得多。

即便中国人民银行允许用户通过数字人民币给第三方支付进行充值，从而使得第三方支付相当于具备了数字人民币托管和支付的功能，由于数字人民币的货币物权特征不同于电子货币的债权特征，也将改变非银行支付机构原有的账户间债权债务的清算轧差机制。基于电子货币的非银行支付机构账户支付存在两种清算途径：一是通过绑定银行卡账户进行快捷支付，交易资金流是银行账户间的货币转移；二是余额支付，是通过账户系统内部的债权债务关系调整完成，资金流只在账户体系外发生。数字人民币的货币物权特征，使得货币价值转移直接发生在地址及私钥密码信息的输出，而非债权关系的转移，这使得非银行支付机构，尤其是头部支付机构无法依靠自身账户资源进行封闭式清算。非银行支付机构账户平台的竞争将主要集中于对支付场景的嵌入与便利化服务，而不再依赖于账户体系规模进行系统内的支付信息流传递与资金清算功能。进而，这又会对非银行支付机构以往发展起来的大数据风控业务带来不利影响。近年来，非银行支付机构利用交易大数据信息积极推进小额信贷和发展第三方征信。以支付宝为例，通过利用大数据分析用户的交易行为为用户的信用评分，从而给用户提供不同规模的信贷，如借呗、花呗。同时利用芝麻信用的评分为商业银行提供风险识别服务，商业银行根据芝麻信用评分作为风险控制和向客户发放贷款等后续服务的依据。由于数字人民币的设计考虑到可控匿名的要求，即只有央行才有权限获取用户的交易数据，这在一定程度上将影响非银行支付机构获取用户交易信息的权限，进而基于用户交易数据所构建的大数据分析服务也会受到影响。

从清算角度看，目前数字人民币的清算路径似乎还并不完全明朗，如果中国人民银行未来希望对数字人民币交易采取实时全额结算模式，也就是居民、企事业机构和商业银行等之间的数字人民币交易，都第一时间体现为中国人民银行数字人民币登记中心的更新，那么数字人民币或将独立于"银联+网联"的"四方模式"清算体系。

四、数字人民币对金融体系的可能性变革

由数字人民币的发行与流通带来的零售支付清算体系的改变显然只是其带给

经济社会的第一层影响。作为最基础的金融功能，零售支付清算体系的改变最终也会带动整个金融体系的相应变化。

1. 数字人民币对商业银行的影响

（1）商业银行活期存款规模或将出现波动。

第一种可能，增加商业银行活期存款规模，导致存款准备金增加。由于作为M0的数字人民币与流通中的现金相同，均无法产生利息收益，相较于银行活期存款、货币基金等理财产品具有较高的持有成本。而对于普通居民而言，数字人民币与电子货币在支付体验上并无太大差异，但持有电子货币可获取少量的活期存款利息。因此除了日常用于零售环节支付需求外，居民更倾向于将数字人民币转变为银行活期存款或用于购买货币基金等理财产品。这相当于流通中的现金的绝大部分被转换成银行活期存款，在一定程度上会增加银行活期存款规模，导致银行存款准备金增加。

第二种可能，减少商业银行活期存款规模，增加负债成本。考虑到日常支付的便利性，银行的定期存款、理财产品的提取与赎回均面临一定的成本和手续限制，居民始终愿意持有一部分高流动性的活期存款以备支付需要。数字人民币发行后，虽然不付息，但由于数字人民币支付便捷迅速、平台兼容性高，普通用户在未来可能更倾向于将商业银行中的部分活期存款兑换成数字人民币存放在数字钱包中以备随时支付需要。又或者随着数字人民币的广泛应用，未来企业单位员工工资通过数字人民币形式发放，这就在一定程度上造成了对银行活期存款这部分的替代，可能会减少商业银行的活期存款规模，影响商业银行负债端资金来源。而商业银行为了维持活期存款的稳定性，可能会提高存款利率来吸引储户，这就在一定程度上提高了银行负债的成本。

最终银行活期存款规模增加或是减小，则取决于数字人民币是否付息、居民日常支付习惯及对数字货币与现金电子化的偏好等。值得一提的是，未来可能出现商业银行直接发放数字人民币贷款的情况，不过如果借款者在收到数字人民币后再存回银行（不一定是同一家银行），则仍会等额增加存款。换言之，单纯用数字人民币放贷不会显著影响贷款产生存款的机制。

（2）重构或升级商业银行现有的基础信息系统。

数字人民币虽然侧重于对M0的替代，但在未来很长一段时间依然会保留实物现金，出现实物货币与数字人民币并行流通的局面，因此银行现行的基础信息系统和货币数据库需要重构或更新，以满足实物货币和数字货币流通的需要。此外，各商业银行也需要搭建自己的数字人民币业务库，用于接收和存储央行发行的数字人民币。这在一定程度上会促使商业银行增加在数字人民币安全存储、保密性、高效结算等方面的研发投入。尽管从短期来看，这会增加商业银行与数字人民币业务相关的投入及运营维护的成本，但从长期来看，数字人民币小额支付加场景应用需求的特点可以为零售业务提供广阔的发展空间和多元化的发展方式。

一方面，数字人民币商业银行库的设计将进一步推动商业银行 IT 技术在安全存储和高效执行方面的投入。数字人民币双层运行体系需要商业银行设计自己的数字人民币商业银行库，使其具备安全存储、高效对接中央银行发行库和客户的数字货币钱包的功能。在具体设计上，商业银行库需要既能防止内部人员非法盗取数字人民币，又能对抗外来入侵者攻击，同时还可以承载一些特殊的应用逻辑。另一方面，"三中心"可以极大增强商业银行体系的征信能力、"了解你的客户"（KYC）能力、反洗钱（AML）能力。数字人民币钱包嵌入商业银行账户中，数字人民币交易确权依托于商业银行（投放机构）上报交易请求，由中央银行认证中心集中处理。认证中心的全息信息可以覆盖检测对象所有交易信息，形成用户全息信用信息，提升征信能力；大数据分析中心与认证中心的结合可以极大增强中央对货币体系的管控能力，如 KYC、反洗钱、反恐融资等。最终中央银行的征信优势与 KYC 和 AML 能力，可以通过传统账户与数字人民币钱包的结合，传达到商业银行端。事实上，中国工商银行、中国农业银行、中国银行、中国建设银行四大行均早已开始筹备并落地相关基础设施和业务，大型股份制商业银行也都积极跟进。这其中包括：中国工商银行申请了"数字货币代理发行额度控制系统及方法"的专利；中国农业银行积极推动金融数字积分系统建设；中国银行早在 2017 年便上线基于分布式账本技术的 BOCwallet 电子钱包；中国建设银行在 2018 年上线区块链贸易金融平台等。

（3）降低经营成本，增加中间业务。

由于数字人民币是对流通中现金的替代，随着数字人民币的推广和使用，流通中的现金将逐步被数字人民币所取代，商业银行与现金相关的业务，如现金的收付兑换、保管及整点调运等将会缩减，在一定程度上将会显著减少商业银行在现金业务方面的经营成本。

此外，商业银行的经营业务大致可分为负债业务、资产业务和中间业务。而中间业务又可以分为金融服务类业务和表外业务。由于数字人民币发行采用"中央银行—商业银行"的二元模式，届时，商业银行可能会代理央行发行数字货币并向公众提供数字人民币的存取、兑换服务。同时，数字人民币托管在商业银行，未来商业银行可以向使用数字人民币的用户收取一定的托管费用，又或者采取低托管费用或免费托管政策来吸引用户流量以开展其他增值服务。商业银行可借助代理发行、托管数字人民币有效拓展在互联网金融方面的服务链条，丰富业务类型，提高业务的附加值。

2. 数字人民币对货币政策的影响

（1）对货币结构及货币乘数的影响。

央行发行数字人民币后可能会影响M0、M1、存款准备金和基础货币的结构和规模。为论证方便起见，假定发行数字人民币前流通中的纸钞和硬币（M0）数量为C0。发行数字人民币（DC/EP）后流通中的纸钞和硬币一部分被数字货币替代为数字人民币（即C0=C1+DC/EP），使得流通中的纸钞和硬币数量减少至C1，显然M0总量不变；D、T、E分别表示活期存款、定期存款、超额准备金；Rd、Rt分别表示活期存款准备金率、定期存款准备金率。此外，货币乘数是用来衡量货币供给总量与基础货币之间倍数关系的一种系数，其基本公式可表示为：m=M/B，其中m、M、B分别表示货币乘数、货币供给量和基础货币。货币供给量M=D+T+C0；基础货币B=D×Rd+T×Rt+E+C0。

基于前文我们对数字人民币影响活期存款的机制探讨，意味着央行发行数字人民币后可能带来截然不同的几种可能。出于简化的考虑，我们只探讨极端情况。

第一种情况是央行发行数字人民币后，只用来替代部分纸币和硬币，不转化为活期存款。由于数字人民币只是简单替代了一部分纸币和硬币，M0总量没有变化，且没有转换为活期存款，因此存款准备金和基础货币的规模和结构不会因数字人民币的发行而变化（见表5-4）。

表5-4 数字人民币不转换为活期存款

货币供应	发行数字人民币前	发行数字人民币后
M0	C0	C1+DC/EP
M1	D+C0	D+C1+DC/EP
M2	D+T+C0	D+T+C1+DC/EP
存款准备金	D×Rd+TRt+E	D×Rd+T×Rt+E
基础货币	D×Rd+T×Rt+E+C0	D×Rd+T×Rt+E+C1+DC/EP

资料来源：周莉萍，陈思，薛白．央行数字货币对货币政策的影响［J］．银行家，2019（10）：55-58.

然而，对于普通居民而言，由于央行不对数字人民币付息，其在央行数字钱包中存放数字人民币不会生息，相比较活期存款、货币基金等理财产品具有较高的机会成本，因此居民会考虑将数字人民币转化为银行活期存款或者用其购买理财产品等。这样就会出现第二种情况，即数字人民币转化为银行活期存款，假定数字人民币将全部转化为银行活期存款。这时候数字人民币所替代的流通中的纸币和硬币将变成活期存款，由此导致 M0 由 C0 下降至 C1，活期存款由原来的 D 增加至 D+DC/EP。由于活期存款增加，导致银行存款准备金及基础货币的结构和规模发生变化（见表5-5）。

表5-5　数字人民币全部转换为活期存款

货币供应	发行数字人民币前	发行数字人民币后
M0	C0	C1
M1	D+C0	D+DC/EP+C1
M2	D+T+C0	D+DC/EP+T+C1
存款准备金	D×Rd+T×Rt+E	（D+DC/EP）×Rd+T×Rt+E
基础货币	D×Rd+T×Rt+E+C0	（D+DC/EP）×Rd+T×Rt+E+C1

资料来源：周莉萍，陈思，薛白．央行数字货币对货币政策的影响［J］．银行家，2019（10）：55-58.

在第二种情况下，从货币乘数角度来看，央行发行数字人民币后，由于只是部分替代流通中的现金 C0，即相当于原来现金中的一部分转变为数字人民币，所以货币供给总量 M 并不会发生变化。假定原来流通中的现金 C0 中数字人民币所替代的那部分 DC/EP 全部进入活期存款 D 中，则此时活期存款的规模为 D+DC/EP，流通中的现金规模变为 C0-DC/EP，基础货币 B＝（D+DC/EP）×Rd+T×Rt+E+（C0-DC/EP）。相较于发行数字人民币前，基础货币的规模变动 DC/EP×Rd-DC/EP 个单位，而 Rd 通常介于 0 和 1 之间，相当于发行数字人民币导致基础货币 B 规模的减小，进而会导致货币乘数 m 变大。

不过上述分析并没有考虑到数字人民币的发行对超额准备金及第三方机构备付金规模的影响。实际上，随着数字人民币的广泛普及，由于其支付便捷、系统清算速度更快，减少了在途资金总量，银行等金融机构之间更倾向于使用数字人民币进行同业结算，同时非银行金融机构可以直接利用所持有的数字人民币来支付，这使得银行使用记账形式的超额准备金大大减少，持有超额准备金备付动机下降，用于信贷投放的资金更多，导致货币乘数扩大。这样，央行可以通过投放较少的准备金来满足社会主体更大范围的资金需求。

第三种情况就是数字人民币推出后，居民会把部分存款转成数字人民币。因为数字人民币本质上是现金的数字形态，居民将存款转成数字人民币，对货币的影响与居民去商业银行提现类似。这种情况与第二种情况恰好相反，数字人民币以数字形式提升公众的现金偏好，在存款转成数字人民币后，反而会降低货币乘数，在其他条件不变的情况下会造成货币紧缩效应。不过，这个紧缩效应的规模并不会很大，中国人民银行的货币政策完全可以弥补。此外，还需看到的是，只要存款不发生显著萎缩，银行卡支付仍有很大市场。

（2）对货币政策传导机制的影响。

货币政策传导机制是指中央银行运用货币政策工具影响中介指标，进而最终实现既定目标的传导途径与作用机理。数字人民币主要是通过货币乘数、货币供给结构及利率的变化来影响货币政策，其对货币政策传导机制的影响主要体现在以下几方面：

一是通过替代流通中的现金，使得货币乘数对存款准备金率、基准利率的变动更为敏感，提升货币政策工具的有效性。由于流通中的现金对存款准备金率、基准利率的变动不敏感，其受货币政策工具影响较小，影响政策传导机制的有效性。央行可通过调整存款基准利率，使得居民持有现金的机会成本变高，把手中持有的现金转换成数字人民币，从而把原有流通中的现金部分纳入政策传导机制内，"熨平"传导机制中的不稳定因素，使货币政策工具能更好地发挥作用，引导银行、企业和居民适时合理调整其经济活动和决策（吴婷婷、王俊鹏，2020）。

二是数字人民币便捷支付、高效结算的特性提高了货币的流通速度，将会有效提升央行利用利率传导工具进行货币调控效果的显著性。传统的货币政策侧重于对货币供给数量的调控，随着数字人民币的逐步推广，金融市场的流动性将会提高，货币政策将由数量型调控向利率型调控转变，政策中介目标对利率的反应会更加敏感，使得利率期限结构更加平滑，更有利于央行通过利率传导工具来进行宏观调控。另外，虽然目前央行为防止对商业银行等金融机构造成"存款挤兑"，理论上并不打算对数字人民币付息，但从数字人民币的实际应用意义和调控角度来看，在未来存在付息的可能性。若数字人民币的利率成为银行存款利率的下限，则央行可以通过调控数字人民币利率来调整商业银行贷款利率；若数字人民币利率高于超额准备金率，则可能会成为同业拆借市场利率的下限。同时，央行数字人民币的发行也使得突破"零利率"下限成为可能，由于在传统货币体系下现金的名义利率为零，这使得现金名义上的"零利率"成为了利率的下限，一旦市场中的资产利率变为零，所有的资产都会兑换成现金，影响货币政策实施的有效性。

三是数字人民币的可追踪性及中心化管理模式，使得央行能及时掌握市场上数字人民币的流通数量、投放领域、供求变化等，有利于提高货币政策实施的准确性。例如，央行可以通过认证中心集中管理数字人民币存放机构及用户身份信息，通过登记中心掌握数字人民币产生、流通、清点核对及消亡全过程，根据市场上数字人民币的流通数量及供求结构，更精准地开展公开市场操作、逆回购、中期借贷便利及抵押补充贷款等，以调节银行间市场短期和中长期资金流动性；通过大数据分析中心处理结合数字人民币的可编程性，来约束数字人民币的交易范围和投放领域，确保资金流向支持国民经济发展的重点领域和环节，更好地支持实体经济的发展。

然而，数字人民币对货币体系的影响方面，市场上出现了很多误解，有必要予以澄清。

一是数字人民币会造成货币超发，推高通货膨胀。这完全是误解，数字人民币的"100%准备金"使得数字人民币的发行和回笼不影响中央银行货币发行总量。数字人民币对通货膨胀的影响基本为中性。

二是数字人民币会造成"数字化 QE"。理论上，数字人民币为"全民发钱"式财政刺激提供了一个新渠道，但这属于财政政策范畴，与 QE 不是一个概念。QE 主要指中央银行通过非常规工具（主要是购买资产）扩张资产负债表。数字人民币如果基于"100%准备金"，发行和回笼就不会影响中央银行资产负债表的规模。换言之，QE 不一定要通过数字人民币，数字人民币也不必然导致 QE。

三是数字人民币会造成狭义银行。狭义银行的含义是，在商业银行的资产方，与存款相对应的完全是存款准备金或国债。比如，如果要求存款准备金率是100%，就会实现狭义银行。在狭义银行中，银行如果放贷，就得使用股本金，在贷款业务上退化为无杠杆的贷款公司。在这种情况下，贷款不会派生出存款，银行不参与货币创造，存款者也不会因贷款损失而遭遇风险。但显然，数字人民币与狭义银行是不同层次的概念，数字人民币并不必然导致狭义银行。从严格意义上讲，数字人民币的"100%准备金"与狭义银行意义下的"100%存款准备金率"并不是一回事。前者指数字人民币发行有 100%的准备金支撑，后者指商业银行存款准备金与存款之间的比率。

第六章 迎接挑战：零售支付清算市场的协同发展

数字人民币对于零售支付清算体系的冲击是巨大的，它会带来支付清算体系整个运行逻辑的变革。无论是从提升个体企业竞争力角度，还是从提升我国整体支付清算行业竞争力角度，零售支付清算市场主体之间通过协同发展，共同应对数字人民币挑战，共同做强、做优基于账户的支付清算市场均显得十分必要。本章通过梳理相关的案例（包括支付清算领域的和非支付清算领域的）和经验，试图为未来数字货币时代支付清算市场主体的协同发展提供些许借鉴。

一、数字货币挑战下零售支付清算市场协同发展的必要性

从本书第五章我们不难看出，数字人民币对于零售支付清算体系的冲击是巨大的，它会带来支付清算体系整个运行逻辑的变革，是数字货币对账户货币发起的"进攻"。这正如熊彼特所言："它冲击的不是现存企业的盈利空间和产出能力，而是它们的基础和生命。"因此，对于原有零售支付清算市场的主体来说，正视这种挑战并提早布局迎接挑战方为上策。

尽管数字人民币对支付市场主体（主要是银行、支付机构等）的冲击还是存在的，尤其会对头部账户平台造成不小的挑战，但总体而言其对支付行业的直接影响还是较小的。支付是一个"场景为王"的行业，在支付市场逐步规范的情况下，从理论上讲，未来支付市场主体的核心竞争力从账户逐渐转向场景，这意味着即便数字货币在中后端部分取代了账户货币，或者也可理解为央行账户部分取代了银行账户，但是最前端的支付环节依然是与场景相伴。对于支付市场主

体来说，依托原有的场景优势对原有系统进行改造，从而能够与数字人民币无缝对接，则依然可以保持自身的竞争优势。当然，这个过程一定也伴随着市场不同程度的重新洗牌。相较而言，传统的清算机构所受冲击则是非常大的，因为它们的"基础和生命"就在账户货币的转移之中。并且对于传统的零售支付清算市场来说，清算机构占据核心地位，是整个市场秩序的主导者，当它们本身受到较大冲击时，必然意味着以往围绕它们建立起来的整个市场秩序都会受到较大冲击，其影响必然不会仅局限在清算市场，而是会扩散到整个零售支付清算市场。因此，无论是从提升个体企业竞争力角度，还是从提升我国整体支付清算行业竞争力角度，零售支付清算市场主体之间通过协同发展，共同应对数字人民币挑战，共同做强、做优基于账户的支付清算市场均显得十分必要。当然，这里的难点就在于市场主体之间如何保持一种竞合关系。

对于清算机构来说，在清算市场逐步开放的大背景下，在刚刚打开国门与国际组织同场竞技之际，机构之间既要加强竞争，又要加强合作，如何平衡两者之间的关系就显得更为复杂。相较而言，支付市场主体以往竞争已经十分充分，并且国际化水平也比较高，故只需更多考虑加强合作即可。

从竞争角度来看，由于零售支付清算市场是一个小众市场，并且从业务层面上看清算机构之间具有较强的同质性，因此在开放环境下竞争无法避免。不过机构之间的竞争应是良性有序的，譬如应在差异化服务等方面竞争，而非阻碍互联互通的恶性竞争。良性竞争有助于提升我国零售清算市场的服务水平和整体竞争力，而恶性竞争则会起到相反的效果。这意味着清算机构之间的互联互通、支付清算业务标准化等方面需要不断加强，其中至关重要的是监管政策的有效引导。从美国、欧盟、澳大利亚等典型国家和地区对银行卡清算机构的监管经验来看，尽管其监管模式和具体监管措施有所不同，但普遍都对卡组织的排他性行为有所限制，并且要求卡组织取消对商户的禁止引导规则（见表6-1）。

表6-1　典型国家银行卡清算机构纵向限制监管的比较

比较项目		美国	澳大利亚	欧盟
监管模式	差异	以反托拉斯法律为基础的事后监管为主的模式	以规制机构事前监管为主的模式	竞争法基础上的事后监管和规制机构事前监管并用的混合监管模式
	共性	规制机构事前监管方式均得到了更多运用		

续表

比较项目		美国	澳大利亚	欧盟
具体监管措施	差异	维萨、万事达已取消禁止引导规则，美国运通仍予维持；禁止额外收费规则被维持	禁止引导规则、禁止额外收费规则均被废除	禁止引导规则被废除；PSD2（2015）根据支付工具是否受交换费规制，对禁止额外收费规则实行区别对待
	共性	禁止网络的排他性规则；将借记卡和信用卡捆绑销售的受理所有卡规则均被取消或废除，而要求商户受理不同发卡机构发行的同类卡片的受理所有卡规则均被维持		

资料来源：王文祥，王剑勋．银行卡清算机构纵向限制监管的国际比较与借鉴［J］．亚太经济，2017（5）：105-109+175-176.

　　从合作角度来看，由于不同类型清算机构各有比较优势，如针对线上市场或线下市场、国际市场或国内市场等，因此机构之间存在一定程度的互补性，这将成为其开展合作的基础。不过这只是基于静态视角下的合作，而基于动态的创新视角下的合作则空间更大，如协同制定新技术标准、合作研发等。尤其是考虑到数字货币创新对基于账户的传统支付清算模式带来的冲击，清算机构之间更有必要通过合作创新，以更好地发挥其零售支付体系的核心节点作用，引导传统的基于账户的支付业务不断地提质增效，从而保证账户支付体系始终能在部分领域相对数字货币支付体系具有竞争力。

　　下文尝试通过相关案例的分析，从而对新技术环境下市场主体之间协同发展有更深入的探讨，以期为未来零售支付清算市场的协同发展提供些许启示。值得注意的是，这些案例既包括支付清算领域的案例，也包括具有相似的网络经济特性的非支付清算领域案例。

二、历史上支付清算领域协同发展典型案例

1. 商业银行与非银行支付机构在后端账户支付系统的合作关系

　　商业银行与非银行支付机构不仅在前端存在竞争关系，同时又在后端支付系统层面形成业务合作关系，尤其是围绕拥有账户资源的，重构了银行与非银行支付机构之间的竞合关系。

随着互联网应用的不断发展，包括网银支付和第三方平台支付在内的网络支付方式极大地方便了人们网络上的交易结算。非银行支付机构的发展和壮大，对于商业银行也产生了一定的影响。从本质上来看，商业银行的网银业务与第三方支付在客户群体上存在大面积重叠，由于第三方支付具有高效快捷、信息对称、功能强大等优势，对商业银行的网银业务造成了巨大的冲击。非银行支付机构凭借自身庞大的用户数量，不断丰富拓展服务功能，推出了理财等新型服务，无形中令用户将自己的资金从银行转移到非银行支付机构中，对商业银行产生了资金截流的影响。在这样的趋势下，非银行支付机构已成为商业银行强大的竞争对手，商业银行在业务竞争中已处于弱势，若不及时调整对于长期发展相当不利；但商业银行可以从第三方支付业务中获得存款和结算手续费，并为非银行支付机构提供资金和信用保障，两者虽然处于竞争态势，但又有很多合作共赢之处，非银行支付机构的运行与发展需要依赖于商业银行提供的网关接口，因而其不可能完全取代银行的网银支付业务。比如，2020 年 4 月，为切实贯彻落实人民银行关于积极推动银行与支付机构打通条码支付壁垒、实现条码支付互联互通的指导意见，为广大用户和商户提供更加安全便捷的支付服务，中国建设银行联合中国银联、支付宝首批实现龙支付与支付宝互扫支付功能。中国建设银行表示，首批会投产主扫支付宝收款码付款功能，支持试点客户通过中国建设银行龙支付（含手机银行）扫描支付宝收款码即可完成支付，中国建设银行还将协同银联、支付宝进一步将业务范围拓展至商户码支付，助力条码支付市场向更加安全、开放、高效的方向发展。

　　总的来看，商业银行与非银行支付机构在前端账户侧是激烈的竞争者，但两者在后端账户支付系统上却又有着密切的合作性关系，而这种合作关系首先是以规模经济为基础的。电子支付中的账户支付流程衍生出诸如信息获取、记账以及退单等功能性网络服务，作为数据密集型产业，只有账户数量和交易数据（或者说其相对应的账户外部性和使用外部性）达到一定规模门槛时，各流程业务处理的外部性收益才具有商业性。基于支付产业的规模效应，各种支付环节业务被不断外包转移与重组聚合。事实上，在银行卡支付阶段，部分商业银行就将收单业务和客户维护等工作外包给非银行支付机构，而将业务精力集中于发卡业务。此外，鉴于银行的垂直化服务特征及账户价值的缺失，使得账户平台的横向支付中介服务功能更具有市场价值。例如，在快捷支付模式下，非银行支付机构虚拟账户体系作为支付行为的前置端口，嵌入各种支付场景并扩大社会支付结算频次和总量，银行结算账户体系承担资金交易功能，双方账户体系呈现业务合作与收益分成关系，表现在电子支付与银行卡支付的业务数据趋同及市场份额格局趋向稳定等特征。

中国人民银行 2013 年起开始公布电子支付运行数据，当年银行系统以网络支付、移动支付为主的电子支付业务支付金额为 1075.16 万亿元，增速为29.46%，银行卡支付金额为 423.4 万亿元，增速为 22%，电子支付在支付业务规模和业务增速均超过银行卡支付，且两者的差距在 2015 年达到峰值，电子支付与银行卡的业务规模分别为 2506.23 万亿元和 669.82 万亿元，前者是后者的3.74 倍，这显示出条码支付等移动支付已经实质性地影响了线下介质账户支付的市场规模。然而，随着 2016 年快捷支付等绑定银行卡支付形式的快速发展，电子支付与银行卡支付的业务规模比重又趋于稳定，银行卡支付规模增速均高于电子支付的业务增速。2021 年，银行电子支付与银行卡的业务规模分别为2976.22 万亿元和 1002.10 万亿元，前者是后者的 2.97 倍，较 2020 年的 3.05 倍有所下降。

　　同时，电子支付和银行卡支付在业务笔数和单笔支付金额等业务呈现趋同态势，反映出我国银行和非银行支付机构在零售支付账户体系的产品和营销模式不断融合。2015 年，电子支付业务笔数大幅增长，增幅为 2.16 倍，显示当年银行账户仍以银行卡支付形态为主，但非银行支付机构虚拟账户发展条码支付将线下交易线上化，实现了账户交易笔数的快速增长。2017 年以后，无论是银行 II 类、III 类账户，还是非银行支付机构的虚拟账户，均可以关联银行卡结算账户进行支付，使银行卡支付笔数稳步增长，且增速快于电子支付总体的笔数增速，银行卡支付与电子支付业务笔数的比重由 2015 年的最低值 0.80 已上升至 2021 年的1.56。自 2009 年起，银行卡卡均消费金额增速总体呈下降趋势，至 2016 年卡均消费金额增速为历年最低，绝对消费规模也出现近 10 年来的唯一一次下降，2016 年后，银行卡笔均消费金额呈现下降趋势，与虚拟账户的小额便捷化支付趋势相同（见图 6-1）。此外，自 2018 年起，中国人民银行将由支付机构发起的涉及银行账户和涉及支付账户的网络支付量统一计算，而将实体商户条码支付业务数据由网络支付调整至银行卡收单，说明虚拟账户平台与银行结算账户并存运行的支付模式已然形成。

　　此外，账户服务费用的定价结构与征收方式，也体现出银行与非银行支付机构账户体系的合作关系。如表 6-2 所示，在个人支付（C 端）业务领域中，非银行支付机构账户体系拓展了个人用户（C 端）的收款账户模式及相应的资金转账需求，而对于个人用户在其银行账户与支付账户的资金双向流动，银行需要向支付机构收取系统接入费用、系统运营服务费用以及充值与提现手续费，而资金充值与提现的定价结构均是以双方的协议费率（在 0.1%左右）与账户交易规模的乘积作为支付费用；而在消费支付（B 端）业务领域中，网络收单（0.5%～0.6%）和线下收单费率（0.6%~0.8%），非银行支付机构的账户侧收单是对原

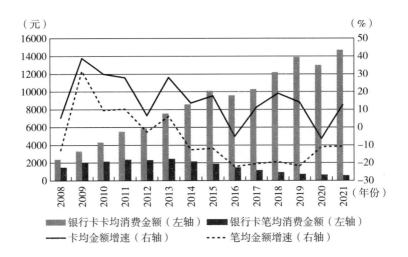

图6-1 2008～2021年银行卡支付卡均金额、笔均金额及其增速

资料来源：中国人民银行。

有收单业务的内部分成（服务费率为0.2%～0.4%），并未减少原有银行账户的交易规模和利润来源，且若支付账户以绑定银行卡形式进行快捷支付，还需要将其收益的60%作为资金通道费用缴纳至银行，该费用同样是依据账户资金交易规模与相应收益费率乘积测算。艾媒咨询统计数据显示，2019年非银行支付机构全行业数字支付交易规模为201万亿元，而个人支付业务和消费支付业务分别占比56.7%和22.9%，粗略计算，可得出非银行支付机构为银行体系带来两种资金通道收益分别为1140亿元和1650亿元。可以说，非银行支付机构带来的账户交易规模的增量收益，是银行账户体系与非银行支付机构共同合作的结果，也为银行账户体系带来了稳定的资金收益。

表6-2 非银行支付机构账户服务模式及银行服务费用明细

业务类别	账户支付行为	银行收费项目	费率及收取方式
个人支付业务	账户充值、提现	系统接入费用	固定费率，按年收取
		系统运营服务费用	固定费率，按年收取
		充值与提现手续费	0.1%费率，按流量收取
	账户余额支付、转账	资金存管费用	固定费率，按年收取

续表

业务类别	账户支付行为	银行收费项目	费率及收取方式
消费支付业务	快捷支付	网络收单	0.6%费率的60%，按流量收取
		线下收单（直连账户收单）	借记渠道0.6%费率60%，贷记渠道0.8%费率60%，按流量收取
		线下收单（聚合收单服务）	0.2%~0.4%费率的60%，按流量收取

2. 美国运通公司：以合资方式进军中国银行卡清算市场

2020年6月，美国运通和连连数字科技有限公司的合资企业——连通（杭州）技术服务有限公司（以下简称"连通公司"）获得中国人民银行颁发的《银行卡清算业务许可证》。这是继2019年6月18日中国人民银行、银保监会通过中国银联申请，向其颁发《银行卡清算业务许可证》后，中国境内发出的第二张正式清算牌照，同时也是第一家获得该许可证的外卡机构。2020年8月28日上午，连通公司揭牌仪式启动，代表着首家中外合资银行卡清算机构正式开业。连通公司银行卡清算网络将处理美国运通品牌卡在中国大陆地区的线上线下支付交易，也将和国内主流的移动钱包运营商合作。

美国运通也在第一时间公布了其首批合作的银行、移动钱包运营商和第三方收单机构的名单。据统计，共有16家银行、3家移动钱包运营商和6家收单机构。具体名单如表6-3所示。

表6-3　连通公司首批合作的银行、移动钱包运营商和第三方收单机构

商业银行	中国工商银行
	中国农业银行
	中国银行
	中国建设银行
	交通银行
	招商银行
	中信银行
	中国光大银行
	浦发银行

	中国民生银行
	华夏银行
	平安银行
商业银行	兴业银行
	广发银行
	杭州银行
	宁波银行
	云闪付
移动钱包运营商（绑卡交易）	腾讯金融科技
	支付宝
	拉卡拉支付
	通联支付
	富友支付
第三方收单机构（商户收单）	银盛支付
	快钱支付
	国通星驿

资料来源：移动支付网。

无独有偶，此前万事达（MasterCard）跟美国运通一样，选择以合资方式进军中国银行卡清算市场。公开信息显示，2019 年 3 月，网联与万事达成立合资公司——万事网联信息技术（北京）有限公司（以下简称"万事网联"），注册资本金为 10 亿元，股权结构为万事达卡亚太持股 50%、万事达卡国际持股 1%，网联科技有限公司持股 49%。2020 年 2 月，中国人民银行会同银保监会审查通过万事网联提交的银行卡清算机构筹备申请。另据报道，VISA 将选择以外商独资企业的形式，向央行申请筹备境内人民币银行卡清算机构。

外资机构纷纷进军我国银行卡清算市场，这是我国扩大金融业对外开放、深化金融供给侧改革的又一具体反映，有利于提高我国支付清算服务水平和人民币国际化，为金融消费者提供多元化和差异化的支付服务。下一步，中国人民银行将继续遵循公开、公平、公正的原则，依法有序推进银行卡市场准入工作，并持续完善准入后全流程监管体系，在开放的同时切实维护金融稳定。

3. EMVCo 移动支付标准的前世今生

EMVCo 成立于 1999 年，最初有 Europay、MasterCard 和 VISA 三家成员，后

来 Europay 被 MasterCard 收购，于是三家股东变成两家。但随后，随着 JCB、American Express、中国银联和 Discover 的依次加入，截至 2013 年 6 月，全球的六大卡组织已被 EMVCo 悉数收入囊中，于是它在"江湖"上的地位也越来越不可小觑了。

由 EMVCo 在成立之初的目的是统一接触式 IC 卡在全球的标准，所以在从 1999 年到 2007 年近 10 年的时间里，EMVCo 所发布的主要技术标准、白皮书、最佳实践、用户案例等都是围绕接触式 IC 卡而展开的。然而，当时间进入 2007 年，移动通信技术、智能手机平台的发展初露端倪，在手机上搭载移动支付应用逐渐成为支付产业发展过程中势不可当的潮流，在这个潮流中，"如何把手机变成卡"这个话题直接被推到了风口浪尖，成为移动支付的核心话题。

从 EMVCo 所专注的技术层面讲，这个核心话题其实包括三方面内容：一是 NFC 近场支付；二是远程支付；三是支付安全。2006 年 EMVCo 成立了移动支付工作组（Mobile Payment Working Group，MPWG），随后在 2007～2012 年，MP-WG 陆续发布了一系列围绕"手机现场非接支付"的技术文档。首先发布的是 EMVCo 非接移动支付白皮书（EMVCo White Paper on Contactless Mobile Payment）和非接移动支付架构（Contactless Mobile Payment Architecture Overview），这两个文档概括描述了当时非接移动支付的主流技术模式，指出非接移动支付主要的技术基础是近场通信（NFC）和安全单元（SE），这个技术基础的表达传递出两个信号：一是手机非接支付要继承卡片非接支付的频率，以确保与全球存量非接终端的兼容性；二是透露出卡组织在移动支付方面对安全的诉求。他们的信心是以硬件为基础的，这一点也与国内监管机构的想法不谋而合。

除通过上述文档来阐述 EMVCo 对于非接移动支付技术架构的基本想法以外，MPWG 还发布了应用激活用户界面：概述、使用指南和 PPSE 要求（Application Activation User Interface – Overview，Usage Guidelines，and PPSE Requirements）去解决在手机上如何配置和管理 SE 上的多个应用，来体现客户对于默认卡片和卡片优先顺序的选择，同时规定了如何在 SE 上实现近场支付系统环境（Proximity Payment System Environment，PPSE），来确保手机与那些符合 EMVCo Level2 标准终端之间的兼容性。这个文档可以说起到了切实的作用，在诸多手机支付产品中都得到了实现。

2010 年，各卡组织还说服 EMVCo 发布了非接移动支付对手机的需求（Handset Requirements for Contactless Mobile Payment）来对手机提出要求，目的是希望借助 EMVCo 这个全球性的标准组织去影响和推动手机厂商实现对 NFC 和 SE 的支持，因为这是卡组织推动移动支付最大的痛点，也是它们最鞭长莫及的地方。然而从 2014 年至今的市场发展情况看，手机厂商似乎并不买 EMVCo 这个

"大牌儿"的账，基于 SE 的手机支付除了 Apple Pay 外，其他的风头都被基于主机的卡模拟（Host-base Card Emulation，HCE）抢了去。这一点让 EMVCo 也有点儿始料未及，以致现在也开始掉转船头去支持 HCE 的发展。与此同时，为推动卡片非接及手机非接支付的快速发展，EMVCo 还在 Level2 工作组内，将各卡组织的不同的非接内核统统纳入 EMV 标准体系中，形成了 EMV 支付系统非接标准 C 卷内核 1-5（EMV Contactless Specifications for Payment Systems. Book C. Kernel 1-5 Specification）。

4. 瑞波支付结算网络

支付清算工作是金融市场中的重要工作，工作方式也需要根据金融市场的发展规律不断变化。因此支付清算系统中需要不断探索新技术新模式，才能保持支付清算符合市场发展规律。区块链技术出现后，行业很早就形成共识，认为它在金融领域首先冲击的就是清算机构，包括银行和证券的清算机构。这些清算机构都是中心化的系统，清算成员都要同这个清算机构进行系统对接，由这个清算机构保证各个银行之间的业务往来准确无误。现在看来，这样的一个过程烦琐复杂。但是，区块链技术的出现使得各个机构之间点对点的清算成为可能，机构之间就不需要一个中心化的机构来保证所有的清算了。

近年来，多家机构搭建联盟链体系，跨境清算成区块链新风口。瑞波（Ripple）是基于区块链的支付网络，通过这个支付网络可以转账任意一种货币，支付简便易行快捷，交易速度快、交易费用低。瑞波是由美国旧金山数字支付公司（Ripple Labs）研发，并于 2013 年 3 月发行，并从 2014 年 4 月开始交易。截至 2020 年，已有 60 多个国家和 850 多家银行或机构使用，2019 年底，瑞波在 C 轮融资中获得 2 亿美元。如图 6-2 所示，托瑞波支付网络，将所有的跨境收付款人的信息都可以通过瑞波提供的基础网络建立信任实现支付和资金清结算。支持基于瑞波网络的跨境最高效汇款，节省时间的同时也大幅度降低了成本。

瑞波结算网络解决了以下问题：一是解决了跨境支付信任建立难的痛点。区块链的技术优势是去中心化或者半中心化，通过数字加密，分布式共识来建立分布式节点的信用关系，形成去中心化的可信任的分布式网络，从而解决跨境支付节点之间信任建立难、信任建立成本高的问题。二是提升了业务效率并降低成本。区块链利用庞大的去中心化网络，实现了多节点的合作协同，解决了跨境支付原有的支付效率问题。同时依靠区块链建立起来的统一的支付网络，可以快速智能搭建支付路径，以极低的成本快速完成跨境支付，实现跨境支付的业务效率提升并同时实现了业务成本的降低。三是技术妥协融入了现有的金融支付结算体系。瑞波没有盲目坚持"技术信仰"，而是根据金融行业实际业务监管需要作出

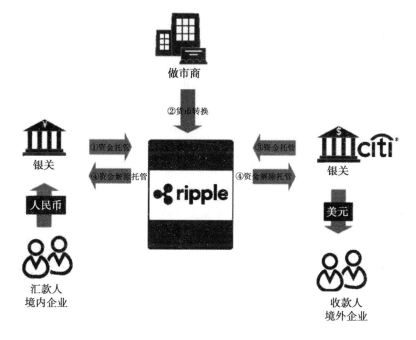

图6-2 基于瑞波的区块链跨境支付流程

资料来源：硅谷洞察。

了重要妥协：提出不需要代币的 X-Current 支付模式，打消金融机构对货币"脱媒"的担忧；同时，瑞波也提供功能满足金融机构对跨境支付对反洗钱和反欺诈等监管的诉求，确保基于区块链的支付结算基本在监管方面与现行支付方式保持一致。四是提供端到端的跨境支付解决方案。瑞波不仅搭建了基于区块链的支付网络，同时也为金融机构接入开发了专有的软件套件，实现了区块链开箱即用功能。需要加入瑞波网络的金融机构，仅需按照瑞波提供的部署说明开展软件部署即可完整融入瑞波网络并开展基于区块链的跨境支付，极大地降低了金融机构接入开展业务的门槛。

三、他山之石：其他行业协同发展案例

1. 电网业协同发展案例

1980~1997 年，我国电力由国家统一管理，由于改革开放之后，经济增长迅速，各地缺电问题严重，国家鼓励一批民营发电企业参与电厂建设。1997 年，为了管理纷乱的电力市场，我国成立了国家电力公司，负责电力行业商业运营管理工作。2002~2015 年，我国开始了电力体制改革，要求厂网分离，将原有的国家电力公司拆分成"5+2+4"的格局，最后形成了五大发电集团加上国家电网和南方电网的电力格局。

国家电网和南方电网在成立后的十多年的时间里没有发生联系，然而，随着我国电能消费量与日俱增，电网输电的能力也逐渐难以满足部分地区的用能需求，国家电网和南方电网两大电网体系电力潮流交换不足，必须要进一步加强两网联系。

(1) 合作成立新型公司，解决电网资源不足问题。

根据中电联统计数据，2020 年 1~9 月，全国有 17 个省的全社会用电量超过全国平均水平，福建省和广东省都在其中。广东省要比全社会平均用电量高 2.3%，福建省则高 2.2%。用电量增长，导致原有的电网结构难以满足负荷要求。而福建电网归属国家电网主管，广东电网却归南方电网主管。

2020 年 10 月，国家电网和南方电网首度合作成立的新公司——闽粤联网电力运营有限公司在福建省漳州市正式运营。至此，国家电网和南方电网实现了自 2002 年电力体制改革以来的第一次合作，国家电网负责全国 26 个省 (区、市) 电力输配，南方电网负责广东、广西、云南、海南、贵州五省 (区) 的电网运营的工作或将被打破。该公司的成立是为了担负起闽粤联网工程换流站部分的建设、运维管理，并提前筹划工程前期工作，在可研基础上加大设计深度，制定相关预案。该工程建成后将实现国家电网和南方电网两大公司的互联互通、余缺互补、应急互备，对提升福建和广东两省之间电量余缺互补和紧急事故支援能力，推进泛珠三角区域及海峡西岸经济区合作发展具有十分重要的意义。

国家电网和南方电网此次的合作应该仅仅是一个开始，两大公司后续的合作可能会更加频繁。因为 5G 时代已经到来，电力需求激增，电网资源需要整合。《"十四五"信息通信行业发展规划》提出，2025 年力争每万人将拥有 5G 基站 26 个，按照我国 14 亿人口测算，2025 年将建成 5G 基站不少于 360 万个。随着 5G 网络全面铺开，通信基站耗电量直线上升。据测算，平均每个 5G 基站每天要耗电约 65 千瓦时，中商产业研究院预测，按照 360 万个 5G 基站计算，则需要耗电 854 亿千瓦时。对 5G 基站增加令社会用电量的一种测算可见表 6-4。

表6-4　5G基站对2023年全社会用电增量贡献的敏感性测算

基站数量（万个）	单基站平均用电能耗（千瓦）								
	2	3	4	5	6	7	8	9	10
300	0.6%	0.9%	1.2%	1.5%	1.8%	2.2%	2.5%	2.8%	3.1%
350	0.7%	1.1%	1.4%	1.8%	2.2%	2.5%	2.9%	3.2%	3.6%
400	0.8%	1.2%	1.6%	2.1%	2.5%	2.9%	3.3%	3.7%	4.1%
450	0.9%	1.4%	1.8%	2.3%	2.8%	3.2%	3.7%	4.2%	4.6%
500	1.0%	1.5%	2.1%	2.6%	3.1%	3.6%	4.1%	4.6%	5.1%

资料来源：光大证券研究所测算。

这仅仅是我国电网负荷增长的一个侧面，随着智能电网时代的到来，我国电力负荷增长可能会爆发新的高潮。特别是要布局智能电网、新基建、充电桩、特高压等项目，国家电网和南方电网的进一步合作也非常值得期待。

（2）合作开展规划布局，助力打造智慧电网。

在大力加快特高压建建设的今天，由于两个电网在地域上互相不重叠，在发展和规划中更多考虑本公司管辖区域的发展，将会影响我国特高压发展和规划的科学性和合理性。同样是布局智能电网、新基建、充电桩等项目，国家电网和南方电网联手进行势必可以实现效率和资源最大化，而如果各自为战的话，可能会造成不同程度的浪费。因此，多年来，两大电网公司在电网发展规划、技术创新、抗灾及重大活动保电、电力市场交易以及推动新能源发展和智能电网建设等工作中互相支持，建立了深厚感情和良好合作关系。根据中国电力联合会数据，预计"十四五"期间，国家电网将聚焦特高压、充电桩、数字新基建等领域，电网及相关产业投资将超过6万亿元规模。《南方电网公司融入和服务新型基础设施建设行动计划（2020年版）》内容显示，未来3年拟投入1200亿元实施62个重点项目，包括加快推进数字电网基础平台建设，高质量推进特高压直流输电工程建设，加快推进智能电网关键技术研究与集成示范，加强电动汽车充电基础设施建设等。

（3）共享技术、商务资源，打造协同发展新生态。

以电动汽车行业为例，2016年12月19日，国家发改委网站发布一则消息称，南方电网综合能源有限公司（以下简称"南网能源"）与国网电动汽车服务有限公司（以下简称"国网电动汽车"）已在12月8日签署全面合作备忘录。备忘录显示，两大电网同意尽快实现南网能源"度度充"及国网电动汽车"易充电"的充电数据互联互通、支付结算互通，积极探索和共同实践"物联网+充电"、车联网、充电设施市场化投资、建设和运营，共享在新能源汽车产业链整合、技术研发和应用创新、商业模式创新、电子商务创新探索的经验；在平台接入标准制定、团队人才交流等优势互补领域展开全面深度合作，共同解决电动汽车生态链主体在国网、南网区域遇到的共性问题，促进国家新能源汽车产业的发展。

国家电网是中国最早从事充电基础设施建设运营的企业，重点建设高速公路快速充电网络。2020年国家电网就已累计建成充电桩10万个、充换电站1.2万座；已形成"十纵十横两环网"高速公路快充网络，覆盖国内171个城市。2021年底，国家电网公共充电桩保有量达19.6万台。南方电网"十四五"期间计划投资100亿元，新增充电桩14万支，到2023年，将实现南方五省区（广东、广西、云南、贵州、海南）乡镇充电设施全覆盖，助力新能源汽车无忧电力行。国家电网与南方电网的加强合作对于电动汽车产业的发展无疑是一个利好消息。

（4）积极加强对外协同，实现优势互补、合作共赢。

自两大电网成立以来，不断加大同其他行业的协同合作、开放共享。比如，2018年国家电网、南方电网分别与中国铁塔正式签署战略合作协议。根据协议，双方将开启"共享铁塔"的全新合作模式，标志着电力、通信两大行业间资源共享取得突破性进展。此外，根据协议，两大电网公司输电铁塔将向中国铁塔公司开放，实现资源共享，同时双方将在通信业务服务、智能电网建设等方面开展更广泛的合作。参与各方将深化技术交流，围绕电力杆塔与通信设施共建共享等领域开展技术合作攻关，不断加强交流、扩大合作。

2. 电信业协同发展案例

自20世纪90年代末开始，国家为促进电信行业市场化改革、鼓励企业竞争，从原中国电信陆续拆分出中国移动、中国网通，并成立了原中国联通。在此期间，电信行业竞争愈演愈烈，价格战日趋白热化，通信资费不断走低，同时电信行业规模不断做大，产业链蓬勃发展。此后，电信行业经历了多次企业重组，形成了目前中国电信、中国移动、中国联通三大基础电信运营商三足鼎立的格局。

根据工信部发布的数据，截至2020年底，我国固定宽带家庭普及率已达到96%，移动宽带用户普及率达到108%，电信市场日趋饱和，资金的投入产出率低水平发展。在这种情况下，三家电信运营商从直接竞争走向竞合发展，在业务、投资、标准等方面逐步开展协同发展，谋求行业发展的规模效应，抵减市场规模饱和带来的无效竞争，达到降本增效、增加企业价值的效果。进入5G时代，新技术将会带来新的市场应用和行业机会，是三大运营商拓展蓝海市场的新赛道，运营商要进一步搭建平台、优化机制、开放能力，重点做好5G共建共享，提高 5G 发展效率。

（1）放宽市场准入，开放合作成大趋势。

2019 年 6 月 6 日，工信部向中国电信、中国联通、中国移动以及中国广电发放了 5G 商用牌照，标志着中国正式进入 5G 商用元年。随着国内 5G 商用进程的启动，"合作"日益成为描述各大运营商关系的热词。对于各大运营商而言，5G 既能带来一个万亿级的市场，也是一次重塑行业格局的机会。多年以来，凭借营收和利润超过联通和电信的总和，中国移动一直稳坐行业霸主地位。有线宽带业务上，虽然入局最晚，但通过大打"低价牌"，中国移动在这一市场的用户规模已远远超过中国联通，与中国电信的差距也越来越小。中国联通董事长王晓初在中国联通 2019 年中期业绩发布会上表示，中国联通和中国电信合作最大的优点是两家 5G 频率非常接近，可以提高频谱效率，带宽速度更快，网络质量更有效。

此外，与此前相比，随着中国广电获得 5G 商用牌照，国内运营商三足鼎立的态势变为四强相争，中国广电日益成为其他三家运营商积极拉拢的重要对象。2021 年 1 月，中国移动与中国广电正式签订有关 5G 共建共享的合作协议。双方将充分发挥各自的 5G 技术、频率、内容等方面优势，坚持双方 5G 网络资源共享、700MHz 网络共建、2.6GHz 网络共享、业务生态融合共创，共同打造"网络+内容"生态，以高效集约方式加快 5G 网络覆盖，推动 5G 融入百业、服务大众，让 5G 赋能有线电视网络、助力媒体融合发展，不断满足人民群众的精神文化生活需要。中国广电的入局带来 5G 网络增量投资，利好 5G 基站产业链。黄金频段+内容优势，广电系与移动 5G 时代有望实现双赢。

（2）打造良性有序竞争环境，不打价格战。

前些年，三大运营商陷入了激烈的价格战中，从 3G 到 4G 时代，经过多轮的价格血拼，通信资费整体下降超 90%，三家运营商纷纷面临营收滞涨、衰减的状态。然而，价格竞争是格局最低的竞争，结果就是价格越来越低，产品越来越差，最终形成恶性循环，从而影响行业可持续发展。随着 5G 时代逐渐临近，工信部对国内三大运营商下发了"提速降费""携号转网"等新规，不得不说，在取消了"通话漫游""流量漫游"之后，也让广大用户尝到了流量资费降低的体验。三大运营商对外宣告不会打价格战，并纷纷出台了最新的优惠方案，推出类似的"查网龄送流量""超级流量包"等相类似的服务，让广大用户为其叫好。

（3）共享共建 5G 基站，节省百亿成本。

2019 年底，工业和信息化部原部长曾表示，5G 网络建设需要约 600 万基站，要想全国 5G 网络覆盖，需要 6~7 年时间。三大运营商通力合作，高效地利用资源，快速推进了 5G 技术的发展建设。以中国联通为例，充分发挥技术引领作用，协同中国电信积极推动大带宽、大容量、高性能基站设备的研发共建共享，带动产业链发展。截至 2020 年 3 月 5 日，中国联通累计开通约 6.6 万站，其中自建开通 4.3 万站，共享电信 2.3 万站，双方合计开通共建共享基站 5 万站，基本完成了第一阶段的并网目标，初步估算双方共节省投资成本约 100 亿元。截至 2021 年 5 月，中国 5G 基站总数达到 96.1 万个，实现所有地级以上城市全覆盖。

此外，为加快我国 5G 基站建设，国家电网南京供电公司积极响应政府号召，向中国铁塔和三大电信运营商开放电杆、电塔、交变电站等基础电力设施，用于 5G 基站的建设部署，助力 5G 网络快速建设。共享模式的实施推广将会节约大量的土地、管道、电力等方面的资源投入，降低 5G 网络部署成本，为 5G 时代的新基站建设蓄力。在资金方面，经过各部门的联合合作，5G 基站的建设成本将会大大降低，原本新建一座基站要 36 万元，而经过多方合作后建站的成本将会降低到 3 万元，相比于独立建设成本节约九成以上。据估计，此次合作建设将会节省很大占地资源，将能够省下 8400 万平方米的土地，节约占地面积近 60 个北京大兴机场的面积，省下钢材 4200 万吨，相当于 100 座港珠澳大桥的建设钢材用量。

（4）加码 5G 标准战，制定统一的技术标准。

5G 时代，三大运营商开始加码在标准领域的布局，以期赢得更多竞争优势。在 5G 性能标准制定过程中，中国电信主持了 5G 基站基带性能的技术讨论和标准的制定，负责全部 673 个测试例的性能收集和校验。此前，中国联通也正式宣布，国际通信行业标准化组织 3GPP 发布首个 Sub-6GHz 5G 独立部署终端射频一致性测试标准"TS38.521-1"，该标准由中国联通主导。2017 年 12 月，中国移动宣布，公司牵头完成首版 5G 网络架构国际标准，标志着全面实现 5G 目标的新架构已确定。

（5）联合开展技术应用，共建行业新生态。

2020 年 4 月 8 日，中国移动、中国电信、中国联通三大运营商携手华为、中兴等 11 家产业合作伙伴举行线上发布会，正式对外发布《5G 消息白皮书》。该白皮书阐述了 5G 消息的核心理念，明确了相关业务功能及技术需求，提出了对 5G 消息生态建设的若干构想。中国电信副总经理王国权表示，将与产业链伙伴统一技术接口、终端展现方式以及业务规范，共同打造网络互通、业务互联、终端共享、体验一致的高价值消息生态。5G 时代，三大运营商将加强创新合作，加快开展 2C、2B 的应用创新，为个人用户提供多媒体的消息互动，使沟通更加智能、更加高效、更加多彩；为企业客户提供基于富媒体的新型数字化的交互服务，挖掘更多的商业应用场景，在推动企业数字化转型中作出更大的贡献。

此外，2019 年 12 月 Forkast. Insight 发布的《中国区块链报告》提到，中国移动、中国联通和中国电信已经合作启动了一项计划，三大运营商将在区块链上共享客户的 KYC 数据。通过分配加密 Token 或者唯一哈希给对应客户，可以实现 KYC 数据在三大运营商之间的随意迁移。从长远来看，基于区块链的身份识别系统很有可能在三大运营商的建设下落地，这将会给线上互联网生态带来巨大改变。

四、零售支付清算市场如何实现协同发展

1. 对前述案例的总结

从银行与非银行支付机构合作的案例能够看出，诚然非银行支付机构的快速发展在前端账户侧给银行带来不小的威胁，但两者在后端账户支付系统上的协同发展才是支撑整个移动支付市场快速拓展的根本动因。这意味着如果仅仅着眼于既定市场份额的瓜分，那么银行与非银行支付机构明显存在竞争关系，但如果能够协力拓展市场空间，则两者均可不同程度地从中获利。可以说，该案例为身处竞争之中的市场主体提供了一个如何看待合作的较好的着眼点。

运通的案例则进一步彰显了基于优势互补的合作的重要性。对于运通、万事达等国际卡组织而言，其在资本、技术和管理经验等很多方面相较国内支付清算机构具有显著的优势，特别是在如今中国正加速国际化进程的当口，国际卡组织可以借助其在国际市场上的优势冲击国内市场和国内清算机构，这也是我国在多年以前不愿意对国外开放清算市场的主要顾虑。然而，随着我国自身零售支付清算的快速发展和竞争力的持续提升，中国的支付清算行业在诸多方面也建立了自身的比较优势。在这种背景下，国际卡组织选择以合资方式进入中国，或许更多考虑的是更好地实现优势互补，相比于单打独斗，这可能有助于其更快地融入、拓展中国市场。不过，我们也注意到 VISA 将选择以外商独资企业的形式进入，这也将为我们提供一个很好的横向比较案例。

相比上面这种基于各自比较优势的静态视角下的合作而言，EMVCo 的案例则充分反映了动态创新视角下清算组织是如何协同发展的。EMVCo 起家的时候只是为了统一接触式 IC 卡在全球的标准，但随着移动支付的崛起，由于不愿坐视银行卡支付市场被蚕食，几大卡组织便将侧重点转向了如何共同推进移动支付创新，即在卡组织主导下按照与卡组织原有规则更加兼容的方式去推动移动支付

创新，从而寄希望在新的创新浪潮中仍然能坚守住其在零售支付清算领域的核心地位。如今，在区块链、数字货币等一些新技术有可能对传统的支付清算体系带来极大冲击的情况下，各类清算机构或许更应该强化相互之间的合作从而共同应对新的机遇与挑战。

瑞波支付结算网络则恰好提供了一个跨境支付领域的替代性技术案例。从中不难看出，在清算领域，所谓的替代性技术，本身就是能够更好地促进支付生态协同的技术。事实上，对于开放型卡组织来说，其核心价值之一就是要解决银行间的协同问题。因此，如果未来传统卡组织或清算组织被替代，其原因只能是更有效解决零售支付生态协同问题的技术方案或组织逻辑的出现。

从我们选取的其他行业协同发展案例来看，电网业的案例严格来说并不属于开放环境下的协同发展问题，尽管存在国家电网和南方电网两家电网公司，但两者却有着清晰的界限划分。然而即便如此，从案例中也可以看出，协同仍然对于电网业整体的提质增效意义重大，这其中也包括两者强化与其他行业的协同，这就如同清算组织一样，本身也是为了推进支付清算生态中其他各类机构协同发展而生的。

相比于电网业的案例，电信业的案例更能反映出在一个寡头竞争市场中各主体是如何协同发展的。对于电信业而言，5G 技术创新既能带来一个万亿级的市场，也必将重塑整个市场的格局。然而，对于几家寡头而言，若要充分把握 5G 带来的机遇，唯有共建共享才是成功的关键，这既包括硬件方面的投资，也包括软件方面的技术应用创新等。而在协同合作的大背景下，市场主体之间良性的竞争又体现在何处呢？从电信业的案例来看，一些软实力方面的竞争力至关重要，譬如技术标准等。不过政策的有效引导在其中也发挥着基础性的作用，比如统一标准，又比如明确 5G 未来将只有一个技术标准，从而避免阻碍互联互通的恶性竞争的出现。

2. 如何协同应对数字货币挑战

作为零售支付清算市场的核心，在数字货币时代，境内银行卡清算机构和非银行支付机构网络支付清算机构可充分借鉴上述诸案例中市场主体之间协同发展的经验，引导零售支付清算市场各类主体通过良性有序竞争和多层次合作来实现共赢式发展。一是正确认识清算机构之间的竞争与合作。尽管在开放背景下机构之间的竞争将不可避免，然而必须认识到，引入竞争机制的目的是推动整个零售支付产业形成更好的发展生态，促使创新不断涌现，并进而使得整个市场"蛋糕"不断做大，而通向这种良好前景的途径只能是机构之间保持良性有序的竞争及合作。二是通过强化合作共同迎接创新带来的机遇与挑战。与立足于比较优势而展开的合作相比，基于动态创新视角下的合作空间要更为广阔。尤其是在面对足以掀起新一轮变革的 5G 技术以及可能对现有支付清算体系带来极大冲击的区块链和数字货币等技术时，单靠个别机构的力量可能难以承担创新所蕴含的风险，同时如果没有机构之间的合作协同，也很难推动行业整体性的进步。因此，在此背景下，各类清算机构之间更应强化合作从而共同应对新的机遇与挑战。三是加强清算机构自身的业务生态建设。对于支付清算体系而言，独立的清算机构之所以存在，其核心价值之一就是便于更好地推进整个支付业务生态圈中各类机构之间的协同，而新技术带来的挑战同样也是由于其具有更加高效地解决生态圈内部协同问题的潜力。因此，在加强清算机构之间协同的同时，清算机构自身的业务生态建设，即进一步强化与支付市其他相关主体之间的协同同样至关重要。事实上，在数字化及开放金融的大趋势下，对于清算机构来说，上述两者（机构间协同和机构内生态建设）是相辅相成的。

从支付市场主体的角度来看，随着金融科学技术的不断进步，数字人民币的发展是大势所趋，我国商业银行与非银行支付机构等也应当做好准备，积极推进改革。一方面，各市场主体要首先夯实自身基础。一是完善相关金融基础设施建设。数字人民币的发展会涉及相关 IT 系统改造升级，包括发行、流通、管理三个环节。各家银行可以结合自身优势，积极探索对数字人民币运转更有利的技术，可能需要增加试错成本和推广时间。二是强化风险管理，增强综合竞争力。商业银行与支付机构应当借助大数据、人工智能技术构建多层次、智能化的风险管理体系，加强对洗钱活动的识别、处理能力。另一方面，各类市场主体之间要加强各方面的合作。由于数字人民币发行采取"中央银行—商业银行"的二元信用发行机制，在发行和应用方面，不仅是中国人民银行和商业银行的参与，支付机构、互联网巨头、金融科技企业等多方势力也在竞相角逐。因此，各市场主体都需深度参与数字人民币发行、流通全过程，并且考虑到前期系统更新换代及后期维护都需要投入大量资金，因此商业银行之间、银行与支付机构之间、银行与金融科技企业之间、银行与政府之间都必须加强合作，建立统一的标准，以形成规模效应，降低运营成本，增强整个金融体系的安全性和稳定性。在发展数字人民币过程中，大数据、区块链、物联网等技术也至关重要，因此，商业银行、支付机构等均需提前锁定相关科技企业，并跟其开展战略及技术合作。

从竞争角度讲，数字货币时代，零售支付清算市场主体更应注重在软实力方面培养核心竞争力。在一个良性有序的竞争环境中，机构间的竞争应聚焦于一些软实力的塑造，诸如高质量和特色化服务水平、技术和管理经验等，当然品牌的构建也取决于上述诸方面，其中更为高端的竞争领域则是行业标准的制定。相对而言，简单的价格竞争或阻碍互联互通的行为，则很可能带来"双输"的结果。

最后，从监管角度讲，加强对支付清算市场的监管和政策引导对于市场协同来说同样十分必要。尤其是对于清算市场的良性有序竞争来说，监管机构需要对清算机构的排他性行为或"'禁止引导'规则"等有所限制。同时，在面对重大技术创新的时候，政策层应鼓励甚至牵头推动机构之间的合作，并对相应的技术标准的形成有所引导。

第三部分

数字货币与跨境支付

第七章　跨境支付的现状及问题

相较于国内支付而言，以代理行模式为主体的跨境支付服务水平与供给结构存在显著的摩擦性成本，发展中国家特定群体及中小商业机构的跨境支付需求未能得到有效满足，与数字经济的发展期望也存在较大差距，新冠肺炎疫情的暴发更加放大了这种供给失衡问题的严重性与紧迫性。与此同时，跨境支付创新发展呈现显著的"货币驱动"特征，无论是互联模式还是闭环平台模式，对代理行模式的改进效果都存在局限性，需要结合货币在支付功能与运行机制的创新，发挥点对点跨境支付模式的变革性意义，这也是私人数字货币与官方数字货币价值性的重要体现。

一、跨境支付的发展历程及现状

1. 全球跨境支付发展现状及其与国内支付的异同

广义上讲，跨境支付为发送方和接收方位于不同司法管辖区的资金转账，其可能涉及也可能不涉及货币转换。纵观全球跨境支付历史演变过程，其是随着国际产业分工及国际交往活动的持续发展而兴起的。在最早期，国际间使用贵金属进行跨境支付清算，后续出现了纸币现金、纸质转账的清算方式，再到现代电子转账清算阶段，跨境支付随着整个国际社会各项活动的日益频繁和科学技术的更迭进步，逐渐向着迅速、安全、节约的方向发展。

从需求方面来看，商品、服务、资本和人员国际流动的增加正在推动跨境支付在全球的重要性不断提高。过去 10 多年来，国际贸易强劲增长，生产国际化导致供应链日益全球化，2008~2018 年，全球商品贸易出口额增长了 20%，商业服务出口额增长了 46%；跨境电子商务活动促进了个人对企业跨境零售支付的增长，目前电子商务交易价值的 15%~20% 已经是国际性的了。国际旅行和移民数量不断增长，这对跨境支付产生了额外的需求，2010~2019 年，全球国际游客人数增长了 53%；同时许多国际移民也将资金用于支持家乡的家人和朋友，KNO-MAD 数据显示，2021 年汇款流量比 2010 年增长 50%，达到约 7800 亿美元，其中约 6000 亿美元流向中低收入国家（见图 7-1）。实体经济的这些趋势共同推动了跨境支付在总支付量中占比日益提升。

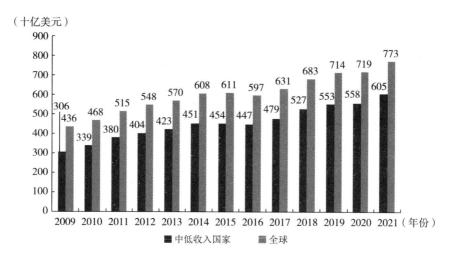

图 7-1　2009~2021 年全球汇款金额变化趋势

资料来源：KNOMAD，数据下载时间为 2023 年 1 月 14 日。

从代理银行网络的数据来看，近年来，使用环球同业银行金融电讯协会（SWIFT）支付消息系统发送的全球跨境支付的数量和价值有所上升（见图 7-2），然而代理银行关系的数量在全球范围内都在下降，这也成为国际社会关注的一个重要问题。而汇款成本在此期间有所下降（见图 7-3），但近年来下降速度有所放缓，2019 年第四季度全球平均汇款成本为 6.82%，远高于 G20 于 2011 年承诺的到 2030 年将汇款成本降至 5% 和联合国可持续发展目标 3% 的目标（FSB，2020）。

跨境支付市场通常分为零售和批发两个部分，两者有明显不同的特点。在跨境零售支付市场的各细分市场中，支付方都是最终用户（即个人、企业或政府机构），支付规模通常较小。而在跨境批发支付中，发送和接收的双方则都是金融机构（通常是银行）。跨境批发支付通常涉及金融机构之间通过专门的双边银行间安排或多边支付系统为其自身账户或代表其客户进行大额转账，其中也包括零售支付的结算。

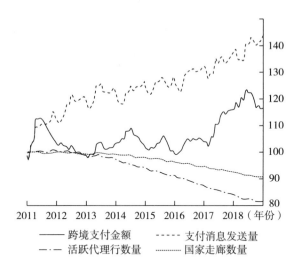

图 7-2 SWIFT 全球跨境支付相关统计（2011~2018 年）

注：以 2011 年 1 月数据为 100。其中"国家走廊数量"指每个国家之间存在跨境支付流的数量。

资料来源：Financial Stability Board. Enhancing Cross-border Payments-Stage 1 report to the G20: technical background report［R］. April，2020.

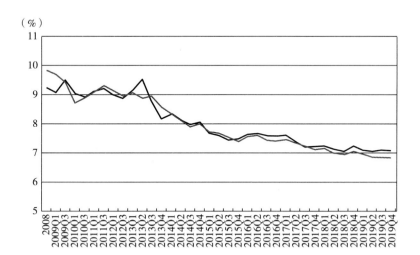

图 7-3 G20 国家及全球汇款 200 美元的平均成本变化趋势

资料来源：Financial Stability Board. Enhancing Cross-border Payments-Stage 1 report to the G20: technical background report［R］. April，2020.

跨境零售和批发支付有不同的用途。跨境零售支付通常在个人、企业和政府机构之间进行，并有多种用途，常见类型包括个人对个人（P2P）、个人对企业（P2B）和企业对企业（B2B）。批发跨境支付通常在金融机构之间进行，以支持金融机构自身的客户活动，或其自身的跨境活动，如借贷、外汇、股权和债务、衍生品、商品和证券交易等。然而，其他类型的用户也可能使用批发市场进行大型交易或财务管理。例如，跨国非金融公司的批发支付可能用于支持贸易或其他商业交易，也可能与公司的金融服务（如现金管理）有关，这需要在国际子公司之间转移资金，以支持公司的流动性需求。政府也可以利用批发市场与其他政府或企业（G2G、G2B 或 B2G）进行大型交易。

跨境支付与国内支付的相同之处是，两者皆可划分为零售支付和批发支付，皆可区分出前端交易和后端交易。零售支付指消费者和企业之间的支付，批发支付则是指金融机构相互之间的支付。前端交易通常指由支付方发起的支付交易，后端交易指支付服务机构之间的清算和结算过程。而跨境支付与国内支付的不同之处，则包括位于这些交易两端的支付方与受付方不在同一个司法辖区内，相关的支付服务机构也不在同一司法辖区内等情形（见表 7-1）。简而言之，跨境支付不仅跨币种，而且也跨机构和司法辖区。

表 7-1　跨境支付与国内支付的比较

要素	国内支付	跨境支付
依托币种	同一币种	通常为不同币种
支付工具	现金与非现金	可兑换性现金与非现金
专业机构	银行与非银行金融机构等	银行与非银行金融机构等
收益	通常较高	通常较低
成本	通常较低	通常较高
流动性和风险管理	主要由国内金融市场和结算体系决定	主要由国际金融市场和跨国合作机制决定

资料来源：贺力平，赵鹞．跨境支付：从"货币牵引"到"支付牵引"的转变［J］．金融评论，2021（3）：1-19+123.

2. 人民币跨境支付的发展及存在问题

中国对外贸易和跨境投资的快速增长，带动了人民币跨境流动规模的不断扩大，也推动了人民币的国际化进程，必然会促进服务这一国家战略的金融基础设施加快完善。人民币跨境支付结算体系的发展折射出鲜明的时代背景。

2009 年之前，虽然中国已成为全球贸易和投资大国，但对外贸易和投资的结算币种主要为美元，以人民币为结算币种的情况仅存在于与周边国家或地区的零星小额现金交易中。可以说，当时人民币的国际地位与中国对外经贸规模极不相符。2009 年 7 月 1 日，我国《跨境贸易人民币结算试点管理办法》正式实施，揭开了人民币国际化的历史新篇章。此后十余年，人民币跨境结算在对外贸易和投资领域，从无到有、从小到大。据中国银行业协会发布的《人民币国际化报告（2020）》，2020 年，全国人民币跨境收付金额合计 28.38 万亿元，同比增长 44.3%。其中，收款 14.1 万亿元，付款 14.28 万亿元，收付比为 1：1.01，跨境收支日趋均衡；人民币跨境收付占同期本外币跨境收付总金额的比重为 47.4%，创历史新高，较上年增长 9.28 个百分点；境外离岸市场人民币存款规模稳步上升，人民币的国际地位极大提升。

2015 年以前的人民币跨境支付结算模式主要为代理行模式、清算行模式和非居民账户模式。其中，前两种模式在境外支付环节都需要通过 SWIFT 的环球报文交换系统完成。而 SWIFT 是一个被发达国家控制的国际清算机构，中国在其中没有话语权，更无法掌控监测跨境结算数据信息。2012 年 4 月，中国人民银行决定开发独立的人民币跨境支付系统（Cross-border Interbank Payment System, CIPS）。通过建设国际结算系统，进一步整合了人民币跨境支付结算资源，提高了跨境清算效率，更好地满足了各主要时区人民币业务快速发展的需要。

不过，尽管人民币跨境支付结算体系取得了较大的成绩，但在实践中仍存在一些制约因素。一是人民币跨境支付结算监管体系有待完善。目前，国内仅有央行出台了部门规章和业务指引，尚无专门的法律法规来规范跨境支付结算特别是电子支付机构的运作行为，存在境外注册的支付结算机构无证经营的现象，滋生出跨境资金流动的灰色地带。二是人民币跨境支付结算业务结构需要优化。现阶段人民币跨境支付的主要应用场景为跨境电商，呈现出"小额、高频"的特征，但在大宗工业品进出口贸易领域市场的渗透率还比较低。三是人民币跨境资本流动风控能力有待提升。由于跨境监管制度建设和科技手段运用滞后，跨境资金异常流动监测难度较大。更为严峻的是，国际热钱利用跨境人民币支付结算渠道大举进出，可能助长国际游资在人民币离岸市场的投机炒作行为。四是人民币跨境投资开放措施有待进一步加强。目前，中国资本账户尚未完全开放，主管部门对资本账户实行管制，不论是境内机构在海外市场发行人民币债券还是境外投资者人民币资金投入境内债券市场，都需要进行审批（王力，2020）。

二、当前跨境支付的主要模式

关于跨境支付的定义，金融稳定理事会（FSB，2020）将其定义为位于不同司法管辖区的收款方和付款方之间的资金转移，资金的转移既可以是同币种资金转移，也可以涉及跨币种兑换。其中，收款方和付款方的司法管辖区域差异，既可以表现为终端用户不在同一个司法管辖区域，也可以体现为受托支付机构不在同一个司法管辖区域。[①] 同时，基于终端用户和受托机构的差异，跨境支付也由此分为跨境支付的前端发起流程和后端清算与结算流程，或零售支付服务与批发支付服务。

1. 面向零售终端用户的跨境支付服务

付款人和收款人可以使用多种支付工具发送和接收跨境零售支付，如现金、支付卡、电子资金转账、电子货币。所使用的具体工具可能因支付服务提供商（PSP）、交易涉及的国家和相关最终用户类型而异。

从个人方面来看，个人从国外企业购买商品和服务最常用的工具是国际支付卡（信用卡或借记卡），它提供了便利和广泛的接受度，如在线或在他们访问的国家购买商品和服务。市场的新进入者，包括电子货币提供商和挑战者银行，提供预付卡和电子货币钱包作为替代品。最近，一些金融科技提供商开始提供覆盖支付服务，这些服务提供了一个方便的界面，可通过移动应用程序或数字钱包等方式从现有银行账户发起支付，用户无须在服务提供商处拥有支付账户。开放银行的出现使得许多新的PSP将其业务模式集中于提供支付服务，而不是传统的端到端银行业务。它们一直在积极提供创新的支付启动产品，以增强终端消费者体验，例如支持生物识别或二维码的移动钱包。

个人还需要在偿还贷款时将资金转移到金融机构，如在国外持有的房地产抵押贷款。在这些情况下，银行账户之间的电子资金转账是最常用的方法。越来越多的在线银行账户转账和支付卡都被广泛用于向公共机构支付税款和其他服务。

向其他国家的居民进行国际汇款可以使用多种手段。银行账户之间的转账是

---

① 例如对于国际游客或临时居住的外国居民，其与国内本人账户的资金往来也属于跨境支付的场景表现。

金融系统较为发达的国家之间的一种常见渠道。汇款运营商也被广泛用于汇款，特别是在收款人没有银行账户的情况下。位于不同国家或地区的代理商负责接收和交付资金，而后代理商之间的净头寸结算由资金转账运营商进行管理。这些服务允许接收和提取现金，因此长期以来一直是非银行用户使用最多的服务。汇款运营商越来越多地允许汇款人使用借记卡、信用转账和移动支付，并与收款方的银行和移动支付运营商合作，将资金贷记到银行账户或移动支付账户中。资金转账运营商通常在不同的银行开设账户，让它们能够在不同的国内支付系统中进行结算。运营商可以在其运营所在的许多国家获得信用机构、货币转移机构或支付机构的许可。

电子货币钱包也用于向其他用户转账。事实证明，这些服务在非洲特别受欢迎，那里的移动货币运营商已授权商业代理将现金兑换成电子货币单位。

非正式的支付清算系统，如中东和亚洲的哈瓦拉支付系统（Hawala），在个人之间的货币转移中起到了重要的作用，尤其是对没有银行账户的人。这些系统不一定意味着中间人之间的实际资金流动，其通常依赖于经纪人网络之间的头寸结算。

从企业方面来看，当一个企业向其他企业支付购买商品和服务的款项时，银行转账是使用最广泛的方法。由于支付转移不是在购买商品或服务的同时发生的，因此可能涉及一些短期信贷。有时，对于授信额度受限的小型企业来说，支付卡也被用于此类交易。

企业还需要能够接收来自个人的跨境支付，通常通过支付卡，但有时也通过银行转账或电子货币账户。当企业向国外员工支付工资，以及接收和偿还金融机构提供的资金，或向外国当局支付税款和关税时，企业倾向于使用银行账户转账，不过有时也会使用支付卡。

从政府方面来看，政府需要向居住在国外的国民支付福利和养老金。支付的批量性和定期性使得使用银行账户成为最常见的方法。政府也从国外企业采购，银行转账是最广泛使用的方法，有时也会用支付卡进行小额购物。政府向其他政府或国际组织支付国际援助或捐款时，往往也是通过银行转账进行的。

2. 跨境支付的后端服务架构

跨境支付安排通常依赖国内支付系统来处理交易。此外，对于外汇兑换，多币种结算系统提供了集中的基础设施，允许参与者结算外汇交易，通常以对等支付（PvP）① 为基础，并且存在双边结算安排。跨境支付的后端安排可大致分为以下几种模式：

（1）点对点模式。

点对点模式是指终端用户之间直接实现跨境支付交易的模式。点对点模式省去了金融中介（PSP），使付款人能够将资金直接发送给收款人。点对点支付可以采取多种形式，其中最简单的形式是直接现金支付。分布式账本技术的出现可以允许在个人之间以电子方式执行点对点交易。不过基于此类技术的一些 P2P 项目，如稳定币或其他加密数字货币，在现阶段基本上仍然未完成大规模的测试。

事实上，相较于其他跨境支付模式，以贵金属或金属铸币为基础的跨境结算可谓是最早的点对点模式。在现代货币理论中，货币的运行需要基于货币"发行共识"和"流通共识"两类共识机制。而跨境支付的特殊性在于，货币的偿付性功能无法通过对个人支付义务的货币化履行来强化，这致使部分基于司法管辖区内部共识的货币无法在跨境交易中充当交易媒介，因而货币的发行共识与流通共识并不一定重合，或者说，货币的流通共识决定了其流通范围。在此背景下，以贵金属或金属铸币形式存在的货币支付方式，其流通共识的范围更加广泛。在历史案例中，16 世纪的佛罗伦萨和威尼斯商人可以在奥斯曼帝国直接支付带有基督教印记的"弗罗林"（Florin）或"达克特"（Ducat）金币，19 世纪的英属东非殖民地依然以哈布斯堡王朝的"特蕾莎"银币为主要流通货币。马克思指出，"金银作为铸币穿着不同的国家制服，但它们在世界市场上又脱掉这些制服"，以金银等贵金属货币在更加广泛的流通范围内有效降低了共识成本，从而使其点对点的物理性转移成为人类历史早期主要的跨境支付形式。

（2）代理行模式。

所谓代理行模式是指不同银行机构互相开设往来账户，由此形成银行间资金往来的协作网络并便利货币资金的跨境转移。一家银行（代理行）持有来自其他国家的其他银行（响应行）的存款，并向这些响应行提供支付和其他服务。代理行模式使银行能够获得不同司法管辖区的金融服务，并向其客户提供跨境支付服务，特别是支持国际贸易和普惠金融。

虽然贵金属或金属铸币跨境支付的共识成本相对较低，但其在携带、分割、生产以及交易等方面存在诸多不便，导致交易成本相对较高，而以纸币为代表的

---

① 一种结算机制，以一种货币支付的最终转账结算发生，必须要确保当且仅当以另一种或多种货币支付的最终转账结算也同时发生。

信用货币的交易费用更具优势。即便是在共识成本层面，由于金银等贵金属的资源稀缺性，使其货币供应能力无法适应经济发展的需要，或者说，贵金属的供给有限性与供给规则的无序性并不符合公众的共识需求，而政府在构建完备的国家信用与银行信用的前提下，由央行在司法管辖区内发行和流通信用货币的共识效应更具竞争性。因此，在信用货币为主的跨境支付体系下，银行逐渐成为跨境支付的服务主体。15 世纪意大利城邦银行及 17 世纪阿姆斯特丹汇兑银行，逐渐将贵金属或金属铸币的跨境支付交易转换为银行账户间贷借记关系的会计调整，并使支付扩展为交易、清算与结算的业务流程。正如米塞斯在其《货币和信用理论》一书所论述的："在这类交易中，并没有使用货币或货币代用品，仅仅是交易各方之间对销的过程而已。"[①]

在代理行模式中，不同司法管辖区的银行组成"开放型代理行网络"，一笔跨境支付可能需要两家或更多银行来完成。如图 7-4 所示，若付款银行没有跨境支付渠道，则须将付款指令发送至本地代理银行，该代理银行再将其交易指令发送并贷记至其国外通汇银行的往来账户，并由该国外通汇银行将款项汇至收款人银行，该运行模式实际上也是一种"四方模式"。很多时候，这也需要一些国际卡组织的安排。

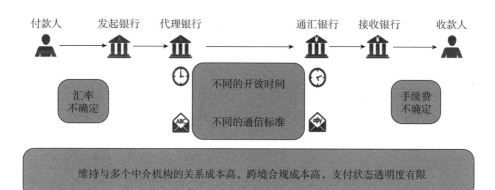

付款人 发起银行 代理银行 通汇银行 接收银行 收款人

汇率不确定

不同的开放时间
不同的通信标准

手续费不确定

维持与多个中介机构的关系成本高，跨境合规成本高，支付状态透明度有限

图 7-4 代理行模式

资料来源：Auer R，Haene P，Holden H. Multi-CBDC Arrangements and The Future of Cross-border Payments [J]. BIS Papers，No. 115，2021.

然而，以银行网络为基础的代理行模式仍然存在支付效率与成本改善的巨大边际空间。首先，基于收付款人的代理银行与支付货币的差异性，其代理行

---

① 路德维希·冯·米塞斯. 货币和信用理论 [M]. 樊林洲译. 北京：商务印书馆，2015：283.

的跨境支付路径通常会由标准的"四方支付"扩展为"多方支付"，跨境支付链条的代理行数量增多将显著增加跨境支付的手续费用与时间成本。其次，报文格式不统一使代理行模式下跨境支付的交互操作性不高，直通式支付处理业务占比较小，后台人工操作环节较多，严重降低了跨境结算在单个节点的运行效率。最后，结算系统时区差异、跨货币结算风险、跨境账户身份验证及反洗钱与反恐怖融资合规成本等问题均严重影响代理行模式下的支付服务水平与用户体验。

（3）互联模式。

互联模式是指不同司法管辖区货币当局构建的大额及零售资金结算系统或互通机制。不同国家的支付基础设施之间的相互联系可以通过这些国家的私营或公共部门支付系统建立起来，这将使接入一个国家的支付基础设施的PSP能够向接入另一个国家的基础设施的PSP发送和接收资金，并且对于这些PSP来说，它们并不需要接入不同国家的系统。相比于点对点模式的"市场自发秩序"属性，互联模式更加依赖于政府间的发起与合作机制，这实际上是通过一系列支付安排实现不同司法管辖区的支付基础设施连接，以实现简化跨境支付流程，提升跨境支付效率。这种互联可以在不同国家的国内基础设施之间进行，也可以在一个更大的区域内进行。

前者的典型例子是FedGlobal Mexico Service，它使美国金融机构能够向墨西哥的某些金融机构发送自动清算中心（Automatic Clearing Hause，ACH）信贷交易。为满足在美墨西哥人群的侨汇需求，美联储与墨西哥央行开启互联服务，共同构建墨西哥直达系统，在该机制下，美国金融机构可以向墨西哥金融机构发送自动清算所贷方指令（ACH Credit），其收款人账户可以快速收到美元汇款，并兑换成墨西哥比索。

后者的典型例子是欧盟多个ACH之间的连接。如果基础设施以不同货币结算，则需要安排外汇交易。互联模式可以进一步发展成一种整合模式，即其中一个支付基础设施为来自不同国家的PSP服务，如欧元体系中的泛欧自动实时全额结算快速划转系统（TARGET2）。在TARGET2机制下，欧盟内部各成员国商业银行跨境支付结算，可基于SWIFT统一数据格式、一体化清算系统，以及标准的结算时间和费用成本完成，且无须通过代理行模式即可根据业务自行选择交易对象，并结合欧洲银行业协会EURO1系统与离岸欧元支付系统，提升各类型参与银行基于欧元的跨境支付效率，确保欧元作为国际货币的流动性（见图7-5）。

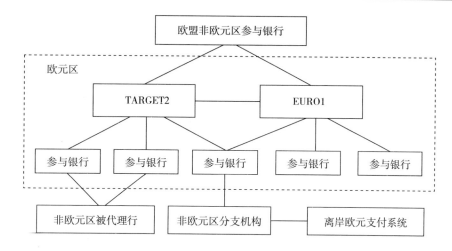

图 7-5　欧盟欧元区支付互联机制运行架构

资料来源：笔者参考欧洲中央银行相关资料自行绘制。

从法律、业务和技术角度来看，互联模式可能代价高昂且复杂，因此通常只会在经济活动往来频繁或移民流动频繁的国家之间建立。

（4）闭环模式。

闭环模式是指封闭的账户平台通过其平台代币化模式实现的跨境支付交易。在闭环模式或单一平台的情况下，付款人的 PSP 与收款人的 PSP 是同一实体。在这类情况下，支付交易由同一 PSP 启动和完成，以连接两个司法管辖区，因此不依赖两个司法管辖区的机构或基础设施之间的连接。

与代理行模式的"四方支付"特征不同，其可能更适用于一些三方模式的国际卡组织和电子货币钱包计划，或同时在付款人和收款人所在国经营的跨国银行等。这些基于闭环模式的组织或机构，通常是以"第三方"的身份，为付款方和收款方提供单一平台的跨境支付服务。与之相似的是在集团内转账的情况下，付款人与收款人同属于同一集团内部。纵观跨境支付的演进历史与当今发展格局，可以发现闭环模式兴起与发展的根源，在于支付中介可以基于其单一支付平台提供跨境支付服务，这就避免了业务流程引入过多中间环节或报文格式不统一所导致支付成本的增加，更重要的是，相对于代理行模式的"标准化"产品及业务流程，单一支付平台可以对其支付平台的服务模式与业务架构进行灵活调整，以迎合特定客户的跨境支付需求，有效降低特定群体的共识成本。[1] 例如，

---

① 根据 FSB（2020）的定义，跨境支付可分为零售型和批发型两种模式，并可根据个人（P）、机构（B）与政府（G）的矩阵式关系，分为 P2P、P2B、P2G、B2P、B2B、B2G、G2P、B2B 与 G2G。

机构间的跨境支付领域（B2B），在19世纪的欧洲，规范的汇票制度及承付所（Acceptance Houses）的出现不仅降低了金属铸币的交易费用，也因其所背书的远期资产具有了贴现融资的信贷属性，这种跨境结算工具的多重属性符合贸易融资的交易者的共识期望；而在个人与机构间的支付需求领域（P2B与B2P），PSP可以通过闭环模式提供多种形式的跨境支付服务。如表7-2所示，在卡基支付形态下，相对于银联、VISA等以银行网络为基础的竞合式卡组织，以运通卡（American Express）、发现卡（Discover Card）为代表的封闭式卡组织将"四方支付"模式转换为"三方支付"模式，而在电子支付形态下，支付机构的服务多样性可分为基于账户信息服务和储值支付服务等形式。

表7-2　银行与支付机构跨境支付服务运行模式比较

支付形态	银行跨境支付服务	支付服务机构跨境支付服务	
卡基支付	竞合式卡组织（银联、VISA 等）	封闭式卡组织（运通卡、发现卡等）	
电子支付	网银支付、手机银行 App	账户信息服务	运营商或支付机构为用户提供支付场景与银行账户的端口服务（支付宝、微信快捷支付）
		储值支付服务	运营商或支付机构储值账户或电子钱包支付（PayPal、M-PESA、支付宝、微信余额支付等）

对于以 Apple Pay、Google Pay 为代表的支付模式而言，其价值服务主要体现在前端用户服务接口层面的账户信息服务，而后端资金结算与划转仍然是利用现有代理行网络进行的跨境支付服务，因而该类型的闭环支付服务仅是在国内零售支付领域实现了单一平台下的点对点支付，而若涉及跨境支付服务，实现点对点支付则需要收款方与付款方均在该支付机构所在国的银行开设账户，且该支付模式因绕开交易所在国的银行账户体系而存在一定的合规风险。表7-3对一些主要支付机构闭环模式的市场应用与功能进行了简单的比较。

表7-3　主要支付机构闭环模式的市场应用与功能比较

支付功能	支付服务范围	
	国内支付	跨境支付
账户信息服务（前端支付信息的发起与接收）	Venmo，PhonePe	Apple Pay，Google Pay，PayPal

支付功能	支付服务范围	
	国内支付	跨境支付
储值支付服务 （后端具有资金清算功能）	M-Pesa, Paytm	GSC（Libra, Tether, TrueUSD）

为了实现在跨境支付领域"闭环"模式与"点对点"支付模式的有效结合，需要在后端变革原有的代理银行网络模式。以 Libra 为代表的跨境支付产品，其后端资金结算与划转独立于代理行账户网络，实现代币化的价值跨境转移，而此模式实施的关键即在于价值转移的代币化，以及该代币价值的可接受性。因此，当前跨境支付的变革发展带有显著的"货币驱动"特征，即需要在货币层面实施新的演进，从而促进各跨境支付模式的融合与发展。

（5）四种模式比较。

四种跨境支付模式有各自优、缺点、运用场景和适用条件等，具体如表 7-4 所示。

表 7-4　四种跨境支付模式的优缺点、运用场景和适用条件

跨境支付模式	涉及主体	优点、缺点	当前适用的货币场景
代理行模式	付款人、付款行、收款人、收款行	优点：可得性高、使用门槛低 缺点：成本高、耗时长、不透明	传统货币
跨境专有闭环模式	付款人、收款人、专有闭环	优点：提高了跨境支付效率 缺点：没有统一的国际监管标准，潜在风险高	传统货币
基础设施区域 一体化模式	多国央行	优点：跨区域支付的清算效率较高 缺点：对技术互操作性要求高	传统货币
点对点模式	中央银行、商业银行或其他机构、付款人、收款人	优点：使用区块链技术，去中心化、不可篡改 缺点：法律障碍	数字货币

资料来源：周莉萍．全球支付清算体系发展研究［C］//杨涛，程炼．中国支付清算报告（2021）．北京：社会科学文献出版社，2021．

现实中，支付安排有时可能使用这些模式的组合。例如，为了提高效率和降低成本，参与代理行安排的金融机构在可能的情况下也可以利用国家支付基础设施之间的互联。此外，从技术角度来看，这些基础设施通常使用不同类型的消息传递协议。例如，在代理行业务中，SWIFT 是最常用的消息传递系统，而其他安

排也可能依赖专有消息传递格式。

三、跨境支付的产业格局与存在的主要问题

通过前文所述，可以发现跨境支付产业格局是基于不同类型支付运行模式逐渐形成。然而，无论是代理行模式，还是基于代理行模型进行边际改进的闭环模式、互联模式均存在发展的瓶颈问题，这是跨境支付寻求在新的货币形态下，结合既有支付模式实现变革创新的内在动机。

1. 以代理行模式为主的产业格局及主要挑战

通过前文所述，可以发现跨境支付产业格局是基于不同类型支付运行模式逐渐形成的，其功能演进是围绕提升支付效率、降低成本两个层面进行。代理行模式是基于电子货币形态的主要跨境支付运行模式，FSB（2020）认为，虽然全球基于各种模式的跨境支付总体规模及比重尚无法统计，但以欧元为货币的跨境支付为例，约有近一半的跨境支付结算通过代理行模式完成，表明代理行模式仍然是当前最主要的跨境支付模式，而闭环模式、互联模式及点对点模式则是基于代理行模式的边际改进机制。代理行模式下的跨境支付服务的主要问题表现为交易成本高、时效性差、服务可及性不足以及透明度较低等。这些主要问题不仅在具体内容和表现形式上呈现多样化特征，对于相关问题的关切性也会根据用户群体属性的不同而具有差异性。

（1）服务成本高且供给结构失衡。

首先，在服务成本方面。跨境支付包含同币种跨境支付和跨币种跨境支付，相较于前者，后者还要多承担结汇费用及汇率风险，而即便是同币种跨境支付，也会根据结算路径是否为主流通道而存在费用差异，以跨境支付电汇为例，其直接成本包含交易手续费和电报费。如表7-5所示，2021年我国国有大型银行手续费率为0.1%，电报费为80~150元，以电汇10万元为例，需要的直接费用为180~250元，而若涉及跨币种汇款，则需要再增加货币兑换成本和手续费用。此外，非常规汇款路径，手续费用还会因代理行业务链条的延长而视情况增长。间接成本则包含银行账户管理费、资金周转及汇兑利息以及其他合规审查成本等。根据Mckinsey（2021）估算，国际平均支付交易的费用为25~35美元。FRB（2022）测算，2021年第二季度由美国向其他国家的跨境汇款平均费率为5.41%。此外，以代理行为主体的跨境支付费率结构更加不利于发展中国家及非

国际货币的跨境结算。世界银行（2020）统计显示，2019 年向中低收入国家侨汇总额达 5510 亿美元，而平均费用比例达到 6.8%。

表 7-5　2021 年国有五大行跨境支付电汇业务费用统计

银行	手续费率（%）	手续费用区间（元）	电报费（元/笔）	到账时效
中国银行	0.10	50~200	150	2~3 日
中国农业银行	0.10	20~200	80	3~5 日
中国工商银行	0.10	50~260	150	2~3 日
中国建设银行	0.10	20~300	80	3~5 日
中国交通银行	0.10	50~150	150	3~5 日

资料来源：根据五大行官网资料整理所得。

如图 7-6 所示，除了产品层面因跨币种结算及代理行链条等因素影响跨境支付成本外，供需层面的结构失衡加剧了改进跨境支付成本问题的难度。一方面，由于跨境支付电报费均为按笔收取，以低额度跨境支付为主的个人及中小企业的支付成本比例更高，且在发展中国家，银行账户服务的覆盖率较低并收取一定的

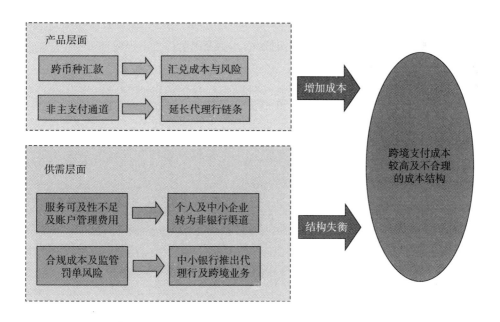

图 7-6　跨境支付的成本及结构

资料来源：Financial Stability Board. Enhancing Cross-border Payments-Stage 1 report to the G20；technical background report［R］. 2020.

账户管理费用，促使该消费群体转向其他支付方式，甚至是非法营业的地下支付机构，这使得跨境支付业务占银行经营业务的比重不断降低。根据 McKinsey（2021）统计数据，2020 年除欧洲地区跨境支付业务利润占比达到 19% 以外，包括亚太、北美及拉美地区的跨境支付业务利润占比均在 10% 以下。

另一方面，跨境资金业务的反洗钱/反恐怖融资（AML/CFT）监管政策趋于严格，监管罚单纪录不断被刷新，使部分中小银行为了规避合规风险，纷纷放弃构建境外代理行支付网络。Rice 等（2020）发现，自 2008 年全球金融危机发生后，近 40% 的商业银行终止了代理行关系，全球活跃代理行数量持续下降，SWIFT 用户数量在 2017 年达到峰值后开始呈现下降趋势，这不仅降低了代理行的跨境网络服务覆盖范围，也导致大型跨国银行跨境支付业务集中度的上升，行业竞争度的下降不利于强化业内机构增强改进服务的动力，难以在短时间内有效降低支付成本。

（2）支付时效性差。

支付时效性差、结算风险高一直是跨境支付的主要问题。通常而言，跨境支付业务的基本环节包括身份验证（Validation）、信息传输（Transmission）、资金划转（Funding）、支付发起（Initiation）和对账与差错处理（Reconciliation）等相关业务环节。如表 7-6 所示，在身份验证阶段，银行需要对支付数据及交易方身份信息进行验证，并确认各笔支付交易的合法性。然而由于数据格式不统一，支付信息量极为有限，银行间后台处理人工操作环节仍占较大比重，降低了支付业务处理的自动化水平。与此同时，身份验证涉及监管机构反洗钱/反恐怖融资、制裁名单核查以及反金融犯罪等相关合规管理。在信息传输阶段，现有跨境支付基础设施仍以批处理方式为主，缺乏支付数据实时处理能力，且大额结算系统尚不能实现 7×24 小时的全时开放，结合各国时区差异，造成跨境资金到账的时效性较差。此外，若代理行业务链条每增加一个银行处理环节（尤其是涉及第三国银行）时，则上述影响支付时效性的制约效应将进一步放大。

表 7-6 跨境支付业务流程、制约因素与改进措施

业务环节	时效延误原因	改进措施
身份验证	数据格式不统一且兼容性较差，支付信息有限，导致跨境支付人工操作环节比重较高	推进跨境支付数据格式标准化，提高直通式处理比例
	监管机构合规政策复杂，且执行标准不统一	推进全球法人编码体系（LEI），加强 FATF 等国际组织项下的国际协调合作

续表

业务环节	时效延误原因	改进措施
信息传输	支付系统开放时间有限且存在时区差异，缺乏支付数据实时处理能力	建立具有实时支付功能的新型支付系统
	跨境支付系统技术升级不足，用户界面缺乏互操作性	加强对现有支付设施的技术改造，统一支付系统及 API 接口技术标准，增强支付系统的开放性与整体性
资金划转	代理行集中度增强，业务链条延长，增加业务处理环节，降低支付时效性	建立更加便捷化的银行间跨境支付系统，实施多边净额结算，并强化同步收付功能，降低结算风险
	跨币种结算，需要银行间外汇头寸拆借与平衡，增加资金管理操作环节及相应成本	

（3）服务可及性不足。

跨境支付的服务可及性问题反映在需求和供给两个层面。相较于国内零售支付，跨境支付的金融普惠性问题（financial inclusion）更加突出。首先，发展中国家金融基础设施不发达，尤其在中小城镇和乡村，低收入群体和青年群体存在着大量"无银行账户"人群。与高净值客户相比，这类人群不符合银行提供金融服务的标准或所在区域没有银行网点而被视为"长尾客户"。世界银行（2020）指出，2011~2017 年，全世界已有 12 亿人第一次拥有了自己的金融账户，但拥有银行账户的比例却相对较少，但即便如此，仍有 17 亿人从未拥有自己的银行账户。然而，发展中国家人群的金融服务需求却在日益增长。2017 年，全世界仍有近 1/3 的成年人口从未开立银行账户，而其中绝大部分的"无银行账户"人群集中在发展中国家。此外，办理过银行账户储蓄或贷款的成年人口比重更是低至两成左右，且在 2011~2017 年的调查期内并无明显增长趋势，这说明发展中国家个人银行账户服务仍呈现显著的金融抑制特征。

其次，相较于同币种跨境支付，跨币种跨境支付增加了代理行结算风险与流动性风险。为有效解决"赫斯塔特风险"（Herstatt Risk），G10 集团于 2002 年建立持续联系结算（Continuous Linked Settlement，CLS）银行，提供可信第三方的同步收付（Payment Versus Payment，PVP）模式，以此来消除跨币种结算风险。同时，CLS 银行还在主要银行设置相应的备用信贷额度（Standby Lines of Credit），通过对各备用信贷额度进行多边净额结算的方式降低对付金额，从而降低了跨币种支付的流动性风险及相应的运行成本（见图 7-7）。然而，当前 CLS 银行交易机制仅支持 10 余种国际货币，而其余发展中国家跨币种支付则缺乏相应的基础设施服务，降低了代理行提供相应服务的能力和意愿。

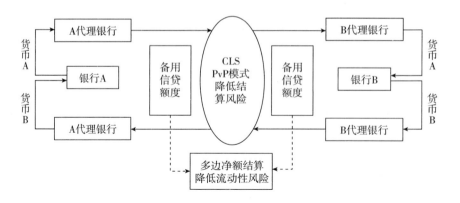

图 7-7　CLS 银行业务流程及风控机制

资料来源：根据 CLS 银行官网资料整理绘制。

2. 闭环模式与互联模式的边际改进与发展瓶颈

对于代理行模式在跨境支付所遭遇的发展问题，互联模式和闭环模式基于各自运行机制特征进行边际改进，然而两者均存在一定的运行前提或限制条件。首先，互联模式需要相关国家将各自的支付基础设施有效连接，构建跨境支付的"互联通道"，如墨西哥直达系统就是将美联储结算系统（Automated Clearing Hcuse，ACH）与墨西哥央行的实时全额系统 SEPI 相互链接，这需要对相关国家支付体系的运行机制与制度安排进行必要调整，以及进行大量的技术与法律层面的协调合作。与此同时，互联机制的构建需要以特定国家间经济或政治需求作为基础，在市场实践中，多边性的互联机制仅在欧盟国家的 TARGET2 以及阿拉伯区域支付系统（Arab Regional Payment System）等特定区域发挥作用。CPMI（2018）统计显示，墨西哥直达业务在 2003~2016 年的业务量仅占两国往来交易金额的 10%，以及交易笔数的 6%。上述限制条件意味着其只能是代理行模式的有益补充，即代理行模式在具有互联机制的国家间可以有效缩短交易时间、提升交易效率，但在代理行模式的服务可及性以及交易成本结构等方面并未进行实质性的改变。

其次，闭环模式可以分为账户发起服务与储值支付服务两种服务形式①，其运行及效益可行性是基于规模经济效应和范围经济效应。因此，闭环模式的最大

---

① 例如，PayPal 付款方的支付模式可分为滞留式钱包支付（Staged Digital Wallet）和通道型账户支付（Through-out Account）。

挑战在于单一平台能否拥有足够的关键用户规模。Evans（2009）认为，潜在市场规模不足或实现关键用户规模的时效性不强，是单一平台实现网络效应的主要难点。

如图 7-8 所示，Tβ 是实现关键用户阈值的最迟期限，即在此期限内达到用户规模 C 的平台 α 和平台 β，均是用户规模累积增长有效平台（Ignited Platform），阴影部分正是平台实现双边用户有效反馈的最佳时段（Ignited Zone）；而平台 γ 和平台 δ 则是未能实现用户规模累积增长的失败平台（Frizzle Platform），其中平台 δ 是因潜在市场规模约束而未能实现规模化增长，平台 γ 的失败则是因为关键用户阈值的时效性约束，其达到关键用户阈值的 Tγ 晚于最终时效节点 Tc。此外，由于平台 β 是在最终时效节点 Tc 达到关键用户阈值，其市场潜在规模 Nβ 也成为平台规模化成功的最小值，反映出平台用户增长累积模型的两个约束条件之间是相互联系的。

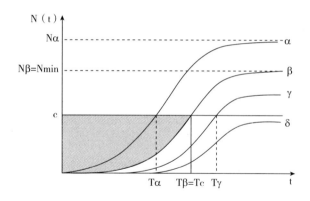

图 7-8 平台用户累积增长模型及关键用户阈值的时效性约束效应

资料来源：根据 Ondrus 等（2015）平台用户累积模型整理绘制。

事实上，代理行模式的出现正是由于银行内部系统模式，对于银行营业场所的分布要求较高，单一银行难以通过其国内外分支机构构建完善的跨境支付网络。非银行支付机构在闭环模式方面的改进体现在以下几个方面：其一，借助二维码等新型账户形态，非银行支付机构有效开拓了个人及中小机构的账户服务网络，尤其是在银行账户体系中相对缺失的个人与个人（P2P）的跨境支付服务领域，实现了国内零售支付用户群体的网络效应向跨境收付款场景的溢出效应。其二，非银行支付机构在储值支付功能方面，实现了对银行账户货币向支付机构电子货币的转化，即在"法定货币电子化"的基础上实现了"代币化"，而代币支付正是分离各国信用货币的主权特征、实现价值信息跨境流通的前提。然而，非银行支付机构的闭环模式，同样存在一定的瓶颈问题。一是代理行模式的主要问题在于互操作性（Interoperability），而其闭环模式的本质是在用平台一体化来提升跨境支付效率，并未真正解决跨境支付系统的互操作性，且这种平台一体化仅是支付前端层面，支付后端的支付运行效率与风险管理问题仍然存在。二是虽然非银行支付机构的储值服务实现了支付过程中的代币化，然而这种代币化是以与银行账户实现紧耦合的条件下实现的，且在国内支付层面，其储值资金通常需要存至监管机构指定账户或由商业银行托管账户管理，而在跨境支付层面，其账户身份管理及资金存管行的选择同样受到所涉及国家政府机构的监管管理。三是支付机构的闭环模式，尤其是储值支付功能促使支付信息流与资金流相分离，强化了平台间的资金净额结算功能，降低了跨境支付的透明性，增强了监管机构对其代币性支付服务合规性的疑虑。

3. 跨境支付中的金融安全问题

环球同业银行金融电讯协会（SWIFT）和纽约清算所银行同业支付系统（CHIPS）是国际上应用最为广泛的跨境支付体系。SWIFT 是全球最大的跨境报文传输系统，虽然名义上是中立的、非营利性质的国际银行间组织，专司国际跨境支付交易数据的报文传输工作，但"9·11"事件之后，美国政府日益将其作为与其他国家进行金融交易的特殊工具。CHIPS 是全球最大的美元大额结算系统，其会员单位全部是在美国境内注册且有美联储账户的本国银行，以及少数外国银行的美国分支机构，其全部支付清算活动都由美国监督。因此，从某种程度上讲，掌握和操控上述机构，令美国政府有可能具备通过阻断个别国家美元业务的资金往来通道从而打压政治、经济等方面与之持明显意见分歧的其他国家的潜在能力（张乐、王淑敏，2021）。

中国目前在金融安全方面也面临这样的挑战。美国将一些中国高科技企业列入美国财政部特别指定国民（SDN）名单，导致这些高科技公司的国际业务将无法使用 SWIFT 和 CHIPS 等系统进行美元支付与结算；而中国金融机构如果继续以某种方式维持被列入 SDN 清单的中国高科技企业的国际支付与结算，则可能面临美国的二级金融制裁。未来，美国仍有可能继续对中国金融机构和实体企业实施有选择、有步骤、逐渐加强的金融制裁，同时也有可能依靠对金融基础设施的垄断迫使我国不得不按照其预设的领域、通道与方式开放资本的跨境流动。此外，美国还有可能对中国香港实施有选择的金融制裁（鞠建东、夏广涛，2020）。

四、基于区块链和数字货币的跨境支付探索

数字化的快速发展推动了跨境支付体系的改变，很多嗅觉敏感的金融机构、企业已经发现科技带来了势不可当的前进力量，并开始全盘考虑自身定位问题，利用互联网技术从内部打通、改变已有业务模式，通过门户网站提供更好的综合服务来引流、扩容，抢占大数据时代科技金融新高地。其中，区块链技术以及数字货币的发展对传统跨境支付体系带来极大的冲击与挑战。

早期的冲击主要来自加密数字货币。自 2008 年比特币诞生以来，短短十几年中，世界各地已出现数千种加密数字货币并在互联网上运行，吸引着来自各国各地的众多人员参与。以比特币为代表的加密数字货币，运行在以加密技术为基础的区块链系统之内，是区块链"共享账本"的记账单位，即代币（Token）。其能够与法定货币兑换并可以用于跨境支付，如把人民币兑换成比特币，通过比特币网络转账到美国后再将比特币兑换为美元。加密数字货币可通过交易平台进行买卖交易，这其中有些有牌照但大部分没有牌照，大部分是集中的场内交易模式，当然也有场外交易模式。此外，还有支付服务提供商利用加密数字货币作为中介，为客户提供跨境支付服务；钱包服务提供商为客户提供加密数字货币钱包，用来管理、使用所持有的加密数字货币。

近年来以比特币为代表的加密数字货币在跨境支付活动中开始发挥着越来越重要的作用，让全球跨境支付体系的重组成为可能。用户可以在国内通过销售终端、在线接口等方式将本国的法定货币兑换为加密数字货币并储存在数字钱包中，然后通过加密数字货币的安全网络，跨境传输到海外收款人的数字钱包，并以相同方式将其兑换为当地的法定货币。由于加密数字货币通常是基于分布式账本技术的代币，该技术能够确保交易具有可追溯性且不易被篡改。更为重要的是，其所支持的去中心化交易模式使跨境支付效率得到极大提升，交易时间从传统的 3~5 天缩短到 1 天之内，交易费用也从传统系统的 7%左右降至 1%以下。

不过，由于加密数字货币的跨境流通总是绕过传统的跨境支付体系，因而给外汇管制和资本流动管理带来困难。采取加密技术、点对点交易模式且跨境转移极为便利的加密数字货币，由于难以追踪交易者身份，从而为洗钱、恐怖主义融资等违法的跨境资金活动创造了便利，还可能成为逃税、漏税的重要通道。同时，由于许多相关的中介机构和服务提供商尚未被纳入监管网络，诈骗活动时有发生。加密数字货币交易平台或加密数字资产钱包在安全性方面一般达不到金融

机构的安全级别，因此有受到黑客攻击导致交易系统瘫痪、客户资金被盗等风险。可见，加密数字货币对监管国际跨境支付活动带来极大的挑战，这也使得其在监管合规方面存在较大不确定性。由于随着洗钱、欺诈、黑客攻击等风险事件时有发生，其随时面临着较大的监管压力，这也令其价格波动幅度极大。

随着区块链技术的发展，其越来越多地被用于代理行、互联及闭环模式的跨境支付中。从传统支付清算组织方面来看，SWIFT 借助 SWIFT gpi 启动区块链概念验证（PoC），与 R3 的 Corda 平台成功进行概念验证，并计划在基于分布式账本技术（DLT）的交易平台上启用 gpi 支付；VISA 则推出基于区块链的跨境支付网络"Visa B2B Connect"，支持银行间直接交易。从银行方面来看，比较有代表性的包括摩根大通推出的加密货币摩根币（JPM Coin），用于实现银行或国家间的大额支付、机构客户之间即时的交易清算结算；澳新银行和富国银行在两家银行之间搭建了一条无中心化基础设施的支付链，提升跨境支付的确认速度。中国人民银行、国家外汇管理局、银行业协会牵头建立了银行区块链联盟；中国银行、招商银行等也建立了相应的区块链平台。从新兴支付机构方面来看，Circle 是最早用区块链概念做跨境支付的区块链公司，其以比特币为通道，搭建了一个跨境汇款的链路；RIPPLE 有三种跨境交易模式，xCurrent 是由中间银行作为中转完成交易，xVia 是由网关作为中转完成交易，而 xRapid 是用 XRP 完成中间的交易；而蚂蚁金服 AlipayHK 的用户则可通过区块链技术向菲律宾钱包 Gcash 汇款。此外，诸如 IBM 等其他科技类企业也在发力跨境支付，IBM 基于区块链项目 stellar 推出支付网络 World Wire，利用加密货币实现银行间近乎实时的国际结算。

稳定币的应用成为跨境支付领域的主要创新点之一。稳定币是基于区块链技术、价格相对稳定的虚拟货币，既保留了数字虚拟货币在区块链网络上支付、转账、清算、交易等行为的安全性、快捷性等优势，又通过锚定法定货币规避了普通数字虚拟货币价格波动、价值缩水的风险，为各类加密货币的交易者提供了一种稳定的交换媒介。稳定币最大的需求和应用发生在数字货币交易所。作为法币到虚拟货币的中间渠道，稳定币以其币值稳定、交易支付便捷等优势，迅速成为交易所、用户的重要选择，承担起基础交易货币职能。同时，通过稳定币实现跨境支付，可以提高支付效率并降低支付成本。目前主要承担跨境支付清算的 SWIFT 体系虽然安全，但接入该体系的门槛高、前期投入大、时间效率较低，因此，越来越多的用户接入稳定币网络节点，通过区块链网络实时、安全地进行点对点支付清算，以提高效率和降低成本。在交易规模方面，稳定币交易量日益增长。2017 年初至 2019 年末，全世界已经宣布了 200 多个稳定币项目，70% 的项目已经公开推出，其中 66 个公开和活跃的稳定币在市场上流通。在币值锚定方式上，稳定币通过锚定真实货币资产实现发行流通。目前市场上几乎所有的稳定币都与美元挂钩以保持币值稳定。稳定机制或锚定资产，或依赖算法。其中锚定资产是当前稳定币实现价格稳定的主流机制，而依赖算法的机制目前尚未获得实质性成功。以全球最早出现的数字稳定币——泰达币（USDT）为例，由世界最大数字货币交易平台之一的 Bitfinex 组建 Tether 公司发行，以 1∶1 的美元存款抵押实现锚定。上文提及的 JPM Coin 同样是发行于摩根大通自己的私有链 Quorum 上的稳定币，与美元的比值也为 1∶1。在交易方式上，通常市场主体间可点对点直接进行交易。货币兑换过程中，客户向发行机构发出购买稳定币指令，将持有的法定货币划转至发行机构在银行开立的账户；发行机构确认收到法定货币后，按照兑换比率将相应数量的稳定币转到客户的钱包账户内。反之，客户也可以通过账户内将持有的稳定币按照兑换比率，向发行机构申请兑回法定货币。客户还可以通过钱包账户与他人直接进行交易，不经过任何第三方，实现点对点支付与清算。在技术架构上，稳定币通常采用去中心化与中心化相结合的两层架构，具有不完全匿名的特点。客户开立账户采取实名制，实行中心化管理，支付交易在链上经过去中心化的节点共同确认，参与交易的账户是匿名的（周锦巍，2020）。

而国际互联网社交平台公司 Facebook 于 2019 年 6 月计划推出的"天秤币"（Diem，原名 Libra），更是将稳定币推到风口浪尖。Facebook 拟联合其他若干大企业和金融机构，面向世界共同推出分别与美元、欧元等国际货币单一挂钩的稳定币，旨在促进小额电子商务交易的跨境支付。理论上，相较于比特币而言，稳定币具有价值基本稳定的属性。但是，"天秤币"作为全球稳定币将对现有国际金融、货币体系带来极大挑战，许多监管机构已表示"天秤币"会带来监管风险。

从某种程度上讲，正是因为"天秤币"计划展现出的令人惊叹的商业前景以及对现有国际支付安排潜在的巨大冲击，才引起了全球政府部门的强烈反应，并刺激越来越多的中央银行研发央行数字货币（Carstens，2021），而稳定币的蓬勃发展也势必将进一步倒逼各国加快探索基于央行数字货币的跨境支付。除了我国正在开展的数字货币内部测试外，近年来全球数字货币发展方兴未艾。得益于底层区块链技术的溯源特性，使用央行数字货币支付可以轻易获悉每一笔钱的去向，也能建立起全球范围内的统一账本，这对洗钱、逃漏税等犯罪行为将是致命打击。基于区块链的技术特性，央行数字货币可以具有去中心化、匿名性等优势。点对点交易在保证支付安全透明的同时，交易速度也可以进一步提升。此外，央行数字货币支付还可以降低跨境交易成本，加快资本流动速度，这在一定程度上可以促进全球跨境贸易发展。

第八章　数字货币变革跨境支付：从私人到央行

　　私人数字货币的跨境支付创新可以解构为对现有主权信用货币本位的价值性变革，以及对现有电子货币形态下跨境支付运行模式的结构性变革两个层面，两者既是不同层面的货币问题，也是相互联系、互为促进的有机整体。当前，私人数字货币的双层化设计架构的发展趋势更加强化了两个层面变革性的内在联系；也将影响官方数字货币的运行机制设计与跨境支付产业格局的发展。各国央行数字货币（CBDC）在驱动要素、技术路径与发展模式方面的差异性①将实质性地影响 CBDC 跨境支付应用，各国央行在 CBDC 的合作研发、机制设计及国际协调将成为重塑未来国际数字货币体系的主要指标。

一、私人数字货币改进跨境支付新路径：货币价值的共识成本

　　正如本书第七章所述，跨境支付的运行模式可分为点对点模式、代理行模式、互联模式与闭环模式，且不同跨境支付运行模式间可以有效组合，以提升跨境支付的运行效率与服务范围。贺力平和赵鹞（2021）将四种模式根据货币制度、经贸关系、商业网络和金融机构等因素对上述跨境支付运行模式进行分类，并绘制了"跨境支付之花"。如图 8-1 所示，与其他运行模式相比，点对点支付模式与货币制度最为密切，而与商业网络（闭环模式为代表）和金融机构（代理行模式为代表）最为疏远。因此，以点对点模式变革现有的代理行模式，其关键在于货币层面的演进状况。

---

　　①　详见本书第三章。

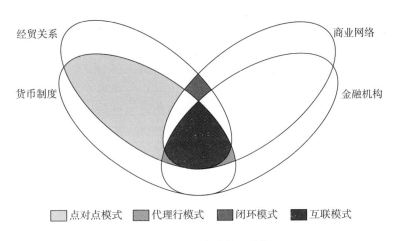

图 8-1 "跨境支付之花"

资料来源：贺力平，赵鹋. 跨境支付：从"货币牵引"到"支付牵引"的转变［J］. 金融评论，2021（3）：1-19+123.

私人数字货币主要包括两类：一类是利用密码学原理通过区块链技术，并依赖该系统确保交易的去中心化的加密数字货币，主要包括比特币（Bitcoin）、以太币（Ethor）等；另一类是在区块链上发行运营但以链外资产为支持即和某个标的保持稳定兑换比例的稳定币，主要包括泰达币（USDT）、美元代币（USDC）等。从某种意义上来说，加密数字货币是从货币价值本位层面，解决跨境支付的交易难点，而全球稳定币是在基于货币交易形态，对于跨境支付模式进行更深层次的变革性重组。因此，私人机构对跨境支付的创新主要表现在对货币本位的价值性与货币形态的功能载体两个方面的变革，这也是理解私人机构数字货币变革的重要脉络。

1. 以货币本位的价值性演进解决跨币种支付难题

跨币种支付是跨境支付的首要难题，并集中表现在汇兑费用及汇率风险等方面，上述问题表面上看是支付成本问题，但本质上却是货币在演化进程中的价值共识问题。货币的演进可以视为人类社会基于市场秩序和公共秩序而形成的均衡状态，而演进逻辑是以交易成本和共识成本两个评价维度为基础。与物物交易相比，物权交易可以有效降低"需求双重契合"等交易成本，然而大规模群体（陌生人之间）的物权交易需要通过基于价值共识的交易媒介方可完成，并由此引入了货币演进的共识成本维度。①

如图 8-2 所示，跨境支付可以被视为最为典型的大规模物权交易场景，这使得在货币价值本位层面，虽然金属货币的发行成本高于纸质货币，但基于贵金属或金属铸币的货币价值共识最易达成，货币的跨境支付与兑换的共识成本相对较低，而各国法定货币均是不兑换货币，其价值共识在跨境支付场景下无法由国家权威等公共秩序进行确立，尤其是对于国家信用或银行信用崩溃的法定货币，跨币种结算存在较大的汇兑费用与结算风险，从而进一步增加了跨境支付的效率损耗及制度性障碍。因此，在跨境支付领域，货币支付的改进路径需要在交易成本与共识成本之间寻求最优解。而在共识成本的改进层面，私人机构逐渐形成基于"共识算法"的数字货币（以比特币为代表）与基于"锚定共识价值"的数字货币（以稳定币为代表）两种货币发行机制，并产生了不同货币效应与产业形态的发展路径。

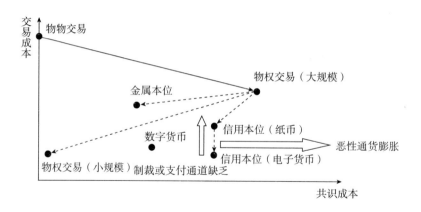

图 8-2 跨境支付场景下货币本位的价值性比较

2. 加密数字货币对货币价值共识的影响

鉴于已有大量文献介绍、探讨比特币等加密数字货币相关内容，这里仅围绕其对货币本位的价值性意义进行探讨。如前文所述，货币演进是在市场秩序与公共秩序的共同作用下，在交易成本与共识成本两个维度层面寻求社会最优解。在货币信用本位阶段，货币的不可兑换性使其在国内支付与跨境支付的最优解上出

---

① 物物交易不涉及共识问题，因此共识成本为零，而小规模群体（熟人社会）的物权交易可以通过"意念货币"完成交易，如弗里德曼在其《货币的祸害》中所提及的"石币之岛"，因而交易的共识成本与交易成本均接近于 0。

现了背离：在货币当局管辖范围内，可以依据政府权威对货币的可接受性提供信用背书，从而降低对货币价值的共识成本并形成货币综合成本的最优解；然而在跨境支付领域，货币的可接受性在无政府权威进行信用背书时，较高的价值共识成本使其相对于其他支付工具并不一定表现为综合成本的最优解，而对于以共识算法为基础的私人加密数字货币的发展，已逐渐形成对部分成熟币种"价值稀缺性"的共识。① 另外，虽然跨境支付与国内支付在交易成本的降低层面存在差异性，但相较于共识成本而言，近现代货币演进仍是以降低货币的交易成本为主要发展路径，也由此造成跨境支付无论是交易规模还是交易效能都远低于国内支付。如图 8-2 所示，虽然信用货币（电子货币形态）的综合支付成本低于金属货币，但边际改进的贡献的要素主要来自交易成本维度，而在跨境支付场景下，信用货币整体的价值共识成本要高于金属货币。

目前来看，以比特币为代表的加密数字货币，其价值性得到了全球市场的进一步确认。Messari 的数据显示，2021 年初，全球加密货币总市值约 1.6 万亿美元，其中比特币占比 43.4%，市值约为 6960 亿美元，以太币占比 17.8%，市值约为 2850 亿美元。2020 年末，比特币单价约 2.7 万美元，较年初价格已上涨超过 3 倍，而 2021 年比特币的价格上涨趋势和价值波动性均再次突破历史纪录，成为该年度最引人注目的金融事件之一（见图 8-3）。2021 年 1 月 2 日，比特币价格在半个月的时间即从 2 万美元价格上涨至 3 万美元，并在一周内快速突破 4 万美元关口，11 月 10 日，比特币价格达到历史最高纪录，为 68928.9 美元，此后又逐渐回落至 2022 年初的 3.7 万美元。当然，比特币的市场价值可靠性还需继续观察。一方面，比特币每次因共识机制改变而造成"软分叉"和"硬分叉"，不仅会增加用户遭受"重放攻击"等技术风险，也会形成货币供应的"通货膨胀"，如比特币现金（BTH Cash）即是在比特币"硬分叉"之后出现的，这些都影响了比特币价值在理论上的可靠性。另一方面，监管机构对比特币的态度依然对其市场价值波动形成较大影响。2022 年 1 月 5 日，哈萨克斯坦国内网络中断数小时后，比特币暴跌，1 月 6 日起比特币价格急转直下，一日暴跌超 4000 美元。与 2021 年 11 月的历史最高点相比，接近腰斩，1 月 21 日，比特币再度跌至 4 万美元以下，跌至五个多月以来的最低水平。

---

① 2020 年 5 月 12 日，随着第 630000 个区块被挖出，比特币实现第三次区块奖励减半，区块奖励从 12.5 枚比特币减少到 6.25 枚比特币。基于比特币特有的发行机制，每挖出 21 万枚比特币就需要实施一次奖励减半。自 2009 年 1 月 9 日，史上首个比特币区块被挖出后，比特币分别于 2012 年和 2016 年经历了两次区块奖励减半。虽然比特币奖励机制的减半将会对未来社区治理带来新的问题，但也证明了比特币的供给有限性，从而推动了 2021 年比特币价格暴涨的热潮。

（万美元）

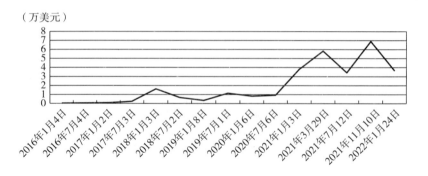

图 8-3　2016~2022 年比特币价格走势

资料来源：根据 Messari 网站资料整理绘制。

私人加密货币价值的市场性认同推动其在货币跨境交易过程中共识成本的改进效应。2021 年，包括 MicroStrategy、Square 等金融机构加大了对比特币的投资兴趣，ProShares 比特币期货 ETF 也于 10 月在纽交所上市，中美洲国家萨尔瓦多则在 9 月正式将比特币列为法定货币，成为第一个承认比特币为法定货币的主权国家。从货币属性及功能角度来看，比特币的价值波动性过大，无法承担标准会计的货币记账单位，进而限制其货币功能的发挥，其价值表现更偏向于"资产"而非"货币"，但从另一个角度来看，比特币价格的上涨也是对近年来以美元为代表的主权货币无序信用扩张的市场反应。事实上，正是由于部分国家法定货币的主权信用价值的不稳定性，使废除政府的货币发行垄断权的呼声再度高涨，私人加密数字货币的发展是货币演进在价格共识层面长期停滞的典型表现，跨境支付的货币选择，在很大程度上是由市场秩序进行确认，也就意味着存在"货币竞争"在跨境支付场景中的合理性，并形成对各主权国家及国际社会推动跨境支付货币演进的外部压力。当然，我们也应注意到，虽然对比特币、以太币的投机动机在短期可以对持有用户形成正向激励，但"用户越多、价格越贵"的"通缩型"运行逻辑，降低了其在大规模商业应用的经济可行性，"价值空转"的持续增长空间缺乏合理支撑。因此，私人机构推行在数字货币底层技术的基础上推行全球稳定币，以更好地迎合跨境支付的货币性需求。

3. 全球稳定币的价值锚定与管理机制

虽然稳定币与加密数字货币均是私人机构在数字货币的主要创新方向，然而二者的主要应用方向却不尽相同。根据哈特穆特·皮希特，货币的"核算单位稳定化服务"与"清偿服务"共同构成了"货币服务"①。由于加密数字货币的发行本质更接近于加密股权融资，其资产的权益性特征使其价值波动较大，不适用作为跨境支付的交换媒介。而稳定币的设计本质是一种数字代币，传统的法定货币是以通胀目标作为名义锚，稳定币则是力求与其锚定货币（或资产、算法）保持稳定价格关系，以保证代币价值的预期稳定，有助于私人机构提供更具竞争力的"货币清偿服务"。CoinMarketCap 官网统计数据显示，截至 2022 年 1 月 17日，稳定币总市值为 1723 亿美元，较 2021 年初 290 亿美元增长了近 6 倍，且2021 年度稳定币年度交易量已超 5 万亿美元，相比于 2020 年初的交易规模增长了 3.7 倍，

对于全球范围内资金流动的稳定代币称为全球稳定币（Global Stable Coin，GSC）。如表 8-1 所示，现有全球稳定币可基于锚定价值类别不同分为三种类型：第一种是基于银行存款抵押的稳定代币。这种代币近似于银行的数字存托凭证（Digital Depository Receipt，DDR），事实上，部分商业银行也在发行其代币形式的存托凭证，如摩根大通银行的摩根币（JPM Coin）、花旗银行的花旗币（Citi-coin）均是作为便利银行跨境支付的结算工具，属于批发型应用。而更为典型的则是私人机构与银行体系形成了某种类似货币局的抵押发行机制，即稳定币发行机构通过全额或部分比例的银行准备金，来担保其稳定币与其锚定货币的固定比率。例如，Tether 公司推出的稳定代币泰达币（USDT），即承诺以全额准备金来担保 1USDT = 1 美元的兑换比率；STASIS 于 2018 年推出首个锚定欧元的稳定代币（EURS），以迎合欧洲投资者对稳定币的持有需求；而 Libra 则是将单一锚定货币转换为一篮子货币和低风险资产，但同样承诺保持与法定货币 1∶1 的兑换比率。

表 8-1　全球稳定币的发行机制与价值担保方式

细分类型	锚定资产	发行机制	价值担保机制	代表品牌
基于银行存款抵押的稳定代币	锚定单一货币（美元）	中心化	以法定货币兑换或银行存款抵押发行稳定代币，并承诺可用固定汇率予以兑换或赎回	USDT、USDC（第三方机构信任）PAX、GUSD（监管信任）
	锚定单一货币（欧元）	中心化	以法定货币兑换或银行存款抵押发行稳定代币，并承诺可用固定汇率予以兑换或赎回	EURS

① 转引自：姚前 . 数字货币的发展与监管［J］. 中国金融，2017（14）：38-40.

续表

细分类型	锚定资产	发行机制	价值担保机制	代表品牌
基于银行存款抵押的稳定代币	锚定一揽子货币和低风险资产	中心化	以一揽子资产抵押发行稳定代币，资产收益用于覆盖运营成本，并承诺可用固定汇率予以兑换或赎回	Libra
基于数字资产抵押的稳定代币	锚定单一货币（如美元）	去中心化	设定合格抵押品的范围、价格及折扣率	Dai（增股回购）SUSD（发债回购）
无资产抵押的稳定代币	锚定单一货币（如美元）	中心化	基于共识算法对货币供应量进行智能调控，以此保证代币价值的有效性	Basecoin、Ampleforth
	锚定多币种货币			

CPMI（2019）认为，虽然私人稳定代币主要应用于零售领域，但该模式的缺点在于中心化的私人发行机构具有一定的法律风险和道德风险，虽然其均声称对所锚定的法定货币实行固定汇率兑换，但实质上其币值仍存在较大不确定性，如发行机构因自身倒闭或资产冻结等因素造成代币难以等额赎回，或发行机构恶意资产转移，或与托管银行合谋高杠杆超发货币。以 Tether 公司为例，其财务透明性问题一直饱受质疑。2021 年 2 月，美国纽约州总检察长曾一度要求 Tether 公司及货币交易所 Bitfinex 暂停在纽约州的交易活动，虽然 Tether 公司很快就与监管机构达成和解并缴纳罚款，但对于其银行抵押资产是否足额及抵押方式是否安全仍具有市场争议。① 为此，在该模式下又衍生出合规型稳定币。例如，纽约州金融服务局 2018 年 7 月批准了两种受政府监管的稳定代币（PAX 和 GUSD），即通过引入监管而非单纯第三方机构的市场信任，来降低中心化代币发行的道德风险。

第二种是基于数字资产抵押的稳定代币，其与第一种稳定代币同样承诺与其锚定的货币保持稳定兑换关系，但区别在于价值担保方式和资产管理结构不同。首先，该模式的货币价值担保是以超额资产抵押为主。在去中心化金融（DeFi）生态下，可基于 Aave 或 Compound 利率协议为各种数字资产提供 cToken 的抵押代币服务，如列明可接受的合格抵押品范围、价格及折扣率，其中"c"特指针对不同数字资产评估的抵押系数。例如，MakerDAO 于 2017 年 12 月推出稳定代币 Dai，其发行机制是以一份"担保债务头寸"（Collateralized Debt Position，

---

① Tether 公司的财务总部由巴哈马的 Deltec 银行负责，质疑者认为巴哈马的外汇资产增量远低于该公司同期发行 USDT 规模，且 Tether 公司始终未公开其全面的财务状况，因而存在过度超发的嫌疑。

CDP）的智能合约为基础，实行超额资产价值评估并将 Dai 与美元的汇率锚定为 1：1。而在锚定目标反馈机制层面，当稳定币值低于锚定价格时，一种方式是以 MakerDAO 为代表的股权增发机制，即系统增发具有股权特征的治理币 MKR，从市场中回笼并销毁流通代币 Dai，以保证稳定代币的价格锚定。另一种方式是以 Havven 为代表的债务回购机制，即增发债券以面值价格回购稳定代币 SUSD（前身为 NUSD），从而促使币值恢复稳定状态，如选择增发代币或平仓抵押订单并回收销毁代币其次，由于货币发行与管理是"去中心化"的，稳定代币的抵押资产通常是由区块链的智能合约协议，以公开透明的方式进行链上资产锁定，将资产管理及交易运行由特定机构转化为"去中心化自治组织"（Decentralized Autonomous Organization），这就降低了第一种稳定代币模式下的法律风险和道德风险。同时，以"流动性挖矿"的方式提供治理代币，对"社区治理"进行正向激励，如 MakerDAO 的治理代币 MKR、Compound 的治理代币 COMP 等，以此来保证稳定币运行的"去中心化"特征。根据 DeFi Lama 的数据统计，2021 年全网 DeFi 的锁仓量已经超过 2500 亿美元，其中 Curve、Maker 以及 Aave 位居 DeFi 协议锁仓量的前三位。该模式的缺陷在于：一方面，发行和赎回存在一定比例的手续费用，这就使其在成本方面并未形成明显优势；另一方面，由于数字资产的价值波动性较大，资产抵押用户需要承担抵押物清算风险，而对于稳定币系统，也存在智能合约的稳定机制效率难以匹配市场变化，或对抵押资产的做空预期导致系统崩溃等问题。此外，"流动性挖矿"的治理机制仍需完善，在短期流动性不足的情况下，较大比例的短期套利者会加剧系统的脆弱性，因而需要由更多有长期意向的散户进行社区维护。因此，目前，该模式的发展尚处于初期阶段，在稳定币市场的比例远低于基于银行存款抵押的稳定代币。

第三种是无资产抵押，单纯以算法作为价值基础的稳定代币，即通过算法计算合理代币流通规模，并采取类似央行的货币供应量调控机制，进行代币的增发或回收。2021 年 10 月 26 日，算法型稳定币 Ampleforth 宣布，其代币 AMPL 已上线 Avalanche 网络。以 AMPL 为例，通过 rebase 机制来控制代币的总供应量实现增发和通缩，从而控制稳定币的价格在 1 美元。当 AMPL 的价格低于其价格目标范围，那么合约管理者会运用 rebase 收缩代币供应；当 AMPL 的价格高于其价格目标范围，则会增加代币供应。由于该模式借鉴了中央银行调节货币供应量的运行方式，因而也被称为算法银行模式或铸币权模式。目前该模式仍处于市场运行的初级阶段，尚不占有稳定币市场主要份额。

4. 全球稳定币对法定货币跨境支付功能的替代效应

从表面上看，全球稳定币从技术路径到价值诉求，其"革命性"看似远不及加密数字货币。例如，大部分的稳定币发行机制仍然是中心化的，而仅是在流通层面通过区块链技术进行去中心化处理，且其货币价值主要是锚定与特定货币的固定汇率关系，因而其"稳定"的内涵也仅是保证对锚定货币兑换关系的稳定，而非真正货币购买力的稳定（当然即便是此目标，也存在很多问题尚未解决）。但应该看到，加密数字货币的价值机制完全依赖于有限供应量与全网公开认证等机制，而这约束了其货币发行共识机制的调整弹性。与之相对应，全球稳定币的价值锚定机制更类似于弗里德曼所提出的"狭义银行"，其所持有的高比例货币市场资产结构与央行资产结构的相似性越来越高。因此，在某种程度上，全球稳定币在货币功能的替代性上更具优势，对于主权信用货币的威胁也更加直接。

首先，从国际公共产品供给角度来看，货币"清偿服务"是一种准公共产品，终端用户可以通过私人机构的代币服务提高支付效率或支付体验，与此同时，基于准公共产品的非竞争性和排他性，跨境支付服务的货币选择具有显著的"货币替代"效应。李苍舒和黄卓（2021）认为，由于稳定币在可伸缩性、私密性、稳定性、去中心化和清偿性等方面具有一定的优势，超主权数字货币可能会削弱中央银行实施货币政策的能力。其次，全球稳定币的抵押资产具有可扩展性，如部分边缘资产（收益权、知识产权）等可以通过代币形式进行链上确权交易。例如，稳定币的发行既可以依据货币资产抵押，在区块链上创设初始区块，也可以依据证券、实物等各类资产抵押构建区块链的价值索取权认证，两者的数字化过程是高度相似的，这将大幅度提升非货币资产的跨境流通效率，相较于货币资产的跨境流通更具有市场吸引力，更重要的是，全球稳定币在此过程中开始承担某种计价货币的功能，这是比特币等加密数字货币所未能实现的。最后，大部分现有全球稳定币主要以锚定美元作为货币价值链基础，这将放大国际货币体系的失衡格局。从市场需求转化角度分析，锚定美元的全球稳定币将国际市场对数字货币的实际需求转化为对美元的市场需求，通过全球稳定币与美元的通道转换以及相应资产的延伸计价功能，进一步强化了美元在数字经济上的优势地位。与此同时，由于全球稳定币大都采用许可链进行有限节点验证，虽然这有助于链上验证效率的提升，但验证节点对支付数据的采集、存储与处理，或者说这种"记账权力"的分配将有可能侵蚀大多数国家的公权使用效能及其数据要素的主权属性。

二、由账户到账本：私人数字货币对跨境资金清算结算机制的变革

1. 账户体系的中心化运行机制

账户体系的中心化运行机制是现有跨境支付的基础架构，也是构成当前跨境支付痛点问题的关键因素。

一方面，对货币的物理性占有转化为账户身份的识别，使账户支付机制需要围绕账户身份属性进行一系列的验证工作，包括账户开立环节的身份认证、账户使用环节中的身份验证，以及账户身份数据的更新维护及防范账户盗用的安全工作等一系列认定工作，相应延长了账户支付的业务流程与服务成本。尤其在代理行模式下，支付信息流与资金流每进入到新的银行节点，就需要进行一轮相关验证流程。此外，账户的身份验证强化了对交易者的身份性约束，增加了无账户人群以及不同司法管辖人群之间实现跨境支付的难度与运行成本，也间接性地强化了跨境支付的币种限制，即便是同币种跨境支付业务，也会因账户的不同司法管辖属性，而增加交易合规成本并造成相应的效率损耗。

另一方面，在现代会计理论中，账户是根据会计科目设置，反映会计要素增减变动情况及其结果的载体，并分别表现为交易记录与余额状态。然而，账户的数据结构主要以存量数据的余额形式为主，即原始交易数据的记录、汇总、分类与整理是以账户余额的变化为最终结果。而交易记录则成为支持余额变动的流量数据证明，这种数据结构主要是由于账户体系的数据库容量受限，无法在一个数据界面同时展示存量数据和流量数据。这种数据展示结构进一步强化了价值转移形式的"中心化"特征，如账户支付机制需要对流量交易数据进行中心化的验证比对，电子支付通过对数字签名或生物特征进行身份比对后，方可进行交易并对数据库进行数据存储和登记，而数据库的安全防护依靠专用机房、专有网络和专业安全软件进行层层设防的访问控制，只有通过 API 等专用访问通道，并经身份认证、鉴权等安全流程验证后方能进行核心数据的访问与修正。中心化的支付运行机制虽然可以更好地界定支付流程的工作职责，但也增加了各国支付系统互联性的实施难度。

鉴于此，可以发现数字货币创新所对标的并不是单纯的某种货币形态，而是

以账户和符号货币相结合的账户支付机制。符号货币的"无形化"与"非价值"特征使得传统账户支付机制在共识机制与社会总体交易成本两个维度均存在较大问题。与之相对应，数字货币更好地发挥交换媒介功能，也需要结合更加完善的载体形式与基础设施。因此，需要从数字货币的底层技术逻辑与运行机制的角度分析其变革特征及其对现有跨境支付产业的影响路径。

2. 分布式共享账本强化数字货币的跨境支付功能

目前，对现有跨境支付的效率提升已演化为两种发展路线：第一种是在既有账户体系为主体的跨境支付服务层面，标准化支付报文体系，不断融合代理行模式与闭环、互联等其他支付模式，降低支付成本，提升支付效率与服务普惠性。第二种是通过数字货币和分布式共享账本创新，改变原有以账户体系为基础架构的支付流程，最大程度弱化价值转移与中介机构的账户性身份绑定关系，以及以余额方式为主的数据结构形式。当然，该方案也存在数字货币流通的中心化与去中心化的路线之争，私人机构的部分变革创新也显然是对主权国家货币权力的挑战，但其在由账本替代账户的技术创新逻辑上存在较强的一致性。

（1）以公私钥验证替代账户体系的身份验证。

即便排除跨币种交易的影响，账户体系对跨境交易者的身份验证与身份性约束仍会对跨境支付效率与服务体验产生重大影响。当一笔支付活动发生时，在传统的账户支付机制下，包括支付信息指令发出方的身份识别、收款方的身份识别，以及指令发出方是否拥有交易货币的所有权或足够信用额度等，这些信息验证工作会因跨境支付交易中，账户体系非关联性拓扑结构而延长更多的支付节点予以身份验证与信息交互。另外，在部分发展中国家，账户体系服务的普惠性不足也是造成跨境支付服务可及性问题的重要因素。因此，私人机构在跨境支付领域的货币创新重点在于变革电子货币形态与账户体系相结合的支付机制，即创造新的货币形态，使其支付功能不再由账户体系所承载，并由此摆脱账户体系对支付行为的身份性约束。其技术革新的具体特征表现在以下几个方面：

一是在电子货币形态下，价值转移不再以货币实物形态的控制权变化为标志，这就需要对货币支付和接收载体进行"人格化"处理，因而账户具有天然的"物权属性"，其功能属性首先表现在对资金的存储管理上。而数字货币则通过"非对称密码"及 RSA 算法技术，使每一个单位货币都具有独立的识别机制。以比特币为例，公钥可以在私钥基础上由椭圆曲线算法导出，再经两次哈希运算及编码整合即可生成一个长位数钱包地址（相当于银行账号）。用户可自行下载比特币钱包，其钱包内可包含无数个地址，在存储功能上用隔绝网络性的硬件存储设备（犹如现实世界中的个人钱包）或专业性的存储机构（犹如现实世界中的银行保管箱）来对应传统账户的资金归集功能，以公私钥体系取代了银行的账户体系。

二是在电子货币形态下，价值转移需要对支付发起方和资金接收方进行身份验证，这就使得账户体系具有显著的社会属性，在账户身份管理价值下，一个用户可以有多个账号，账号可以有多个账户，但均以账户实名作为身份标记，并集合包括账户持有者姓名、家庭地址、通信方式、工作单位等各种个人身份信息，而出于税务稽查、外汇管理、反洗钱/反恐怖融资等各种社会监管需要，对交易者的身份性确认及管理成为账户交易的首要环节，这也间接形成了对跨境支付交易的身份性约束与司法管辖权的硬性切割。与之相对应的是，以美国硅谷精英为代表的金融科技创新者常自诩为社会现行规则中"逆行者"，强调"科技赋权"，认为可以通过社区性的互助而非依靠中央集权制度的权威体系解决公共物品，无论在其自身行为还是产品设计上，都希望体现对现行运行体制的"颠覆性"。例如，彼得·蒂尔与埃隆·马斯克合作开发 PayPal 支付产品，声称其产品开发的目的就在于要"颠覆世界金融体系"，即为除美国外的其他国家居民开设离岸账户，以使其能够绕开国家的资本管控机制，"把手中的货币换成像美元这样稳定的货币"。以中本聪为代表的加密货币创造者，更是将账户体系的管理转化为去中心化，如比特币等加密数字货币的公私钥可以本地生成，这就使其用户具有自行开立账户功能，而无须借助金融中介机构，形成了对数字身份自我保管的自金融商业模式。在数字化交易生态中，身份的自我验证可以规避政府组织或中介机构对交易者的身份约束，因而在完全的点对点支付环境下，境内交易与跨境交易的界限变得模糊，进而将跨境支付效率与体验提升至国内零售支付的服务水准。

（2）以账本的即时流量确认替代账户的余额调整。

在电子货币形态下，账户间的价值转移逐渐演化为支付信息流和支付资金流分离运行。在账户支付机制下，支付流程实质上是账户间价值信息的转移，即对账户余额借记与贷记的会计调整，交易完成则是以账户余额的重新调整与确认登记为标志。而分布式账本技术（Distributed Ledger Technology，DLT），采用 UTXO 模式（Unspent Transaction Output，未花费交易输出模式）作为新的记账模式，从基于账户存量数据的记账逻辑发展为基于账本流量轨迹的记账逻辑，形成对原有账户支付机制的变革性影响。

首先，数字货币形成了不同于账户的价值转移方式。从某种角度来讲，货币的本质是一种获得社会广泛共识的未来价值索取权。账户支付是通过对账户持有者身份与交易指令的验证，来完成价值索取权的转移，而数字货币是基于默尔克树、时间戳、哈希函数等数据结构，通过解锁脚本的交易输入和锁定脚本的交易输出，新的 UTXO 验证结果即被认定为在相应的共识机制环境内对其他成员的价值索取权，这样就将对账户的身份确立与验证工作转变为对货币脚本的索取权的解码工作，账户的贷记借记关系转变为对货币在账本间运动轨迹的时间性记录，从而替代了原有账户体系的支付功能特征。

其次，在以太币、Libra 等其他加密货币设计框架中，保留账户的原有外在形式，如可通过转化函数的聚合归纳（Map/Reduce）功能将"钱包"中 UTXO模式下的数字货币集合转化为传统账户的余额形式，反之也可以通过拆解（Split）功能将账户余额拆分为对应各区块用户进行分散交易，并可随时通过聚合归纳功能更新余额形式。换句话说，对于查询账目的人来说，最直接看到的是与每一个资产相关所有历史交易记录的信息，而非与每一个账户拥有者相关的所有资产数量的信息。通过这种互相验证的公开记账系统，实现了数字货币或价值信息的开放式流通，将账户的权属价值转移至账本的权属价值。

3. 账本机制的应用模式与商业实践

（1）电子货币支付阶段的账本共享模式分析。

分布式账本及数字货币为跨境支付的发展提供了新的技术与模式选择。然而，以往的研究过于关注新技术与模式创新对于原有跨境支付产业的变革影响，而不是从跨境支付的角度出发，讨论不同货币及支付模式下的效率与风险问题。事实上，虽然在电子货币形态下，以账户体系为基础的支付与清算可以最大限度地降低资金的跨境流动，以此来降低对最终账户余额调整的幅度与频率，但实质上账本共享模式及相应的问题也同样存在于电子货币支付阶段。因而，可以从账本机制的模式选择与实践案例来比较分析数字货币的分布式账本的变革特征。

如图 8-4 所示，模式 1 和模式 2 是账户体系下的账本运行模式。在模式 1中，不同司法管辖区交易者的资金结算是以顺序账本为基础，以经典的代理行模式为代表。在经典的代理行模式下，每一次的代理行资金划转都是基于其委托行的账本记录依次传递，而在以大型国际银行或卡组织的闭环模式下，资金交易方均在同一个机构开立账户，其资金划转是在其账本内部进行账目会计调整。在我国，境外交易者可选择具有国际结算能力的境内银行作为代理行，在代理行开立人民币清算账户后，通过 SWIFT 的 MT 报文格式传递支付信息，由境内行通过接入大额支付系统（CNAPS）执行人民币跨境支付。除此之外，境外交易者也可以通过在境内银行开设非居民人民币账户（NRA）完成跨境支付。因此，以上两种模式均是单账本模式。在模式2中，不同司法管辖区交易者的资金结算是基于第三方账本进行，以清算行模式和互联模式为代表，为多账本模式。与代理行模式不同，清算行具有"做市商"的特征，即在两国央行的合作协议下，允许特定国家商业银行作为境外清算行，减少了多家境外商业银行对口多家境内银行的代理模式。在该支付机制下，代理行为交易方提供了第三方"共享账本"，便于集中处理跨境支付清算信息，缩短了代理行模式下过长的交易链条，从而降低交易成本。除此之外，部分国家央行还可构建本国跨境支付系统，如中国人民银行自2015年起实施人民币跨境支付系统（一期）。

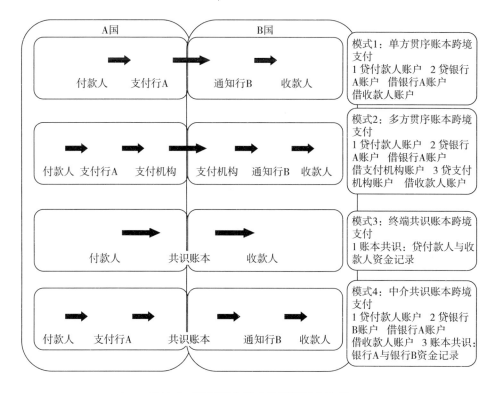

图8-4　不同账本模式的运行架构比较

资料来源：Financial Stability Board. Enhancing Cross-border Payments-stage 1 report to the G20: technical background report ［R］. 2020.

如图8-5所示，CIPS系统要求直接参与者通过大额支付系统（HVPS）向自身账户注入运营机构要求的最低限额，CIPS依据直接参与者发起的支付申请类别进行实时全额结算（RTGS）或双多边净额结算（DNS）。基于该支付机制，若干直接投资者的资金结算均在CIPS系统内完成，其账本是多边共享机制的。然而，无论是清算行机制，还是央行跨境支付系统，多边共享账本的运行并不是基于"点对点"的价值转移方式，其仍需要交易者与中介机构的代理关系，因而账户机制仍是最为核心的运行要素。与此同时，清算行作为中间方的信用风险与道德风险依然存在，央行跨境支付系统虽然可以有效规避中介风险，但其需要直接参与者每日账户清零，且每日应保证交易账户余额充足，这些交易机制主要服务于银行间的批发型业务，并不能带来消费者零售跨境支付体验的提升。

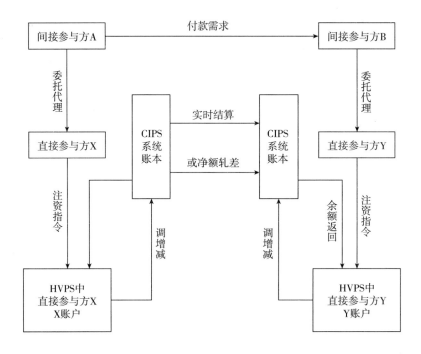

图 8-5　CIPS 运行机制及账本共享机制

资料来源：笔者结合中国人民银行官网资料自行绘制。

（2）数字货币支付阶段的账本共享模式比较。

如图 8-4 所示，模式 3 实现了终端用户的点对点支付机制，其账本直接面向所有终端用户，且由公有链的全网共识算法维护，而不必引入任何中介机构，也可称为无中介共享账本。模式 4 是基于中介服务的共享账本机制，其主要通过许可链或私有链提供记账服务，终端用户需要信任网络验证节点或中心化的私有链服务完成跨境支付。然而，私人数字货币在模式 3 和模式 4 的应用实践中，存在账本共享模式的"三元悖论"。

如图 8-6 所示，基于分布式账本技术，以比特币为代表的加密数字货币可实现所有交易节点在单一时点的账目副本形成全网共识，并通过时间戳及哈希算法实现了不可篡改的连续时点记录。这种账本共识机制保障了系统运行的独立性和安全性，但牺牲了运行效率及可扩展性。而以 Libra、Ripple 为代表的加密货币用有限认证节点的许可链替代公有链，基于数字资产抵押的全球稳定币提升了线下资产的数字化与流动性，两者在不同层面提升了数字货币的支付系统效率与可扩展性，但降低了系统运行的安全性。基于银行存款抵押的全球稳定币实现了支付运行的可扩展性与安全性，但其代币兑换需要以特定法定货币的稳定汇率关系为基础，其价值波动和运行结构因受特定法定货币币值波动及银行资金托管影响，且代币运行同样以许可链或私有链为基础，较难实现系统的独立性。

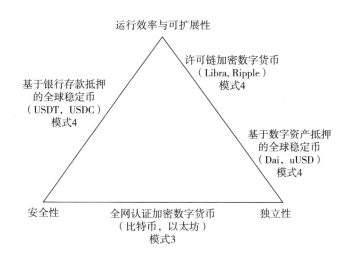

图 8-6 私人数字货币账本共享模式的"三元悖论"

（3）私人数字货币的双层设计架构及市场功能选择。

鉴于两种模式均存在一定的内在缺陷，当前私人数字货币将原有的单链单币的运行机制转化为双链双币的运行机制，将其分别对应货币发行与支付结算两个业务流程。在货币发行阶段，可以基于比特币或去中心化的资产抵押稳定代币作为权益型通证，由其承担通证生态的价值基本面，以此来支撑终端用户的市场信心；而在支付结算阶段，在许可链或跨链上运行支付型通证，以提升系统运行效率。

如图 8-7 所示，一方面，对于私人稳定代币而言，无论是最终用户还是市场投机者，都需要对货币的价值存在充分的"信任"，因此需要以去中心化的算法、合约等机制保证系统底层货币的价值稀缺性，相较于现有主权信用货币的通胀特性，价值预期增长可以强化私人数字货币的持有吸引力（如同银行账户货币对央行现金的替代性），其增值效益还可以作为社区治理的奖励，使去中心化的社区管理与货币运行实现激励相容。① 另一方面，私人稳定代币的价值提升，还需要以跨境支付、资产确权、合约履行等各种使用场景进行支撑，而不同应用场景需要相应的中介机构作为许可链验证节点、跨链公证等中心化服务，以提升场景运行效率与服务体验。此外，虽然数字货币的设计初衷是立足于去中心化的社区维护原则，但对于一般性用户群体实现点对点的价值转移方式，通常还需要货币支付端口的中介服务，包括货币交易所兑换接口、数字货币存储以及拓展数字货币交易场景等服务类别，因此，未来私人数字货币将会结合不同支付运行模式，以双（多）层化的设计架构来影响现有跨境支付产业格局。

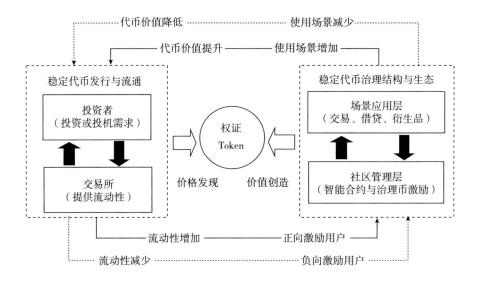

图 8-7　私人数字货币的双层设计架构与生态构建

---

① 激励相容（Incentive compatibility）在哈维茨（Hurwiez）的机制设计理论中，是指某种机制设计或制度安排可以使理性经济人追求自身利益行为与企业或组织实现集体价值最大化目标相吻合，表现为激励相容。

三、CBDC 解构与重组跨境支付产业的新路径

1. CBDC 改造跨境支付产业的角色与潜在作用

我们曾在本书第三章对主要国家发行 CBDC 的不同动机进行过详细分析，在本书第七章又对各经济体跨境支付现状进行了介绍，可以发现，当前美国是跨境支付痛点问题的最大受益者。事实上，美国正是以"反洗钱、反恐怖融资"的名义，对从事跨境支付的国际银行大开罚单。近 10 年来，大多数银行纷纷采取"去风险"策略（Derisking Strategy），使跨境行支付网络呈现萎缩态势，并直接导致相当比例的发展中国家及其货币与国际货币流通体系相隔绝。Rice 等（2020）指出，自 2011 年以来，拉美、大洋洲、非洲及亚洲等地区活跃代理行数量均下降 20% 以上，支付通道的平均降幅也在 10% 左右。同时，代理行数量的显著萎缩也引发部分非洲、亚洲及大洋洲等地区的跨境支付网络呈现"孤岛"状态。

2020 年 7 月，CPMI 发布《加强跨境支付：构建全球路线图的基础》（Enhancing Cross-border Payments：Building Blocks of a Global Roadmap），从五个方面提出 19 条改良建议，包括加强公共与私营部门合作、构建协调合作的监管框架、改进现有支付基础设施、统一数据与提升市场效能以及探索新的支付基础设施与机制安排。其中，前四个方面是通过改进现有跨境支付体系来提升服务质量，只有第五点是以通过探讨 CBDC（官方货币方案）以及加密数字货币或全球稳定币（私人货币方案）等新的支付机制安排，来解决现有跨境支付的难点问题。在第五点"探索新的支付基础设施与机制安排"中，也存在全球稳定币和推进 CBDC 国际探讨两种发展路径（见表 8-2 和图 8-8）。

表 8-2　G20 跨境支付路线图改进方向及具体建议

改进方向	具体模块及措施建议
加强公共与私营部门合作	1. 制定共同的跨境支付目标与愿景 2. 实施国际通用的指引与原则 3. 制定跨境支付服务的共同标准

改进方向	具体模块及措施建议
构建协调合作的监管框架	4. 协调跨境支付的监管、监督的统一框架 5. 协调构建一致性和全面性的反洗钱/反恐怖融资规则 6. 梳理跨境支付与数据保护的互动性关系 7. 构建安全支付通道 8. 推动"了解你的客户"（KYC）与身份信息的数据共享
改进现有支付基础设施	9. 推动实施场内 PvP 交付方式 10. 推动支付基础设施对市场参与者的接入开放性 11. 探索各经济体之间基于互惠特征的流动性安排 12. 延长各经济体支付系统运行时间 13. 推进各经济体支付基础设施的互联互通
统一数据与提升市场效能	14. 采用统一的 ISO 20022 信息格式版本 15. 数据交换采用统一的应用程序编程接口（API） 16. 推广和鼓励使用统一的身份识别符（如 LEI 标识）
探索新的支付基础设施与机制安排	17. 探讨新的跨境支付平台与机制安排的可行性 18. 推进全球稳定币的稳健性 19. 推进对 CBDC 的国际探讨

资料来源：根据 CPMI（2020）整理编制。

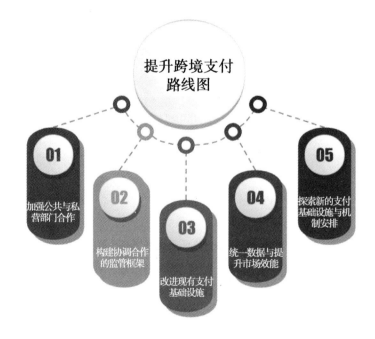

图 8-8　提升跨境支付路线五大改进方面

资料来源：根据 CPMI（2020）整理绘制。

从美国的态度来看，鉴于目前全球稳定币主要是与美元资产挂钩，并以美元作为计价单位，因而对美元在跨境支付的主导货币地位影响有限，甚至在某种程度上还会强化美元的国际资产计价功能，因而发展符合美国监管要求的全球稳定币，也是美联储推进新型国际结算货币的可接受方向。因此，美联储一直强调要以改良现有支付体系运行机制作为工作基础，而对于 CBDC 的发展，以及构建相应的国际结算平台的态度最为消极，甚至不排除有将全球稳定币作为 CBDC 的替代工具的意图。

与之相对应，发展中国家对于推进 CBDC 的需求更加强烈。首先，发展 CBDC 及其相应的跨境支付平台与机制安排的作用，不仅可以有效提升金融普惠水平，而且对于其现有跨境支付的困境边际改善效应更大。其次，鉴于全球稳定币均是以美元计价，网络支付的无国界性将进一步恶化货币的美元化现象，对本国货币主权形成二次威胁。因此，预期 CBDC 的前期推动将以各经济体自发形成的多双边协调结算机制为主，而国际组织的推进则以建立统一的运行规则为主。

2. CBDC 货币跨境结算的应用模式比较

CBDC 是一个庞大的系统，各经济体在设计自己的 CBDC 时会考虑安全、效率、隐私保护等不同因素而采用不同的技术方案、系统语言和数据格式，如新兴市场经济体最看重国内支付效率和金融包容性，而发达经济体更重视支付安全和金融稳定（Barontini and Holden，2019）。但由于跨境支付体系将不同经济体的金融市场联结到一起，一个经济体的 CBDC 设计不当，就可能会对其他经济体的金融体系产生巨大的影响，因此各经济体之间联合研发就很有必要（The Federal Reserve，2020）。BIS 等（2021a）明确指出，CBDC 跨境支付可通过两种方式进行：一是特定管辖区的零售 CBDC 可供管辖区内外的人员使用，中央银行间不进行具体协调；二是中央银行间相互合作，在不同的零售或批发 CBDC 间建立访问和结算安排。目前，部分中央银行已经在合作开展 CBDC 跨境支付研究，并启动探索 CBDC 跨境支付安排的实验计划。如表 8-3 所示，现有 CBDC 货币跨境结算共存在兼容模式、互联模式与集成模式主要三种类型，其主要内容如下：

所谓"兼容模式 CBDC"，是指通过遵守一套共同的国际准则，减少跨境及多币种的摩擦和障碍，建立具有互操作性的 CBDC 系统。这与现有跨境支付流程相似，银行必须就信息传递标准、加密技术或数据要求等达成一致。各国在构建自身 CBDC 支付体系的过程中，可实施通用的技术标准（如消息格式、加密技术、数据要求和用户界面），在底层架构设计中尽可能减轻跨系统操作负担，同时，还需要各监管机构采取协调一致的法律法规和监管标准，简化客户熟悉流程与交易监控流程。在兼容模式下，可鼓励私人机构参与设计过程，再加上私人卡网络、代理银行和闭环网络，跨境支付生态系统会有更多的选择和竞争。但其问题在于需要大量资源进行 CBDC 兼容性改造和政策协调，且如果各参与方央行缺乏共识，相关机制将很难快速推进。目前，虽然 G7 在 2021 年曾提出要制定协调统一的 CBDC 技术规则与监管机制，并提出 ISO20022 信息格式及统一国际法人识别码 LEI 等应用，以推动跨境支付系统的标准融合，但这些成果距离构建"兼容模式 CBDC"尚有较大差距，更多的内容仅为原则性的指导意见。

所谓"互联模式 CBDC"，是指各国可以相对宽松地构建 CBDC 支付体系，同时可借助共享技术接口或使用通用的结算机制，实现 CBDC 的跨境互联。该模式早期以欧洲央行与日本央行的星云项目（Project Stella）以及新加坡的 Ubin 项目为代表。瑞士国家银行和法国银行之间合作开展的 Jura 项目也是以"互联模式"特征为主。① 其中，基于共享技术接口进行 CBDC 跨境互联，可以支持零售型 CBDC 在终端用户之间的价值转移，而基于通用结算机制，则可以支持个别央行进行系统内各国 CBDC 的代理结算工作，进一步提升 CBDC 的跨境兑付效率。该模式的优点是可以让各国自主设定 CBDC 的运行机制与架构设计，但在通用计算机制下，主导方央行需要持有其他参与方央行的 CBDC 进行代理结算，需要各国让渡相应的支付结算功能及监管权力。此外，不同央行的 CBDC 区块链还将导致更为复杂的跨链认证，这也将限制互联模式的应用范围。因此，互联模式更有可能以双边模式进行，多边平台模式的推进难度相对较大。

所谓"集成模式 CBDC"，是指构建一个单一的跨境支付系统，在该系统内形成参与方 CBDC 的"走廊"网络，将参与方各自 CBDC"映射"到同一分布式账本中，并形成基于存托凭证的 PvP 跨境同步交收。该模式以中国香港金融管理局、泰国央行多边央行数字货币桥项目（mCBDC Bridge，mBridge）以及澳大利亚、马来西亚、新加坡和南非央行共同开展的"邓巴项目"（Project Dunbar）为代表。② 该模式的优点在于其多边系统的适应性更强，与"兼容模式"相比，各央行在 CBDC 架构设计与机制安排上的自主性更强，其可以应用于零售型、批发型等各种 CBDC 模式；与"互联模式"相比，其系统的多边适应性更好，各参与方央行均可作为平等的验证节点，直接实施系统内各节点之间的跨境支付需求。

---

① 该项目在保证双方央行具有独立的 CBDC 网络平台的基础上，探索在两国金融机构之间采用批发型央行数字货币（CBDC）中结算欧元和瑞士法郎的外汇交易。该项目的初步原型设计实验已于 2021 年 11 月完成。

② "邓巴项目"在国际清算银行新加坡创新中心的牵头下，于 2021 年 9 月 2 日正式启动，其研究方向包含 CBDC 跨境结算的高级功能需求和设计，以及在 Corda 和 Partior 技术平台上开发设计原型。2022 年 3 月 22 日，BIS 发表声明表示，该项目已完成第一阶段的平台原型搭建工作。

此外，CBDC 可在共同的分布式账本上发行，在开发和维护方面实现规模经济，同时在技术上比连接不同系统更简单，增添其他配置也是可能的。不过，这种整合在激发更多潜在的操作功能和效率提升的同时，也可能带来治理、控制和政策等问题。因此，各央行都需要系统研究发行 CBDC 对货币政策、金融稳定和支付体系带来的广泛影响，并在最终设计中进行权衡。此外，央行还需评估它们是否愿意将部分系统控制和监测功能交付给运营商，并且应共同商定好治理规则。关于 CBDC 货币跨境结算三种模式比较以及部分典型 CBDC 货币跨境结算项目简要介绍见表 8-3、表 8-4。

表 8-3　CBDC 货币跨境结算的应用模式比较

跨境结算机制	基于兼容模式的 CBDC 跨境结算机制	基于互联模式的 CBDC 跨境结算机制	基于集成模式的 CBDC 跨境结算机制
支付效益提升方式及与现有跨境支付模式的兼容性	兼容模式可以更有效地利用现有代理行关系，以获取跨境支付的效率收益	互联模式可以采用共同的清算机构，降低所需代理行关系需求，提升跨境支付的规模效应	集成模式可相对独立于现有的代理行体系，成为新的跨境支付渠道，但需要相应的构建及操作成本
结算运行的服务时长有限	三种模式均可以提供 7×24h 的服务时长，以降低货币结算风险		
跨境数据传输内容有限及数据服务的分割性	兼容性消息标准可以减少支付流的数据损失及人工操作的介入	由互联机制制定统一的数据传输格式，由此提升跨系统数据服务的协调效应	集成模式采取单一的跨境支付结算机制，可彻底解决数据传输格式的不匹配性问题
不透明的货币汇兑价格及手续费用	跨境支付机制的兼容性要求，使终端钱包服务机构有能力提供相应的汇率及手续清单服务，使用户在支付前能够算出相应的价格成本	共同的清算服务机构，可提供统一的汇兑价格及手续费用，以增强支付成本的透明性	集成模式可采取灵活的汇兑价格机制，并可接受场外汇率安排，汇兑价格与费用比价更具市场性
跨境支付交易链过长	三种模式均可实现"支付即结算"，降低支付在途状况		
跨境支付的合规监管流程复杂	兼容性机制安排的重点之一即为协调参与方的监管政策与工作流程，在一定程度上降低监管风险及合规成本	共同的清算服务机构将降低违背各参与方的监管政策概率	集成模式下参与方在加入结算机制的过程中，即接受相应的监管安排，且监管政策及流程是统一而对等的

资料来源：Auer R，Haene P，Holden H. Multi-CBDC Arrangements and The Future of Cross-border Payments［J］. BIS Papers，2021.

表 8-4　典型 CBDC 货币跨境结算项目

项目名称	参与方	简要情况
Jasper-Ubin 项目	加拿大中央银行、新加坡金融监管局	利用 DLT 对 Jasper 项目和 Ubin 项目下不同平台间进行跨境大额支付的可行性做了验证。利用哈希时间锁合约（HTLC）连接两个系统，以实现加元—新加坡元支付的原子交易，并且不需要可信的第三方或共同平台
Jura 项目	法国央行、瑞士国家银行、国际清算银行创新中心、以埃森哲为首的私营部门联合体	在 DLT 平台上使用两个批发型 CBDC 和一个数字证券进行跨境结算。一是通过货银两讫（DvP）结算机制交换法国数字金融工具和欧元批发 CBDC；二是通过实时交易（PvP）结算机制交换欧元批发 CBDC 与瑞士法郎批发 CBDC。相应的跨境支付结算分别由法国银行和瑞士银行独立开展
mCBDC Bridge 项目	国际清算银行创新中心、中国香港金融管理局、泰国银行、中国人民银行数字货币研究所、阿联酋中央银行	被设计成"走廊网络"形式，一方面与各司法管辖区内支付网络相连接，包括 CBDC 网络或实时全额清算系统（RTGS）；另一方面为跨司法管辖区的金融市场参与者提供连接。每个司法管辖区的中央银行对其 CBDC 发行和赎回拥有唯一的权力，商业银行从央行购买 CBDC 并在桥梁上使用，而企业则通过商业银行获取 CBDC。跨管辖区参与者之间的点对点交易可通过 CBDC 实现
Dunbar 项目	澳大利亚储备银行、马来西亚中央银行、新加坡金融管理局和南非储备银行、国际清算银行创新中心	将在不同的 DLT 平台上开发技术原型，且与传统支付系统交互，同时设计适用于不同治理和操作环境的方案，使各国央行能共享 CBDC 基础设施，从而在跨司法管辖区和业务领域的多部门合作中受益
Aber 项目	沙特中央银行、阿联酋中央银行、三家沙特商业银行、三家阿联酋商业银行	基于许可的 DLT 技术实现商业银行间的实时跨境支付，无须维护和核对 Nostro 账户（本行在他行开立的账户）。同时，中央银行负责发行和赎回 CBDC，但支付结算系统由商业银行负责，实现高度的去中心化，即使在中央银行无法运转或与网络断开时，商业银行也能相互结算

资料来源：宛洁茹，吴优．央行数字货币的跨境支付问题研究［J］．新金融，2022（1）：58-64.

四、CBDC 跨境流通与国际货币体系重塑

随着新冠肺炎疫情的全球蔓延，全球已有 40 余个国家央行和国际金融组织对 CBDC 在跨境支付方面纷纷按下了"快进键"。CBDC 的跨境流通将可能会引致新一轮数字货币竞赛，并重塑国际货币体系。

公平稳定的国际货币体系应该是在多方参与和决策下权责统一、汇率稳定、

国际储备量适宜的体系，而当前美元主导、欧元跟随的国际货币体系却很难做到这些，其存在的诸多问题广受诟病。CBDC 跨境流通或许有助于解决其中的一些问题。从技术上讲，在点对点的货币交易模式中，依靠分布式记账技术的共识机制完成交易，每个国家均可作为交易过程中的验证节点，平等参与、共同管理和决定货币的交易结算，从而做到权责统一；在具体机制上，可以通过自动匹配最佳汇率、直接报价、协商汇率和平台外汇率等机制确定汇率；在国际储备方面，由于各国可在交易网络中随时进行货币交易，因此各国可在交易中使用最广泛、币值最稳定的一种或多种货币中自行选择，而不必依赖美元（卜学民、马其家，2022）。尤其是以多边央行货币桥为代表的多边数字货币运行机制的发展，将有效降低不同货币之间的转换成本，使经济主体不再依赖于单一货币即可高效完成跨境交易，这实质上是将货币的支付媒介与储备货币的耦合关系解绑。与此同时，数字货币的底层技术决定了"支付即结算"的运行特征，改变了在账户体系下支付安全对用户身份的依赖性，资金流和信息流的"合二为一"提升了支付信息的透明性，使央行数字货币成为私人金融服务与储备资产的新选择。2019年，英国央行前任行长 Mark Carney 提出，与其让一个国家的法币向另一个国家的法币让渡霸权，不如创造一种由央行数字货币网络支持"合成霸权货币"。建立在区块链分布式账本技术之上的 CBDC 可能会成为这样一种"合成霸权货币"，因为其将集合各个国家经济金融情况和相关政策及监管要求，在不受任何一国宰制的系统中进行公平交易。在此背景下，数字货币的国际化路径有可能不再完全遵循"结算货币—投资货币—储藏货币"的传统路径，而是依据数字经济的具体应用场景及多双边需求，形成多元化的数字货币支付生态。戚聿东等（2021）提出，数字货币将在基于生态体系完成国际货币体系的"重组"过程，并形成货币职能与平台服务的差异化融合。程实（2021）则将数字货币的未来发展趋势分为"同币同链"（以数字美元为代表）、"同币不同链"（以美元稳定币为代表）、"同链不同币"（以多边央行数字货币桥为代表）以及"不同链不同币"（以英国央行和日本央行的 Stella 项目与新加坡的 Ubin 项目为代表）。

不过也要意识到，尽管不少人似乎看到了 CBDC 所具备的重塑国际货币体系的潜力，然而诚如 IMF（2020）所言，CBDC 并不会从本质上改变国际货币体系中的力量对比。美元之所以是世界上最重要的储备货币，是由美元币值稳定、有大量安全资产供应作为保障，美国的经济和法律体系具有较高的可信度，资本市场较为开放等多种因素促成的。因此，一个国家或地区仅依靠发行 CBDC 在短期内很难撼动美元在国际货币体系中的主导地位。

第九章 数字人民币发展及跨境支付的应用展望

随着数字技术和数字经济的不断发展，数字人民币作为金融科技的代表性发展成果，已成为社会各界关注的焦点。2022 年北京冬奥会举行期间，数字人民币试点覆盖了交通出行、餐饮住宿、购物消费、旅游观光、医疗卫生、通信服务、票务娱乐七大类场景，落地场景约为 40 万个。目前，我国经济总量的全球占比已超过 17%，但人民币在国际支付和国际储备中的占比仅分别为 2.49% 和2.25%，与我国经济影响力不匹配。因此，数字人民币在推动人民币国际化发展进程中的作用和影响备受关注。

一、数字人民币跨境支付的意义与挑战

1. 数字人民币跨境支付具有长远意义

数字人民币诞生于人民币国际化的大背景下。近年来，人民币跨境使用保持快速增长。2020 年以来，在新冠肺炎疫情冲击全球贸易、金融及经济的背景下，人民币跨境使用仍保持韧性并呈现增长。未来，中国人民银行将继续以服务实体经济为导向，坚持市场化原则，稳步推进人民币国际化。中国对于数字人民币的布局可以加强与其他国家的贸易对接，保护中国的商业利益。

第一，有利于扩大中国金融对外开放程度。相较于其他主权数字货币，数字人民币有着独特优势，未来在跨境领域的应用将成为促进人民币国际化的新支点。与传统货币相比，数字人民币不需要材料制作，人力、设备、场地等方面的发行成本也将极大缩减，并且具有技术相对成熟、试点范围广且场景丰富、兼容性强且安全性高三大独特优势。目前我国移动支付越来越普遍，现金的使用频率

大为降低。纸钞和硬币的发行、印制、回笼、储藏、防伪等各个环节成本很高，采用数字人民币支付则可以降低这部分成本。同时，由于采用电子记账方式，实体货币交易中很多烦琐环节将有可能被取消，便利性将大为提升。可以说，数字人民币的广泛应用是数字经济的必然结果，也是历史的必然。这种广泛应用也必将提升人民币的国际化和对外开放水平，在满足公众正常匿名支付需求的同时，数字人民币电子支付或也有利于重塑国际贸易结算体系。从数字货币维度看，我国央行已经走在世界前列，2016 年就提出构建兼具安全性与灵活性的简明、高效、符合国情的中国央行数字货币发行流通体系。数字货币在跨境贸易结算和金融交易方面更加便捷，有望打破对传统国际货币的路径依赖，有利于我国高水平的对外开放。

第二，在一定程度上缓解潜在的政治干预。称环球同业银行金融电讯协会（SWIFT 系统）是国际银行同业间的国际合作组织，全球大部分金融机构均通过该系统与其他国家银行开展金融交易。目前 SWIFT 系统由欧美掌控，其他会员国最多仅拥有一个席位且大部分国家没有席位，即在 SWIFT 系统中不拥有话语权。此外，SWIFT 具有系统性风险。2020 年 7 月，美国曾考虑将中国香港清理出 SWIFT 银行结算系统，并切断港元与美元联系汇率制。通过这种方式，中国香港以及在中国香港拥有业务的诸多中国金融机构将被迫退出美元交易与国际清算体系，中国与中国香港的国际贸易与金融往来将面临巨大阻碍，中国的贸易和供应链也会受到强烈冲击。而数字人民币相比现有的电子支付系统在跨境支付技术的安全及效率层面拥有巨大改进，主要体现在：基于区块链的数字人民币在跨境结算领域可将 SWIFT 系统几天的计算时间提升至秒级，提升交易效率；大幅降低跨境转账成本，且通过技术的提升在一定程度上可缓解潜在的政治干预。从这个角度上讲，数字人民币有利于保护中国的金融安全稳定。采用区块链后，不再依靠处于中心位置的系统（如 SWIFT）负责资金清算及交易信息存储，而是可以基于共识机制对价值直接进行转移，这个共识机制不需要进行任何信任协调。这种机制转变的结果不仅节省了第三方机构庞大的服务器费用和维护费用，还能精简业务流程，降低银行和客户的业务成本；同时，流程的扁平化提高了跨境转账的速度，实现实时转账，而且因系统的每个节点均存储了一套完整的数据拷贝，即使多个节点受到攻击，整体系统也仍能确保安全（见图 9-1 和图 9-2）。

第三，增强人民币在全球市场的货币储备功能。经过多年的努力，人民币在 SDR 货币篮子中的权重为 12.28%，仅排在美元（41.73%）和欧元（30.93%）之后，位列第三，然而在全球外储中人民币的实际比例却依然很低。截至 2021 年第四季度，人民币在全球各国、地区外汇储备中的规模达到了 3361 亿美元，

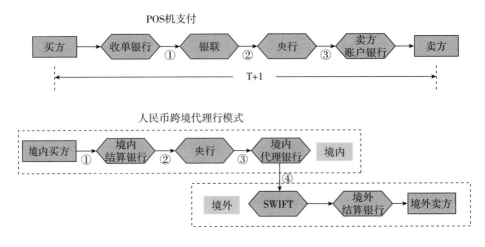

图 9-1　原有支付流程

图 9-2　基于多中心化融合区块链支付流程

约为全球外储总规模的 2.79%，位居全球第五，但与排名第一的美元占比相差 20 多倍，与日元占比也相差 1 倍左右。根据 SWIFT 数据，2021 年 12 月人民币国际支付份额占比由 11 月的 2.14% 升至 2.70%，尽管已升至第四位，但同样与美元、欧元等主要货币差距较大。为提升人民币国际地位，人民币需在境外流通并成为国际上普遍认可的计价、结算及储备货币，至少从技术上讲数字人民币有助于这一目标的实现。一是凭借安全、高效和成本优势扩大使用范围、提高国际信用。当数字人民币率先在金融市场中展现出这些优势后，将具有极强的吸引力，能够快速被更多国家、企业和个人所认可和使用，这对于扩大人民币的使用范围和提高国际信用大有助益。二是央行数字货币能够增强央行对货币流通监管的有效性。通过对社会中的数字人民币的流通规模、速度和领域进行分析，央行能够知晓影响数字人民币全球流通的薄弱环节和问题所在，更有针对性和更高效地解决这些问题。三是数字人民币的银行账户松耦合设计有利于境外市场主体更方便地使用人民币进行支付和结算，使人民币在国际范围内具有更高的流动性，并把汇率危机发生的可能性降至最低。同时，作为更加便利的支付手段，数字人民币将和银行存款频繁兑换，这能够在一定程度上降低商业银行的货币乘数，从而有助于保持人民币币值稳定。四是通过分布式账本，数字人民币能够健全人民币登记、托管、交易、支付、清算和结算等系统功能，将人民币交易系统的报价、成交、清算以及交易信息发布等功能延伸到各国的金融机构，加快形成支持多币种结算清算的人民币全球化支付体系。

第四，提升"一带一路"沿线国家交易便捷性。2020 年 4 月 7 日，中国银行发布的 2019 年度《人民币国际化白皮书》显示，约有 69% 的受访境外工商企业打算使用或进一步提升人民币使用比例。当前在很多"一带一路"沿线国家，人民币现金使用普及度非常高。中国人民银行发布的《2021 年人民币国际化报告》显示，2020 年，中国与"一带一路"沿线国家人民币跨境收付金额超过 4.53 万亿元，同比增长 65.9%，占同期人民币跨境收付总额的 16.0%。其中货物贸易收付金额 8700.97 亿元，同比增长 18.8%，直接投资收付金额 4341.16 亿元，同比增长 72.0%。截至 2020 年末，中国与 22 个"一带一路"沿线国家签署了双边本币互换协议，在 8 个"一带一路"沿线国家建立了人民币清算机制安排。截至 2020 年末，通过直参和间参，人民币跨境支付系统（CIPS）实际业务可触达全球 171 个国家和地区的 3300 多家法人银行机构，其中 1000 多家机构来自"一带一路"沿线国家。数字人民币现在的主要思路就是把现金数字化，与现有的支付系统形成互补，使得支付生态更加多样化，给消费者提供更多的便利。因此，数字人民币一旦发展起来，它就会有助于日常生活中人民币的使用，对于消费者和商家来说都是好事。从这一点上来看，"一带一路"沿线国家肯定会欢迎数字人民币的落地，因为这会给它们使用人民币带来更多的便利，也能够帮助它们找到更多的商业机会。

2. 数字人民币跨境支付面临的挑战

作为一种全新的数字化支付工具，数字人民币是不同于现金和传统准备金的中央银行直接负债，可能会对支付体系与货币供求、货币政策、金融稳定与监管、国际经济金融体系等产生多方面影响，数字人民币同样也面临来自内外层面的不同挑战。

从内部来看，数字人民币目前主要的发行基础仍在国内消费支付领域，跨境应用仍处于探索初期，难以快速形成规模效应。从中国人民银行的研发设定和场景选择上看，数字人民币主要定位于现金类支付凭证（M0），是一种面向社会公众发行的零售型央行数字货币，并不计息，其当前的主要目的是用于满足国内零售支付需求，其跨境应用尚未落地，难以快速在场景下形成规模效应，切实提高跨境支付效率。

从外部来看，为适应新冠肺炎疫情背景下经济数字化的新趋势，应对来自私人数字货币、数字稳定币等新型数字货币的竞争，自 2020 年以来，世界各国央行纷纷将以国家信用为基础的数字货币提上议事日程。根据国际清算银行 2021 年 1 月发布的一份调查报告，86% 的受访央行正在进行央行数字货币的研究或实验，60% 的央行将数字货币推进至测试阶段，14% 的央行正在部署试点项目。可见，数字货币在未来可能成为大国货币竞争的重要领域。不过这也意味着，随着数字人民币在全球主要经济体的普及和应用，以及数字技术、互联网经济、跨境电商、跨境社交媒体等的进一步发展，数字人民币的底层技术和应用场景也会不断突破和丰富，数字人民币在国家间竞争中会发挥更大作用，储备货币发行国如推出数字货币用于跨境支付可能强化对这些储备货币的需求，巩固甚至强化其国际地位。

此外，推动数字人民币跨境支付还需要着重研究两个问题：第一，境外商家和居民开立数字人民币钱包时的 KYC 程序和要求；第二，如果数字人民币因市场需求在境外国家应用较多，要与对方货币当局合作，以尊重对方的货币主权。

二、数字人民币的跨境支付机制尝试：多边央行数字货币桥

目前，我国正积极参与多边央行数字货币桥（mCBDC Bridge）项目，虽然各央行数字货币可能基于自身的不同标准发行，但在"走廊网络"上发行的存托凭证，可以实现基于单一账本的交互。这种模式不需要依赖于尚未成熟的跨链技术，同时各央行均可发行自己的数字货币来保护货币主权。

多边央行数字货币桥（mCBDC Bridge）项目前身是国际清算银行创新中心香港中心、香港金融管理局和泰国央行共同发起的 Inthanon-LionRock 项目，并已完成第二阶段原型设计工作（Phase 2，简称 IL2）。① 2021 年 2 月 23 日阿联酋央行及中国人民银行数字货币研究所加入，并将该项目改名为多边央行数字货币桥研究项目，并由此启动第三阶段研发工作。2021 年 9 月 28 日，上述监管机构共同发布中期报告，标志着该项目已完成中期研究工作。2021 年 11 月 3 日，多边央行数字货币桥研究项目发布用例手册，介绍项目的应用场景及测试进展。中

---

① 2017 年，香港金管局启动研究央行数字货币项目，以代表香港奋斗精神的"狮子山"命名。2018 年，泰国央行开始央行数字货币项目研究工作，以泰国国内最高山，位于清迈附近的"因他农山"命名。2019 年 5 月，中国香港与泰国启动项目联合研究工作，并分别于 2019 年 9 月和 2020 年 11 月启动项目第一和第二阶段设计工作。

国人民银行数字货币研究所所长穆长春表示："已实现在香港本地银行和指定香港商户范围内，通过数字人民币钱包进行充值、转账和消费的基本功能，未来将探索数字人民币系统与'转数快'快速支付系统的互联互通方式，进一步提升数字人民币跨境支付效率。"①

mCBDC Bridge 项目是一个多货币 CBDC 平台，允许各国央行在该平台上开展贸易结算和金融交易等业务（见图 9-3）。项目可缓解跨境资金转移效率低下、成本高和监管合规复杂等跨境支付结算痛点。项目的核心原则如下：一是非伤害。任何中央银行发行的 CBDC 需继续支持国际货币体系的健康发展，不破坏其他货币主权，履行货币和金融稳定职责，同时应保护消费者合法权利。二是合规性。CBDC 跨境支付应具有健全的法律体系和稳定的运营体系，遵守相关法律法规。同步信息流和资金流，并加强反洗钱和反恐融资等监管。三是互操作性。

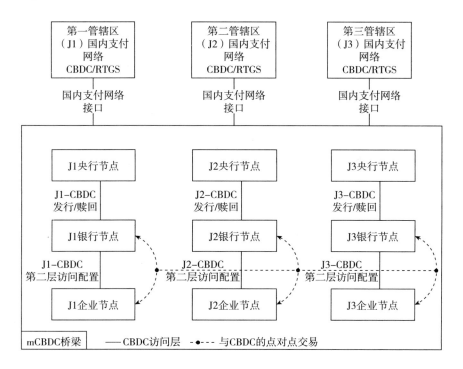

图 9-3　mCBDC Bridge 项目

资料来源：宛洁茹，吴优. 央行数字货币的跨境支付问题研究［J］. 新金融，2022（1）：58-64.

---

① 范子萌. 央行数字货币研究所所长穆长春：多边央行数字货币桥项目将拓展更加广泛的应用场景［N］. 中国证券报，2021-12-09.

CBDC 的发展应充分挖掘现有基础设施的作用，实现不同 CBDC 系统间以及 CB-DC 系统与传统支付系统间的互操作性（BIS et al.，2021b）。不过，上述架构的挑战在于多边央行数字货币桥需由参与国商讨，由于企业和国家多以自身利益诉求为先，理念并不容易达成一致。

1. 多边央行数字货币桥分层结构：账本端、数据端与服务端

mCBDC Bridge 项目（以下简称"mBridge 项目"）的设计原型共分为三层结构，即账本端（Layer1）、数据端（Layer2）与服务端（Layer3）。其中，账本端是 mBridge 项目技术架构中的核心层，主要包含区块链分布式账本的核心数据，也是控制智能合约逻辑编程的主要区域，一般由各参与方央行进行维护管理；该项目的分布式账本是在开源以太坊社区的超级账本 Besu 上搭建的。在账本管理结构上，各参与方的中央银行均为验证节点，特许商业银行则为标准节点，并由事务管理器分属管理，其作用是对各节点之间进行数据传输，并利用隐私强化技术（Privacy-Enhancing Technologies，PET）实现交易信息的匿名性（见表 9-1）。在扩展性方面，账本端还可以执行相应的智能合约（Smart Contract），为执行券款兑付（DvP）、提升与其他系统平台的互操作性以及实施更多监管科技功能提供了技术基础。

表 9-1　mBridge 项目账本端主要节点及功能描述

账本节点种类	功能描述
验证节点	在权威证明方式下，授权中央银行在共识机制中享有充分权威，在网络中确认相关交易，发行和赎回 CBDC
标准节点	商业银行及授权机构可以此对区块链的数据信息实施读写功能
事务管理器	利用公钥/私钥在超级账本 Besu 中加密输出数据、解密输入数据；对系统成员内部进行私密群组管理，即对非参与方进行保密设置；在系统内提供节点间点对点交易服务

资料来源：BIS et al.，Inthanon-LionRock to mBridge：Building a multi CBDC platform for international payments，2021.

服务端则是账本端的前端应用，通过用户界面（User Interface）提供相应的 API 网络接口，将用户及服务场景与数字货币支付体系有效连接。同时，基于点对点交易的网络效应，需要由商业银行、运营服务商以及支付机构等服务组织共同参与，以尽快实现规模化的用户需求，构建开放性的支付生态体系。数据端是为账本端提供支持的后端平台，主要提供身份识别、权限访问、路由功能、钱包签名、密钥管理、外汇兑换机制等相关服务。上述功能通常以创建数字货币钱包为服务载体，一般由商业银行或授权特许机构负责，分为市场服务和监管服务两个层面。在 CBDC 的货币市场运行中，数据端各功能模块，对于来自服务端 API 网关申请，通过对公钥/私钥的身份映射，验证网络节点的访问身份，并提供相应的签名钱包管理服务，包括向分布式账本发送或赎回货币，同时，结合与现有账户体系的松耦合关联，为监管者提供交易监控与钱包阈值增减等管理功能（见表 9-2）。

表 9-2　mBridge 项目服务端与数据端功能对比

功能	服务端	数据端
与账本端的互动关系	为账本端的前端服务接口界面	为账本端的后端数据支持平台
服务载体	用户界面（User Interface）	数字货币钱包（Wallet）
架构模式	网络节点的点对点架构	模块化的松耦处理架构
服务功能	与用户使用偏好及服务场景紧密结合，由用户界面将用户需求通过 API 接口连接分布式账本系统	对于 API 网关申请，通过对公钥/私钥的身份映射，验证网络节点的访问身份，并提供相应的签名钱包管理服务，包括向分布式账本发送或赎回货币，查询区块链状态以及货币汇兑服务等，同时还为监管者提供交易监控与钱包阈值增减等管理功能
发展目标	构建规模化的用户体系及深度融合各服务场景，形成开放性的支付生态体系	提供稳健、安全的钱包管理服务，并通过与现有账户体系的松耦合关联，形成对 CBDC 运行的身份管理与监管操作
服务机构	商业银行、通信运营服务商、支付机构	商业银行或特许授权机构

资料来源：笔者根据 BIS 等（2021b）报告内容自行编制。

2. 多边央行数字货币桥的原型设计特征

多边央行数字货币桥的原型设计优势主要体现在账本权限分类、结算最终性、单一账本性、汇率竞价性以及流动性管理等属性。

第一，mBridge 项目将账本权限分为账本登记管理、上传数据至账本和查阅访问账本三种类型，并分别配置许可型、私有型和衍生型三种区块链结构（见表 9-3）。由于这种权限分类机制是设置在区块链结构中，而不是在 API 等前端接口，使得 mBridge 可以最大可能地扩展其系统的可接入性。此外，mBridge 项目不同于传统的集中式交易所，其运行是以分散化的授权验证节点为基础，只要运行中验证节点多于最小数量阈值（达到 1/4 以上的验证节点在线），即可维持系统的正常运行，并以此保障该系统实现 7×24 小时不间断运行，同时，各节点的系统维护与更新也不会中断系统的整体运行。

表 9-3　mBridge 项目账本权限分级管理机制

权限分级	区块链结构	用户属性	机制描述
账本登记管理	许可型	中央银行	只有授权验证节点才能对账本数据进行登记管理，不同于全网节点验证，许可型验证可减少系统算力负荷，提升系统运行效率及使用体验
上传数据至账本	私有型	商业银行及汇兑机构	部分商业银行及汇兑机构可以被央行或监管机构列为特许参与者，作为系统中的标准节点，提供上传数据至账本等特定服务
查阅访问账本	衍生型	支付机构、金融科技公司	对于账本的查阅访问权限，采用私钥衍生型（以父子密钥为代表的树状模式）结构，央行等监管机构可拥有最高等级密钥，可查阅账本所有交易数据，而商业银行、支付机构等拥有相应等级密钥，仅可查阅其相关账本交易数据

资料来源：笔者根据 BIS 等（2021b）报告内容自行编制。

第二，相较基于稳定币或加密数字货币的跨境支付方案，mBridge 项目可以更为有效地解决结算最终性问题。目前比特币和以太币等公链所采用的共识机制，只能在概率上解决结算最终性问题。以比特币为例，交易的确认在经过后续五个区块后即可完成，这种确认机制虽然大幅度地降低分叉概率，但并未从根本上消除硬分叉和软分叉[①]；而稳定币的跨境转移虽然涉及银行资产抵押，但银行资产本身仍存在信用风险，更不用说稳定币发行机构本身的信用派生问题。对于验证节点的分叉问题，mBridge 项目以权威证明（Proof of Authority）代替工作量证明（Proof of Work），并采用拜占庭容错机制运行共识算法，只要满足 2/3 以上的验证节点确认即可通过账本认证流程，以避免因部分节点的意见分歧而导致的分叉问题。对于后者，由于 mBridge 项目跨境转移的是以 CBDC 资产背书的存款凭证，仅涉及央行债权的转移，交易可以在央行资产负债表上直接以中央银行货币实时结算终局，而不会产生信用风险。此外，系统支持更加细粒化的支付交易，这有助于结算的原子化交易。

①　在社区化的验证模式中，若社区对代码规则升级无法达成一致意见，即会出现分叉问题。硬分叉和软分叉的区别在于硬分叉后的区块只能对后续数据进行验证，而无法回溯验证，而软分叉则可以对前后区块数据进行兼容。

第三，采用单一账本模式，使 mBridge 项目可以兼容不同央行发行的差异化通证交易，而不需要实施相对复杂的跨链锁定机制。目前，跨账本转账使用五种方法：信任线（Trust Lines）、链上托管（On-Ledger Escrow with HTLC）、简单支付通道（Simple Payment Channels）、条件支付通道（Conditional Payment Channels with HTLC）以及第三方托管（Third Party Escrow）。当前跨链支付交易，通常采用以哈希时间锁定合约（Hash Time Lock Contract，HTLC）为基础的条件支付通道。① 从账本运行效率而言，从高到低依次是信任线、链上托管、第三方托管、简单支付通道和条件支付通道。根据 BIS 等（2021b），HTLC 的跨链认证虽然可以在一定程度上规避本金风险，但其仍存在部分失败运行案例。而在单一账本模式中，交易模式可以实现真正的原子结算（Atomic Settlement），而不必通过实施 HTLC 等跨链认证技术即可实现 PvP 支付，有效降低交易成本和时间损耗。根据 mBridge 项目中期报告，相比目前通行的代理行模式，IL2 原型能大幅提升交易效率，将原本 3~5 天的跨境交易时间缩短至 2~10 秒，而成本仅为代理行模式的一半。在 mBridge 项目于 2021 年 11 月发布的用例手册中，详细介绍了利用货币桥平台实施跨境原子结算、跨境零售低价值聚合服务，以及代币化双货币工具结算等业务。

第四，在汇率竞价性方面，mBridge 项目提供询（报）价、场外谈判以及牌价三种汇价方式，为平台用户在决策汇兑价格及手续费用时，具有更大的信息透明性与更多选择（见表9-4）。

表 9-4　mBridge 项目汇率竞价机制

机制名称	运行描述
询（报）价	参与用户可在平台内，通过用户界面经 API 接入系统开展询（报）价操作，所有交易操作均以加密形式传输，并在平台分布式账本上执行，询价用户还可设置相应时效来确定信息的有效性
场外谈判	mBridge 项目平台允许场外汇价谈判，交易双方在场外谈判约定的汇价可接入平台内分布式账本执行
外汇牌价	参与用户可在平台内，通过用户界面经 API 接入系统查询其他用户的外汇牌价，以及系统内可执行的 CBDC 额度，外汇交易可通过平台内的智能合约执行，并由分布式账本进行登记

资料来源：笔者根据 BIS 等（2021b）报告内容自行编制。

---

① 哈希锁定技术的运行原理可理解为在不同链之间设定相互操作的哈希值，只有报出该随机哈希值才能触发相应的转款操作，同时还会存在退款合约，当不满足双重签名或时间期限条件时，资产自动退回原处。

mBridge 项目设计原型采用结算混合模式（Hybrid Model），将全额实时结算（Real-time Gross Settlement，RTGS）和递延净额结算（Deffered Net Settlement，DNS）相结合，在各央行验证节点内部设置流动性节约机制（Liquidity Saving Mechanism，LSM），当支付出现流动性紧张或死锁（Payment Gridlock）状态时，将列入待支付系统排序，并由参与方央行定期自动启动 LSM 机制，为其所发行的 CBDC 交易提供净额结算服务，其具体执行流程见表 9-5。值得关注的是，若跨境支付结算机制采用较高级别的隐私保护，则央行难以准确完成在净额交易测算，并自动实施多双边净额结算方案。

表 9-5　mBridge 项目 LSM 机制工作流程

工作流程	功能描述
指令发送系统	中央银行要求银行将待处理交易和余额发送至 LSM 测算系统
净额交易测算	收到未决交易和余额后，中央银行测算出需要净额结算的交易笔数
净额指令提交	中央银行在完成净额交易测算工作后，将选择采取发送净额结算指令以解决周期性交易僵局，或注入流动性以缓解资金需求
净额指令执行	商业银行将执行央行的相关交易指令

资料来源：笔者根据 BIS 等（2021b）报告内容自行编制。

3. 多边央行数字货币桥的运行流程

多边央行数字货币桥的运行可分为系统内发行和系统间交换两个运行流程。首先，在各央行 CBDC 系统内的货币发行阶段，由于 CBDC 主要是基于现金 M0，也就是说，其是以现金的数字形式存在流通环节，而非央行的负债扩表过程，因而 CBDC 的发行和赎回的流程仍然遵循"中央银行—商业银行"的二元体系，即在"商业银行在央行的准备金账户资金—CBDC—商业银行在央行的准备金账户资金"进行循环，与电子货币直接在央行账户与商业银行账户间运行不同，CB-DC 是独立于两者账户体系的，这实质上是一个铸币的过程，可直接在系统内实现点对点的价值转移。姚前（2019）认为，该铸币过程在 B 端场景似乎多余，但在 C 端场景下是具有意义的。事实上，货币"数字化"或"通证化"的意义正是将货币资产的安全性证明与存储功能与账户体系相分离，从而使货币转移能够在不同的司法管辖区之间无缝连接，而零售型 CBDC 的铸币过程更是实现点对点跨境支付的重要前提。

其次，在系统间货币交换阶段，mBridge 项目第一步在各参与方央行之间构建"走廊网络"，但境外中央银行和商业银行都不得接入该参与方央行数字货币系统，或者持有该国央行数字货币，即保持了各方数字货币系统的独立性，防范各系统间的"传染风险"。第二步，参与方银行将 CBDC 转化为存托凭证，该存托凭证允许各方持有，并作为"走廊网络"分布式账本的记账单位，这种转化使各参与方银行可以间接持有其他经济体的 CBDC，便利在"走廊网络"内进行货币交换，且由于存托凭证可使不同 CBDC 映射至同一个分布式账本之中，使跨境账本的验证方式是基于单链完成的，不涉及相对复杂的跨链认证，提升了效率与安全性。值得注意的是，"走廊网络"作为一个实现数字货币即时交付（Payment vs Payment，PvP）的多边平台，无论央行在国内 CBDC 系统实施批发型还是零售型，均可以在"走廊网络"中进行资产代币化，因而两次货币转化过程也并不是必然关联的，央行也可以仅在"走廊网络"中发行代币化的 CBDC 负债，而无须在国内系统中进行流通。根据 BIS 等（2021b），mBridge 项目采用金融科技公司 ConsenSys 的通用代币（Universal Token）标准，其扩展了以太坊 ERC-20 和 ERC-1400 的代币标准①，以此来提供更加细粒度的资产交换功能。

最后，在 mBridge 系统中，商业银行承担着数据端和服务端的"双重角色"。如图 9-4 所示，商业银行一方面需要承担用户创建钱包、身份管理等相关功能，并在 CBDC 及存托凭证的发行与赎回等方面与中央银行进行双向互动，另一方面商业银行也需要升级维护自身的用户界面，保持前端用户的支付流量规模与活跃度，这实质上可以分别对应现有银行的 I 类账户和 II 类、III 类账户。而在服务端，非银行支付机构可以围绕用户界面及支付场景接入，同商业银行展开市场竞争，用户支付请求既可以在银行体系内部完成从服务端到数据端申请接入分布式账本（不一定是同一家银行），也可以基于"支付机构服务端—银行钱包数据端"接入央行账本。结合现有电子支付的运行机制，用户可以基于不同货币形态、不同服务渠道完成跨境支付需求，也使得跨境支付产业生态及价值链条更加丰富。此外，在 mBridge 系统中，原有的卡组织或转接清算组织失去了账户清算功能，从莫顿的金融功能观来看，即"功能比机构更稳定"和"机构的形式服从于功能"，在基于数字货币的支付体系下，卡组织或转接清算组织的职责功能将发生重大改变。从 mBridge 项目的运行流程来看，卡组织或转接清算组织应作为银行钱包在跨境支付场景的统一平台，与其他经济体的数字货币跨境支付平台

---

①　不同于以太坊原生加密货币，ERC-20 代币只存在于合约中，其指定代币的规则（即名称、符号、可分割性）并保存一个将用户余额映射到他们的以太坊地址的列表。在代币执行支付转移的过程中，只需要调用智能合约中的相应函数即可，当然在此过程中需要耗费一定的以 gas 计价的以太坊费用。ERC-1400 则在 ERC-20 的基础上，增加了合规监管、所有权可分割性与可替换性以及发行者强制转移等智能合约功能。

形成对接，以保障点对点跨境支付网络的安全性与稳健性。与此同时，应该看到 mBridge 仅是一种跨境支付平台的应用模式，并不代表人民币国际化的全部。从目前的发展态势来看，数字人民币的跨境应用很可能是多种跨境支付平台的结合，这种多模式的结合也需要卡组织或转接清算组织，整合银行钱包数据端的技术标准与业务规范，从而促进人民币国际化的真正实现。

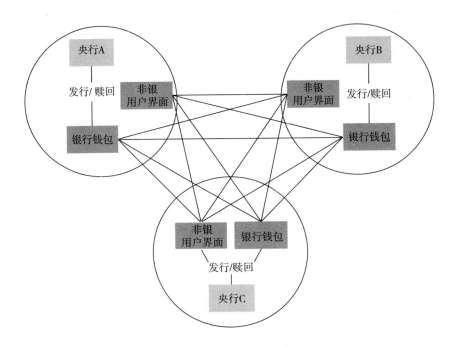

图 9-4　mBridge 项目的运行流程

资料来源：笔者结合 BIS 等（2021b）整理绘制。

三、基于数字人民币的跨境支付产业构建

1. 技术选型与基础设施构建

（1）区块链技术及 mBridge。

从技术上讲，数字货币往往被认为与区块链或分布式账本技术紧密相连，然而从我国数字人民币的研发来看，却并没有预置技术路线，也不单独依靠某一种

技术，这为底层技术选择留有灵活空间。但正如程实（2020）所指出的，数字人民币在保留传统法币的中心化特征的同时，借鉴了区块链技术及其理念，借助"一币两库三中心"的运营框架拟合区块链技术的特性，包括借鉴 UTXO（未花费交易输出）账本模式、采用非对称加密技术实现可控匿名性、可拓展智能合约技术等。

　　对于跨境支付来说，分布式账本技术具有明显的优越性。从前两章我们对跨境支付以及数字货币发展的分析中不难看出，跨境支付的演进逻辑是在平衡交易成本和共识成本的基础上围绕着降低两者或其一而展开。分布式账本技术之所以与依托于数字货币而兴，正是因为其在技术层面上天然具有降低共识成本的优势。当数字人民币介入跨境支付后，基于分布式账本技术的数字人民币可直接用于点对点转账，交易双方无须再依赖传统的中介机构进行跨境支付，大大简化了传统跨境支付流程，从而降低跨境支付交易成本并提高了跨境支付的效率。同时由于数字人民币"小额匿名、大额可溯"的技术属性，相较于传统跨境支付手段也能更好地保障交易双方的交易安全及信息安全。

　　除可有效降低共识成本外，分布式账本技术也有助于通过突破时空边界和应用边界来降低跨境支付的交易成本。就时空边界而言，基于互联网、区块链的发展，数字货币的流通可以跨越地区及国界，打破银行柜台、银行账号的物理约束，有利于货币使用主体的交易，促进实体经济的发展。例如，在一般的国际贸易中，在贸易合同签订后往往需要长达一至两周的贸易跟单，涉及单据的业务审批、验货、订舱等多个流程，买卖双方根据单据合约逐一按步骤履行并不断沟通核对流程。考虑数字人民币介入国际贸易跟单流程下，由于采取了分布式记账的设计模式，此时的单据变成了纯粹的电子单据，买卖双方只需履行相应的义务并逐一记录即可。这种记录无法被修改和变更，可以较好地解决交易过程中双方履行义务的确认问题以保证平台对价值交换活动的记录、传输、存储的可信度。数字资产的使用与交换可实现跨境支付的实时结算，节省大量的成本与时间。就应用边界而言，基于区块链技术的数字货币具有分布式、防篡改等特性，适应实体经济及虚拟经济中多种场景的应用，而应用场景的多样化及创新又进一步强化了信用机制。进一步讲，区块链或分布式账本技术可以支持各经济体在不同支付创新路径下实现跨境连接，这将极大地拓展各经济体数字货币的应用边界。目前中国人民银行数字货币研究所还与香港金管局、国际清算银行、泰国央行、阿联酋央行联合开展的多边央行数字桥项目，也是尝试应用分布式账本技术去实现更快速、更便宜和更安全的跨境支付和结算。项目研究第一阶段报告显示，应用央行数字货币和分布式账本技术的多边央行数字货币模式有助于实现更快速、更便宜和更安全的跨境支付和结算。国际清算银行 2021 年 9 月的公告也显示，mCBDC

Bridge 试点项目中，多种央行数字货币通过通用原型平台可以在几秒内完成跨境支付和结算操作，同时也可降低约 50% 的操作成本。当然，分布式账本的一些技术特性还存在与现有国际规则（比如结算最终性原则等）的协调问题，且由于跨境支付需要跨越独立的司法管辖区域，这意味着各经济体数字货币研发需要进一步强化多边合作和交流。

当前，我国数字人民币在全球法定数字货币中居于领先位置，在国际上备受关注。未来应进一步完善数字人民币的技术基础，争取数字货币技术的全球话语权。第一，可通过不断试点优化数字人民币的底层技术架构，进一步提高使用效率。同时在技术层面上进一步深化区块链以及分布式账本技术的应用，使之更好地适配市场需求，进一步提升我国支付体系的活力与竞争力。第二，鉴于数字货币的研究、发行、使用是一项系统工程，建议不断扩大合作范围，充分发挥我国在市场规模、互联网前沿技术、对外贸易等领域的优势，积极与国内支付、金融科技、数字技术等领域的重要公司开展包括技术开发、基础设施、数字钱包等领域的联合研究、合作，集合多方力量完善数字货币的技术方案。第三，我国应进一步强化多边合作，以开放包容的心态共同推进国际货币体系向前发展。促进数字人民币跨境支付意味着不同程度的国际一体化与合作，凸显了多边合作的必要性和兼容性。

（2）与现有支付体系的竞合关系。

数字人民币未来必然会与现有的跨境支付体系形成一定的竞争，当然目前来看数字人民币更多聚焦于零售支付。从技术上讲，数字人民币未来或许能够具有一定的竞争优势，这包括：第一，安全性提升。就货币跨境交易结算而言，数字人民币可以实现货币对付，不存在结算风险。并且，数字人民币去中心化、全网记账、分布式特点可天然地抵御黑客攻击，并有助于限制数据操纵和消除单点故障，从而使金融系统更加稳定。第二，成本降低、效率提高。代理银行的退出意味着商业银行间的运营成本、合规成本、对账成本降低，资金结算时间也能够明显缩短。此外，货币数字化能够降低现金的印刷、保管和分配等成本。第三，有助于货币的管理和监管。数字人民币独一无二的编码可准确溯源货币交易记录，这既有助于央行通过穿透式监管强化跨境货币流通监管，打击货币犯罪，也有助于提高央行宏观审慎管理和微观金融监管能力以及在国际合作中的跨境资本流动管理水平。不过也要看到，数字人民币目前仍面临着一系列技术难题。首先，没有十分成熟的底层技术。区块链技术是民间数字货币的主流技术，但问题在于其能够支持的交易容量和可扩展性有限，并且容易受到算力攻击，无法保证交易的确定性。而其他技术无法同时具备分布式存储、可追溯等特点以支持数字人民币的良好运行。其次，不存在权威通用的行业技术标准。数字人民币仍需要更高的应用标准以及更谨慎的应用，而目前没有任何标准能够直接适用于数字人民币。最后，隐私保护面临困难。数字人民币的流通需要监管，但监管需要获取用户交易数据，由此产生了数据获取与隐私保护的矛盾。即使利用区块链技术匿名性特征保障节点参与人的隐私信息，但对于使用公钥发送、私钥解密的信息接收方而言，区块链应用技术的普及可能将解密次数和节点交易汇聚形成大数据，导致被"推断"乃至被"追溯"（卜学民、马其家，2022）。由此可见，基于数字人民币的跨境支付要想取代现有的零售跨境支付体系，单在技术上就仍有较长的路要走。

事实上，除了直接的竞争外，数字人民币也有可能对现有的跨境支付体系进行改造和升级。国外有学者就曾指出，批发型CBDC将有助于改进实时全额支付系统（RTGS）的核心功能，提升金融机构间的转账和结算效率，使复杂的支付流程更加高效，且批发型CBDC可以使其他国家的银行在无须央行的账户担保的情况下持有任何中央银行的储备金，这意味着批发型CBDC下的支付体系也具有很强的拓展性和可操作性（Calle and Eidan，2020）。尽管上述学者谈论的是批发支付，但从中或许也能启发人们去思考数字人民币跨境应用与现有的零售跨境支付体系之间衔接与合作的潜力。中国人民银行下辖人民银行清算总中心、跨境银行间支付清算有限责任公司（CIPS）、央行数字货币研究所和中国支付清算协会就联合环球银行间金融电信协会（SWIFT）组建了合资公司，共同探索未来数字货币的跨境支付和流动性解决方案。当然，目前相关机制仍处于研究阶段。

基于国内来看，从扩大数字人民币的适用范围的角度，未来其流转至少应能为传统代理行模式甚至跨境金融市场基础设施的实时结算提供互联互通的接口。对传统跨境支付模式的兼容以及与跨境证券、期货、外汇等金融市场基础设施的资金结算对接，均可体现出数字人民币的可互操作性和开放性，能够使更多的支付服务商加入数字人民币的支付渠道，增加其在跨境金融产品清算结算中的接受程度。如果数字人民币未来希望涉足证券市场的清算结算，那么为实现可互操作性，数字人民币的发行与流通机制或许还需要增加具有可编程功能、带有一定触发条件的"智能合约"，即支付服务商等机构自定义的可执行脚本，当特定条件满足时（如某一笔证券已清算完毕），智能合约即被触发，以此实现证券与央行数字货币的同时交收。基于国外来看，数字人民币也应尽可能对接其他国家的主流跨境支付系统，甚至包括马来西亚的Sarawak Pay、孟加拉国的bKash等一些东南亚、南亚国家的支付体系等。因为如果其他国家没有商家使用可接受数字人民币的支付系统，则持有人也无法在该国直接使用它。

2. 推广路径与法规建设

（1）场景建设与推广路径。

数字人民币由于其顶层设计及属性，天然地在小额高频交易中具有优势，故从具体的跨境支付场景来看，应率先探索推进建设以小额跨境交易为主的数字人民币跨境交易体系，如数字人民币可与跨境电商、跨境物流相结合。此外，在边境贸易如中缅、中越和中蒙边界交易中，存在着大量个体与个体直接贸易的边界贸易，以往大多通过以物易物或者现金交易的形式进行贸易，往往不会通过金融或者银行系统，更不会被央行记录在国民经济账户之中。如果将这种被忽略的经贸数据通过数字人民币进行记录，也有助于地方政府更好地制定可持续增长政策。

进一步地，随着数字人民币在境内外零售支付场景应用的不断成熟完善，我国可依托国内试点经验和国际社会普遍需求，以数字人民币在技术应用和战略布局的先发优势为抓手，进一步推动数字人民币和人民币国际化的协同联动探索。一是先在"一带一路"沿线国家布局数字人民币基础设施，再视情况扩展到更多国家。"一带一路"倡议提出以来，中国与沿线国家陆续建立了良好的双边政治、经济、法律等关系基础，为数字人民币在沿线国家的发行和流通提供了市场准入机会，未来可考虑在对外直接投资、对外援助、双边产业合作等领域应用推广数字人民币。我国可以通过与这些国家签订货币互换协议、扩大支付系统访问权限和布局更广泛的数字人民币离岸市场等方式，提供数字人民币的支付、结算、信贷等基础性金融服务，延伸数字人民币的受理边界，以数字人民币跨境支付试点提速不断拓展人民币国际化空间。二是在区域全面经济伙伴关系协定（RCEP）区域中探索数字人民币的跨境使用。RCEP 的签署为数字人民币国际化提供了一个广阔的舞台。应积极与其他 14 国政府充分沟通协商，基于互利互惠的原则充分考虑各方需求，探索法定数字人民币作为区域内国际贸易结算的官方支付方式之一，逐步形成区域性的初步跨境支付新体系。三是探索推进建设粤港澳大湾区与前海自贸区数字人民币跨境支付平台。以建设粤港澳大湾区和前海自贸区为契机，在深圳前海地区打造数字人民币分布式跨境支付与金融交易平台，这对于提升国家金融竞争力、维护中国金融安全具有重要价值。

无论是在零售支付还是在批发支付的场景建设过程中，都要充分发挥公私合作和市场化的竞争机制来提升数字人民币的竞争力，打造数字人民币跨境支付生态圈。

第一，建设广泛的数字人民币交易网络。数字人民币需要极强的流动性来保障币值稳定和公众信心，这需要足够多的金融机构提供兑换服务。这些金融机构包括两类：一类是境内金融机构的境外分支，我国央行应该授予这些分支机构一定额度的数字人民币兑换权限；另一类是境外金融机构，这些金融机构可通过与境内金融机构签订货币互换协议提供数字人民币兑换服务，也可通过我国央行开放访问权限直接提供兑换服务。不过，后者需要我国允许他国金融机构在我国央行开设账户、访问我国支付系统，这存在一定的法律和监管障碍。为解决这一问题，可通过建立人民币离岸交易市场来使境外金融机构开展数字人民币业务，扩大数字人民币的流动性。

第二，鼓励专业的支付公司在人民币跨境支付中发挥积极作用。例如，微信支付和支付宝在全球 B2B 和 C2B 市场都已是当之无愧的支付行业领导者，并且这些支付巨头本身也正在加速"出海"；银联国际目前也是人民币跨境支付的专业服务机构，截至 2021 年末，银联全球网络已延伸至 180 个国家和地区。未来应积极鼓励这些支付公司参与数字人民币跨境支付网络建设，以更先进的技术手段和商业模式去拓展数字人民币的跨境支付场景，营造良好的人民币跨境支付生态环境。

第三，支持高科技公司参与数字货币开发和推广。除参与具体的应用场景探索外，科技公司还可加大对身份认证技术的研发，以降低复杂又费时的高成本的身份认证过程，或加大对监管技术的开发，以满足我国和其他国家的跨境支付的监管、信息保密、知识产权保护和网络安全要求。

（2）法规建设及国际协同。

主权货币的数字形式能否为其他国家普遍认可，将首先取决于该货币在本国是否得到法律明确的确认。如何合理安排支撑主权数字货币的法律制度，是决定其是否能为社会普遍接受的基本前提，一国对主权数字货币必须进行法律上的精密设计，只有这样，该主权数字货币才能被本国普遍接受，并进而获得其他国家的认可。因此，需要赋予数字人民币法定货币地位，这是确保数字人民币发行和推广应用的合法性基础，也是构建其他具体制度的法理支撑。

2020 年 10 月 23 日，中国人民银行公布了《中华人民共和国中国人民银行法（修订草案征求意见稿）》，其中明确规定"人民币包括实物形式和数字形式""任何单位和个人不得制作、发售代币票券和数字代币，以代替人民币在市场上流通"。然而除此之外，就没有更具体的规定了，且该修订草案征求意见稿也尚未审议通过。从目前我国现有的银行、外汇等相关法律来看，缺乏关于数字人民币的规定，也无法直接适用。数字人民币的发行依据、法偿性、所有权转移、反假币和个人信息保护均面临挑战。这些问题使得数字人民币在国内发行流通尚存法律障碍，国际流通则会面临更多问题。

因此，法律不仅需要确定数字人民币为法定货币，还需要对数字人民币的特殊性质、发行交易规则、所有权转移规则和反洗钱要求等进行具体规定，特别是要注重数字人民币跨境流通相关规则的体系性构建。数字人民币的发行和跨境流通涉及诸多基础性法律规范的修订和完善，包括《中华人民共和国人民币管理条例》《中华人民共和国货币出入境管理办法》和《个人外汇管理办法》等均需将数字形式的人民币囊括其具体条款中，同时在支付领域所涉及的《人民币跨境支付系统参与者服务协议》《人民币跨境支付系统业务规则》《人民币跨境支付系统业务操作指引》以及《人民币跨境支付系统技术规范》等一系列法律规范也应作出相应修订和完善，必要时也可考虑对数字人民币的跨境流通和支付规则进行单独立法。此外，需明确央行管理数字人民币的具体权限职责，作为数字人民币的发行主体，中国人民银行最主要的义务是稳定其币值，维持其购买力，并对数字人民币系统进行技术维护。

一些与数字货币技术特性相关的立法也应完善，如要加强对个人信息隐私以及数据安全的保护。在技术上，在交易主体与央行之间，要实现大额实名、小额匿名交易，既保障央行的监管权，又降低交易主体隐私泄露的可能，以平衡金融监管和隐私保护的关系；在交易主体之间和交易主体与商业银行之间，要实现交易的完全匿名化处理，阻断交易主体之间及商业银行对交易主体的信息识别。在操作上，需要建立严格的授权管理机制，严格控制央行和经授权的商业银行内部人员随意访问交易数据，同时还需要保障央行的数据中心系统不断更新技术、定期检查、避免系统漏洞，防范操作风险和道德风险。在规则上，要制定金融数据隐私保护规范。

在完善国内立法的基础上，我国还需积极参与国际组织框架下的多边交流，提升数字人民币的跨境流动监管能力和数字金融全球治理话语权。一方面，可借助数字人民币国际合作的机会，积极参与数字货币领域国际规则与标准的确定。应利用好 IMF、BIS、世界银行等国际平台，积极参与全球数字金融基础设施建设，提升自身在全球数字货币规则、标准制定中的话语权，与其他国家一起分享数字人民币的研发、发行、流通等技术及标准等方面的经验，共同确立 CBDC 的基本原则。可探索开展数字货币领域的国际规则起草、标准制定等工作，充分利用亚洲基础设施投资银行（AIIB）、东南亚国家联盟（ASEAN）等区域性机构或国际组织，联系"一带一路"沿线国家形成支付联盟，尽快形成区域标准或开展区域性适用实践。另一方面，要协调与其他国家间法律和监管的差异。从国际法角度来看，我国数字人民币在跨境支付时，如若没有与其他国家签订相关货币流通协议，或者没有得到相关国家国内法律法规的认可，很容易对数字人民币的跨国推广形成阻力。因此应首先在互相尊重货币主权的前提下，协调他国对数字人民币的包容性和适应性立法，使他国在确保安全的前提下，给数字人民币以更多发展空间。

3. 金融稳定相关问题考量

（1）反洗钱与反恐怖融资。

作为一种数字货币，数字人民币可以允许记录交易和追溯数据，理论上讲可使我国央行穿透式监管所有数字人民币交易来有效打击洗钱和恐怖主义融资领域的犯罪，减少整个经济社会的违法经济活动。然而，它又使得现有的反洗钱和反恐怖融资监测手段无法全面有效实施。现有反洗钱等犯罪的监管主要依靠商业银行等金融机构的"知晓客户"（KYC）原则对大额和可疑交易进行追查。但数字人民币支持匿名下的点对点交易，由此会产生大量游离于我国金融监管体系之外的交易主体。根据中国人民银行关于数字人民币的制度设计，数字人民币实行小额支付匿名，大额支付可溯。对于数字货币使用者的相关信息由中央银行统一管理，持有者在进行小额支付过程中，相关信息不会为其交易对方获取。并且，随着更多国外金融机构和交易主体参与到交易结算中来，这些金融机构的监管能力参差不齐，这可能使货币犯罪的监管难度更高。加之国外用户的数字人民币交易数据可能会被视为隐私受到其本国法保护，从而使我国对数字人民币流通的监管受到国外隐私法律政策的阻碍。这就有可能让不法分子将非法获得的资金以数字人民币的形式通过移动终端设备注入数字钱包，逃避海关监管，携带至国外从事某种名义上的合法交易而洗白非法资金。此外，某些恐怖组织或恐怖分子也可以合法形式在我国获得恐怖资金，再通过数字人民币结算和支付系统形成的便利渠道将资金转移到境外。

由于数字货币不同于传统货币的特点，因而按照传统货币的监管体系进行违法性监管将不可能取得良好效果，监管重心要相应转移。在主权数字货币跨境流通合法性监管方面，应当将监管的主要任务转移到依法能够接触货币持有、使用者基本信息，能够进行使用痕迹追溯的特殊机构，而不仅仅针对参与相关支付活动的银行或其他金融机构进行监管。当然，对于后者的监管也是必要的，要制定金融机构准入标准，判断其是否具有相应的技术能力、风险管理机制以及对我国法律和监管的适应能力，防范数字人民币国际洗钱活动。在技术方面，要通过监管科技不断增强预见性、实时性、持续性和协同性风险监管能力，提升风险分析和控制能力，增强监管的及时性和有效性。可考虑建立大数据中心，利用分布式账本及时获取、分析和监测数字人民币的交易情况，发现异常和可疑交易并提取和保存证据。

除此以外，主权数字货币跨境流通，包括利用主权数字货币进行的犯罪活动，往往涉及多个国家，由于每个国家的执法者都只能在其国家范围内开展合法的执法活动，因此，为有效打击利用主权数字货币的犯罪活动，相关国家之间应针对洗钱、漏税、逃税、恐怖融资等违法的跨境活动定期开展合作研究，并建立常态化的协同监管机制，包括信息共享、联合调查和诉讼合作机制等，以便及时发现违法犯罪行为，并通过执法部门间的合作，有效查处违法犯罪行为并及时给予制裁。从技术上来说，为了满足境外监管机构反洗钱执法的需要，我国央行可通过国际监管协作，将境外特定监管机构作为区块链节点查阅特定的央行数字货币流通信息。

（2）跨境资本流动。

尽管央行将有能力追踪境内外数字人民币的支付流动，但外汇管理难度仍可能会增加。目前世界各国对外国货币的跨境流通都实行了不同程度的管制政策。有些国家实行全面外汇管制，另一些国家实行部分外汇管制，少量国家基本上不实行外汇管制。实行外汇管制的目的，主要是防止外国货币不受控制地进出国境对本国货币造成严重冲击，影响本国金融秩序的稳定，并可能对本国经济贸易的发展造成严重的负面影响。根据《中华人民共和国外汇管理条例》的规定，我国外汇的管理实行部分管制模式，即对经常项目实行低强度管制，而对资本项目则实行相对较严格的外汇管制。数字人民币支持脱离银行账户的点对点价值转移，这意味着境内外主体均可通过数字钱包进行交易结算，金额较小时还可以匿名支付，由此可能会出现数字人民币在国际范围内大规模流通和进出并可能绕开央行直接流入社会从而游离于监管之外。因此，点对点支付结算可能会令我国国际收支面临更快速、更剧烈的冲击。此外，在在岸和离岸市场汇率有所差异的情况下，如果这种新型货币形式不能得到有效的监管，则可能会加剧一些操纵外汇市场的投机活动，诸如骗购外汇、套汇、逃汇和非法买卖等。

事实上，目前各国还都试图通过海关建立货币资金跨境流通控制机制。根据中国人民银行公告〔2004〕第18号，中国公民出入境、外国人入出境，每人每次携带的人民币限额为20000元。而在数字货币跨境流通的情况下，如果数字货币钱包中的金额超出海关规定的范围，是否需要申报以及如何申报，现行立法都未作出明确规定。对于携带数字货币过境的情况，海关不可能使用传统的开箱查验方式进行查检，如何进行有效查处和把控也没有相应制度，这就可能造成过境人员利用各种存储数字货币钱包的终端设备逃避海关监管。

数字人民币跨境资本流动如果不能得到有效控制，就可能导致汇率出现较为剧烈的波动。随着跨境支付的推广，数字人民币的规模必然会高于纸币，这可能使得央行和外汇管理机构无法通过现有的手段及时发现数字人民币境内外流通规模与需求失衡的情况，从而导致人民币汇率波动。而反过来，当人民币币值剧烈波动时，民众也容易通过买卖数字人民币等方式非理性地大规模跨境转移资金。IMF（2020）曾指出，CBDC与其他货币的便捷转换在带来效率提升的同时，也会放大国内资本流动和外汇市场的风险，并将国际市场的金融风险传递至国内。

数字人民币的跨境流动还可能使国内货币政策的实施复杂化，即便是零售型CBDC的跨境持有和使用，也可能使本国的货币政策立场以及金融风险水平受到其他国家的政策影响（ECB，2020b）。在国内，立法可以确定数字人民币为法定货币，任何单位和个人不得拒收。但在国际社会，数字人民币却并不一定能被广泛接受。当然，也有可能随着数字人民币跨境支付网络的拓展，由于其支付便利性，被接受的程度反而高于传统人民币。由于数字人民币和传统人民币的发行、流通和回笼属于两套货币系统，两种货币之间一旦在一些国家无法及时兑换或兑换成本过高，则国际社会流通中的数字人民币就可能相对于传统人民币过多或过少，从而令两者形成实质性的价差。因此，从货币政策的角度讲，如何确定数字人民币的发行规模和比例将成为其跨境流动的难题之一。如果短时间出现大规模的数字人民币的跨境流动——无论是国内诱因还是他国诱因造成，上述问题都将进一步恶化，进而对国内金融秩序带来冲击。

因此，央行应建立并完善专门针对数字人民币跨境流动的发行、流通和回笼机制，完善货币和外汇管理规定。一方面，需要我国在已有货币跨境流动制度的基础上，树立全球视野，将数字人民币国际流通的风险管理和应对纳入工作范围，不断完善货币政策，加强宏观审慎管理、跨境资本流动管理和外汇管理，为金融风险的防范和化解做好制度指引和保障。在具体责任分工上，央行和外汇管理机构应当承担主要职责，通过建立大数据分析中心、开展压力测试、制定风险应急处理机制和危机替代性方案等强化风险预警和处置能力，在风险总体可控的前提下稳步推进数字人民币跨境流动。另一方面，以数字人民币的市场需求为基础，通过调节利率、汇率和外汇储备等因素保持货币的流动性、币值和金融市场的稳定性。同时探索数字人民币的规模化管理，通过大数据分析市场对传统货币和数字人民币的需求规模，实现传统货币与数字人民币供应数量的控制与衔接，从而科学决定并调控数字人民币发行量，以确保币值稳定。

第十章　抢抓机遇，开创数字货币新蓝图

货币的出现对于人类社会文明的发展起着重要作用，它是随着商品的不断交换而发展，能够充当一般等价物。它代表人类历史各个阶段的发展与进步，它作为一个重要的里程碑记录着货币发展过程，从最开始的物物交换，到金属货币，到纸币，再到电子货币和数字货币，标志着人类文明发展的新的历史时期。数字货币的到来给人们带来新的支付方式。

第一，数字货币凭借其快速、便捷、安全的特点在支付与结算方面占据有利地位。近年来，人民币跨境使用展现了较为强劲的动力①，然而低成本、高效率、低风险的跨国支付与结算产品和方案势必有助于进一步加速人民币国际化进程。未来，利用数字货币和区块链技术打造的点对点支付方式将省去第三方金融机构的中间环节，不但24小时实时支付、实时到账、无隐性成本，也有助于降低跨境电商资金风险及满足跨境电商对支付清算服务的及时性、便捷性需求。

第二，降低各类成本，在小额支付及资金转移方面优势凸显。在目前的经济影响下，流通中的纸币现金在货币总量中占有的比重较小。随着智能手机的普及，人们可以更容易地运用银行数字货币支付服务，银行可以积极开拓大量无法获得银行账户但通过互联网对接的客户。其中一个途径就是，通过数字货币建立数字钱包，在金融覆盖不足和经济欠发达地区实现更低成本、更安全的小额支付和资金转移，实现中间业务收入增加。

第三，成为特定场景下的金融工具。一方面，目前各大银行电子化贷款流程和处理流程仍然离不开大量的人力，而作为贷款发放的基础支撑，很多抵押品存在定价不实或抵押多次甚至无抵押品等情况。因此，可以利用数字货币对银行相应的抵押品进行定价和交易追踪；利用数字货币来发放贷款并构建数字化流程将

---

① 中国银行发布的《中国人民币国际化白皮书》显示，2020年中国跨境人民币结算量超过28万亿元，同比增长44%。在中国遭受疫情冲击最为严重的1~3月，中国跨境人民币结算量不减反增，同比增长近四成。

使银行业精简成本、提高效率，数字化的抵押贷款申请流程可以在云端以自动化的方式建立和处理。另一方面，近年来各大商业汇票的各类票据市场业务快速增长，票据理财产品成为互联网理财的热门领域，但国内现行的汇票业务大部分仍为纸质交易，供应链金融也还高度依赖人工成本。未来如果实现票据数字货币化并采用区块链交易，将使票据、资金、理财计划等相关信息更加透明，借助智能合约生成借贷双方不可伪造、公开唯一的电子合同，直接实现点对点的价值传递，不需要特定的实物票据或是中心系统进行控制和验证，能防止一票多卖，及时追踪到资金流向，保障投资者权利，降低监管方成本。同理，供应链金融也能通过数字货币和区块链交易减少人工成本，提高安全度和实现端到端透明的程序数字化。除此之外，由于交易效率的提升，整体贸易融资渠道更畅通，对交易双方收益的提升亦有帮助。

可见，在世界经济数字化转型大势之下，数字货币代表了未来发展趋势，前景广阔、作用积极，是当前各国抢抓数字化发展机遇的重要载体。可以预料，未来各国将继续鼓励创新、宽容失误，把握好监管时、机、度，修订完善数字货币法律法规体系，建立健全数字货币监管框架，鼓励发展数字货币技术与标准，避免将新生事物扼杀在摇篮里，但同时也会避免因数字货币的不当发展影响到整个国家的货币主权、经济运行和群众利益。而在发展思路上，各国普遍坚持法定货币的数字化道路。数字货币的本质还是货币，它体现的是国家经济社会发展的总体水平，代表的是国家的主权信用，而去中心化、去货币锚的非法定货币一旦明确其法律地位，必然对法定货币、传统金融体系或经济运行形成威胁性冲击，也影响到宏观经济调控中货币政策的效应。

随着法定数字货币已经从理论走向现实，为促进我国数字人民币的发展，未来可从如下几方面着手：

首先，加大数字货币技术创新与研究的力度，引导市场力量参与。要强化基础研究，提升原始创新能力，努力让我国在5G、区块链、人工智能、大数据、物联网等新兴技术领域走在理论最前沿、占据创新制高点、取得产业新优势；同时，加快交叉技术的融合，推动各项新兴技术的深度融合实现集成创新。在此基础上，央行应兼收并蓄包括区块链在内的各种成熟技术，通过各种政策鼓励数字货币技术创新，增强数字技术对于数字人民币的支撑能力。在数字人民币的具体研发上可不预设技术路线，通过公平市场竞争鼓励和支持各类科技公司积极开展数字货币的研发探索，充分调动市场力量，通过竞争优选来实现系统优化，共同开发、共同运营，这有利于整合资源、促进创新，有效提升数字人民币的研发效率和效益。此外，应加强数字货币相关基础理论的研究，加快研究区块链等技术在支付系统中的运用，对数字人民币的相关制度安排也进行深入研究与充分论证。

其次，丰富数字人民币应用场景，增强相关服务的普惠性。在数字人民币推广过程中要重视市场规律、市场需求，结合我国基本国情，注重现代支付的发展方向，做好数字人民币流通、交易和监控等各种场景应用下的支持。尤其需要积极推动数字人民币在日常消费、教育、医疗健康等民生领域的应用，加强对农村、偏远地区、弱势群体的覆盖，着力为民众提供使用便利、成本低廉、安全可靠的新型金融服务，同时，加强对公众使用数字人民币的宣传引导，提高公众对于数字人民币的认可度和接受度，最大化地发挥数字人民币的公共服务功能。要通过与金融机构、互联网平台、企事业单位、消费者等各主体积极协作，不断优化支撑数字人民币运行的基础设施、终端硬件、软件以及各类服务等。在这个过程中，要充分发挥中国在互联网金融、电子商务、移动支付与金融科技等领域积累起来的优势，鼓励引导各类商业机构有效参与数字人民币基础设施与服务体系建设。同时，设计过程中除了关注国内应用场景需求外，还要进一步考虑其作为国际货币的应用场景需求，以满足国内外各种经济发展形态和日常生活中多种支付、结算、流通等场景的需要。尤其是，在推进场景建设过程中，应遵循稳步、安全、可控原则，可将相应项目纳入沙盒监管范畴，合理选择试点验证地区、场景和服务范围，为数字人民币的开展推广提供一个"缓冲地带"，观察使用效果，逐步积累经验并不断优化和丰富数字人民币功能，从而稳妥地实现全国推广应用。

再次，进一步深化国际合作，推进对数字化超主权货币的国际探讨。加强与加拿大、新加坡、瑞典等在法定数字货币研发方面同样走在前列的国家的合作，并在国际货币基金组织、国际清算银行等国际金融组织的框架下，推进国际法定数字货币和跨境数字支付的监管与治理的协调机制的构建，引领更多参与方的多样化、多维度金融合作，强化自身金融主权与未来法定数字货币发展的话语权。同时，应借鉴目前人民币国际化的经验，制定未来数字人民币在境外使用的技术环境、推广策略，实现境外流通，以服从人民币国际化的战略需要。基于我国在法定数字货币探索和实践中的国际领先优势，进一步推进国际社会对数字化超主权货币的协商和探讨，也借此体现我国在促进国际货币体系治理机制改革方面的大国担当。

最后，也是最重要的，数字人民币法律框架和制度体系建设也应进一步完善。当前，法律法规层面未对数字人民币进行规制，在数字人民币的获取、使用以及风险防控等方面缺少法律保障。结合 2022 年全国"两会"期间多位代表委员提及关于数字人民币立法的建议，预计数字人民币顶层设计、标准制定、功能研发等方面功能有望加速。制度建设方面，一是要进一步明确数字人民币的法律属性。人民币数字化改革作为我国数字经济发展的必要组成部分，是人民币国际化的重要尝试，也是货币体系不断演变的必然结果。当前，推进人民币数字化体系建设存在利息收益较低、个人信息保护难、使用门槛较高等亟待解决的问题。针对这些问题，建议完善数字货币相关立法，突出数字人民币的法定地位，弥补当前的法律空白。对数字人民币的复制、伪造和盗用进行有效打击，对相关监管部门进行明确的责任划分，强化监管主体责任。二是进一步明确数字人民币运营机制、各参与方的法律地位、权利义务。数字人民币采用运营机构运作的方式，涉及中国人民银行、运营机构、参与机构、用户等多方主体，与纸币和硬币的发行完全不同。各机构在数字人民币运营中的法律地位、权利义务需要法律或法规进一步明确，以保障数字人民币稳健运营。三是对数字人民币载体的法律地位进行确认。数字人民币的使用脱离不了数字人民币钱包，而数字人民币钱包需要在运营机构开立，钱包体系与账户体系的区别不仅关系到公民是使用数字人民币还是使用账户资金的选择，也关系到银行业务的改革创新、风险防控机制的建立。四是数字人民币智能合约的使用需要明确。数字人民币具有可编程性，其通过加载智能合约来实现，谁有权加载合约、更改合约，以及如何加载合约、如何更改合约等需要由具体的法律规定予以规范和保障。五是数字人民币中隐私权保护边界尚需界定。《中国数字人民币的研发进展白皮书》指出数字人民币具有可控匿名性，遵循"小额匿名、大额依法可溯"的原则。数字人民币采用中心化管理、双层运营模式。中国人民银行可从发行到流通的全链条进行追踪，运营机构也可以在一定程度上对流通链条进行追踪，技术上实际不存在匿名的问题，需要法律规定哪些情形下可以使用技术手段对交易进行追溯。

由于数字人民币的推出可能会重塑支付清算市场，因此相关商业组织也应未雨绸缪、提早布局。一是加强对数字货币发展趋势以及对经济金融影响的研究，其中尤需关注其可能对现有支付清算市场格局带来的冲击。在此基础上，加强对相关技术的研发布局，争取借助市场变化之际抢占发展先机。二是加大数字金融基础设施建设投入，针对数字人民币的逐步落地，积极申请相关研发项目试点或沙盒试验，不断丰富业务、金融产品种类，着力从便民小额支付角度入手，借鉴支付宝和微信支付布局扫码支付的经验，率先抢占 C 端的支付入口。三是积极推进现有业务"出海"，借人民币国际化之机扩大我国支付清算业务的国际影响力和竞争力，这也是为未来我国在数字货币乃至数字金融领域抢占国际话语权奠定微观的市场基础。

参考文献

[1] 埃德·诺塞尔，纪尧姆·罗什托．货币、支付与流动性［M］．童牧，田海山，王鹏等译．北京：中国金融出版社，2015．

[2] 巴曙松，陈绍光．央行数字货币：概念、路径及应用［J］．清华金融评论，2021（3）：26-27．

[3] 贝多广，罗煜．补充性货币的理论、最新发展及对法定货币的挑战［J］．经济学动态，2013（9）：4-10．

[4] 卜学民，马其家．数字人民币跨境流动：动因、挑战与制度因应［J］．法治研究，2022（1）：91-101．

[5] 曹红辉．中国电子支付发展研究［M］．北京：经济管理出版社，2008．

[6] 陈东海．我国虚拟货币管理存在的问题及对策建议［J］．浙江金融，2007（9）：10-11．

[7] 程静．加快金卡工程建设，迎接电子货币新时代［J］．南方经济，1995（12）：38-40．

[8] 程炼．数字货币：从经济到社会［J］．社会科学战线，2020（6）：60-72．

[9] 程实．区块链赋能数字人民币［J］．金融博览，2020（9）：40-44．

[10] 程实．数字货币的跨境支付畅想［J］．现代商业银行，2021（16）：60-61．

[11] 董昀，李鑫．中国金融科技思想的发展脉络与前沿动态：文献述评［J］．金融经济学研究，2019（5）：38-52．

[12] 董昀，辛超．现代支付清算体系若干专题文献综述［C］//杨涛，程炼．中国支付清算发展报告（2013）．北京：社会科学文献出版社，2013．

[13] 范一飞．关于央行数字货币的几点考虑［N］．第一财经日报，2018-01-26（A05）．

［14］费宇东．网上购物的几种付款方式［J］．电脑与信用卡，1998（12）：42-44.

［15］冯静．货币演化中的数字货币［J］．金融评论，2019（4）：67-82+125-126.

［16］冯彦明，高璇．网联模式对支付结算体系与金融监管的影响［J］．银行家，2019（2）：7+90-93.

［17］弗里德里希·冯·哈耶克．货币的非国家化：对多元货币理论与实践的分析［M］．姚中秋译．海口：海南出版社，2019.

［18］贺力平，赵鹞．跨境支付：从"货币牵引"到"支付牵引"的转变［J］．金融评论，2021（3）：1-19+123.

［19］侯晓靓，唐家才，王利强．未来银行研究之无介质账户［J］．金融电子化，2015（2）：49-50.

［20］姜奇平．把握支付的基因变异——解析互联网金融的DNA［J］．互联网周刊，2013（9）：30-33.

［21］鞠建东，夏广涛．金融安全与数字人民币跨境支付结算新体系［J］．清华金融评论，2020（9）：63-67.

［22］劳伦斯·H.怀特．货币制度理论［M］．李扬，周素芳，姚枝仲译．北京：中国人民大学出版社，2004.

［23］李苍舒，黄卓．超主权数字货币的发展趋势及潜在风险［J］．社会科学辑刊，2021（6）：168-174.

［24］李翀．虚拟货币的发展与货币理论和政策的重构［J］．世界经济，2003（8）：75-79.

［25］李芳.GATS框架下我国银行卡清算市场开放之法律监管［D］．重庆大学硕士学位论文，2016.

［26］李志鹏，邓暄，向情．数字人民币探索构建新型跨境支付体系的思考［J］．国际贸易，2021（12）：84-92.

［27］李遵法，许桂琴．论我国电子货币流通的系统化［J］．金融教学与研究，1993（4）：44-51.

［28］梁坚，陈国华．从虚拟货币到虚拟经济：通货紧缩成因探析［J］．江西社会科学，2004（3）：158-164.

［29］刘勤，钱淑萍．电子货币：未来货币发展的必然趋势［J］．当代财经，1991（7）：20-21+62.

［30］刘瑞．日本央行数字货币的制度设计及政策考量［J］．日本学刊，2021（4）：83-117+146+150.

［31］刘易斯，米曾. 货币经济学［M］. 北京：经济科学出版社，2008.

［32］路德维希·冯·米塞斯. 货币和信用理论［M］. 樊林洲译. 北京：商务印书馆，2007.

［33］罗斯·M. 斯塔尔. 一般均衡理论［M］. 鲁昌，许永国译. 上海：上海财经大学出版社，2000.

［34］马丁·沃尔夫. 加密货币的自由主义幻想［EB/OL］. "深链科技"公众号，［2019-02-13］.

［35］马克思. 政治经济学批判［M］. 中共中央马恩列斯著作编译局译. 北京：人民出版社，1976.

［36］马梅，朱晓明，周金黄等. 支付革命：互联网时代的第三方支付［M］. 北京：中信出版社，2014.

［37］米尔顿·弗里德曼. 货币的祸害：货币史上不为人知的大事件［M］. 北京：中信出版社，2006.

［38］穆长春. 顺应技术演进和经济发展趋势：积极推进以我为主的法定数字货币［J］. 旗帜，2020（11）：65-66.

［39］戚聿东，刘欢欢，肖旭. 数字货币与国际货币体系变革及人民币国际化新机遇［J］. 武汉大学学报（哲学社会科学版），2021（5）：105-118.

［40］祁英. 电子货币的潜能风险和问题［J］. 华东科技，1998（7）：17-18.

［41］Rupley S，陈坤莱. 数字货币之现状［J］. 个人电脑，1996（10）：35-38.

［42］十国集团中央银行支付结算体系委员会. 支付体系比较研究［M］. 北京：中国金融出版社，2005.

［43］童频. 电子货币［J］. 中国城市金融，1992（4）：64.

［44］宛洁茹，吴优. 央行数字货币的跨境支付问题研究［J］. 新金融，2022（1）：58-64.

［45］王华庆. 电子货币时代的到来：上海金卡工程记［J］. 上海金融，1995（11）：3-5.

［46］王力. 完善人民币跨境支付结算体系的思考［J］. 银行家，2020（8）：4-5.

［47］王鲁滨. 电子货币与货币政策研究［J］. 金融研究，1999（10）：71-74.

［48］王文祥，王剑勋. 银行卡清算机构纵向限制监管的国际比较与借鉴［J］. 亚太经济，2017（5）：105-109+175-176.

［49］王永利. 关于数字人民币定位的思考［J］. 清华金融评论，2021（3）：22-25.

［50］吴昊. 非银行支付发展的三个阶段与监管路径的演变轨迹［C］//ht-tps：www. sohu. com/a/294718835_100124521. 杨涛. "智能+金融"政策与实践：中国金融科技青年论文（2019）. 北京：社会科学文献出版社，2019.

［51］吴婷婷，王俊鹏. 我国央行发行数字货币：影响、问题及对策［J］. 西南金融，2020（5）：25-37.

［52］谢平，邹传伟，刘海二. 互联网金融手册［M］. 北京：中国人民大学出版社，2014.

［53］徐忠，邹传伟. 区块链能做什么，不能做什么？［J］. 金融研究，2018（11）：1-16.

［54］岩崎和雄，佐藤元则. 明日货币［M］. 沈边译. 北京：中国轻工业出版社，1999.

［55］盐野七生. 海都物语：威尼斯一千年［M］. 徐越译. 北京：中信出版社，2016.

［56］杨涛，李鑫. 金融科技背景下的支付业务账户创新［C］. 载于中国支付清算协会编. 中国支付清算（2019年第4辑）. 北京：中国金融出版社，2020：1.

［57］姚前. 数字货币的缘起、发展与未来［EB/OL］.［2018-11-23］. http：opinion. caixin. com/2018-11-23/101351048. html.

［58］姚前. 法定数字货币的经济效应分析：理论与实证［J］. 国际金融研究，2019（1）：16-27.

［59］姚前. 数字货币的发展与监管［J］. 中国金融，2017（14）：38-40.

［60］姚前. 数字货币与银行账户［J］. 清华金融评论，2017（7）：63-67.

［61］姚前. 央行数字货币的技术考量［N］. 第一财经日报，2018-03-07（A09）.

［62］余永定. 俄乌冲突对全球经济金融影响深远［J］. 中国新闻周刊，2022（4）：11.

［63］约翰·史密森. 货币经济学前沿：论争与反思［M］. 柳永明，王蕾译. 上海：上海财经大学出版社，2004.

［64］詹姆斯·托宾，斯蒂芬·S. 戈卢布. 货币、信贷与资本［M］. 张杰，陈未译. 北京：中国人民大学出版社，2015.

［65］张杰. 金融分析的制度范式：制度金融学导论［M］. 北京：中国人民大学出版社，2017.

［66］张乐，王淑敏．法定数字货币：重构跨境支付体系及中国因应［J］．财经问题研究，2021（7）：66-73.

［67］张磊．网络虚拟货币本质及其监管［J］．商业时代，2007（4）：56-57.

［68］张锐．数字货币会挤走第三方支付吗？［N］．国际金融报，2020-09-28（3）．

［69］钟孝生．网络虚拟货币本质及其对货币流通的影响［J］．商业时代，2007（23）：72-73.

［70］周光友．电子货币与货币政策有效性研究［M］．上海：上海世纪出版集团，2009.

［71］周锦巍．探索数字稳定币在人民币跨境支付领域的应用［J］．中国外汇，2020（17）：74-75.

［72］周莉萍，陈思，薛白．央行数字货币对货币政策的影响［J］．银行家，2019（10）：55-58.

［73］周莉萍．全球支付清算体系发展研究［C］//杨涛，程炼．中国支付清算报告（2021）．北京：社会科学文献出版社，2021.

［74］周湘仕．虚拟化：国际金融市场电子化新特征［J］．中国城市金融，1998（12）：40-41.

［75］朱阁．数字货币的概念辨析与问题争议［J］．价值工程，2015（31）：163-167.

［76］邹传伟．区块链与金融基础设施：兼论 Libra 项目的风险与监管［J］．金融监管研究，2019（7）：18-33.

［77］邹传伟．数字人民币生态格局初探［N］．第一财经日报，2020-09-21（A11）．

［78］Arrow K J. Debrou G. Existence of An Equilibrium for a Competitive Economy［J］. Econometrica, 1954, 22（3）：265-290.

［79］Auer R, Boehme R. The Technology of Retail Central Bank Digital Currency［R］. BIS Quarterly Review, 2020.

［80］Auer R, Cornelli G, Frost J. Rise of the Central Bank Digital Currencies：Drivers, Approaches and Technologies［R］. BIS Working Papers, 2020.

［81］Auer R, Haene P, Holden H. Multi-CBDC Arrangements and The Future of Cross-border Payments［R］. BIS Papers, 2021.

［82］Barontini C, Holden H. Proceeding With Caution：A Survey on Central Bank Digital Currency［R］. BIS Papers, 2019.

［83］ Barrdear J, Kumhof M. The Macroeconomics of Central Bank Issued Digital Currencies ［R］. Staff Working Paper No. 605, Bank of England, 2016.

［84］ BCBS. Risk Management for Electronic Banking and Electronic Money Activities ［R］. 1998.

［85］ Bech M, Garratt R. Central Bank Cryptocurrencies ［R］. BIS Quarterly Review, September, 2017.

［86］ BIS, CPMI, Innovation Hub, International Monetary Fund, World Bank Group. Central Bank Digital Currencies for Crossborder Payments, Report to The G20 ［R］. BIS Papers, 2021.

［87］ BIS, HKMA, The Bank of Thailand, The Digital Currency Institute of The People's Bank of China, The Central Bank of The United Arab Emirates. Inthanon-Lion Rock to mBridge: Building A Multi CBDC Platform for International Payments ［R］. BIS Innovation Hub, 2021.

［88］ BIS. Central Bank Digital Currencies: Foundation Principle and Core Feature ［R］. 2020.

［89］ Boar C, Holden H, Wadsworth A. Impending Arrival: A Sequel to the Survey on Central Bank Digital Currency ［R］. BIS Papers, 2020.

［90］ Broadbent B. Central Banks and Digital Currencies ［EB/OL］// https://www. docin. com/p-1869213429. html. Speech at the London School of Economics, 2 March, 2016.

［91］ Brunnermeier K, James H, Landau J. The Digitalizaiton of Money ［R］. NBER Working Paper, 2019.

［92］ Calle G, Eidan D. Central Bank Digital Currency: An Innovation in Payments ［R］. R3 White Paper, 2020.

［93］ Carstens A. Digital Currencies and the Future of the Monetary System ［R］. BIS Speech, 2021.

［94］ Chakravorti S, E Kobor. Why Invest in Payment Innovations? ［J］. Emerging Payments Occasional Papers Series, 2003-1B, June 2003.

［95］ Clower R W. A Reconsideration of the Microfoundations of Monetary Theory ［J］. Western Economic Journal, 1967 (1): 1-8.

［96］ Copic E, Franke M. Influencing the Velocity of Central Bank Digital Currencies ［R］. SSRN Electremic Jourral, 2020.

［97］ Cowen T, Kroszner R. The Development of the New Monetary Economics ［J］. Journal of Political Economy, 1987, 95 (3): 567-590.

［98］ CPMI. Central Bank Digital Currencies ［R］. CPMI Papers, 2018.

［99］ CPMI. Enhancing Cross－border Payments: Building Blocks of a Global Roadmap Stage 2 Report to the G20 ［R］. 2020.

［100］ CPMI. Investigating the impact of global stablecoins ［R］. 2019.

［101］ Dahlberg T, Guo J, Ondrus J. A Critical Review of Mobile Payment Research ［J］. Electronic Commerce Research and Applications, 2015, 14 (1－6): 265－284.

［102］ Danezis G, Meiklejohn S. Centrally Banked Cyptocurrencies ［J］. 2016. http://www.cs.ucl.ac.uk/staff/G.Danezis/papers/ndss16currencies.pdf.

［103］ Diamond D W. Financial Intermediation and Delegated Monitoring ［J］. Review of Economic Stadies, 1984, 51 (3): 393－414.

［104］ Diamond D W. Financial Intermediation as Delegated Monitoring: A Simple Example ［J］. FRB Richmond Economic Quarterly, 1996, 82 (3): 51－66.

［105］ ECB. Innovation and its Impact on the European Retail Payment Landscape ［R］. 2019.

［106］ ECB. Report on a Digital Euro ［R］. 2020.

［107］ ECB. Study on the Payment Attitudes of Consumers in the Euro Area (SPACE) ［R］. 2020.

［108］ ECB. Virtual Currency Schemes: A Further Analysis ［R］. Frankfurt am Main, Germany: European Central Bank, 2015.

［109］ ECB. Virtual Currency Schemes ［R］. 2012.

［110］ Evans D S. Economic Aspects of Bitcoin and Other Decentralized Public－Ledger Currency Platform ［R］. Institute for Law and Economics Working Paper, 2014.

［111］ Evans D S. How Catalysts Ignite: The Economics of Platform－based Start－ups ［C］// Gawer A. Platforms, Markets and Innovation. Cheltenham, UK and Northampton, MA: Edward Elgar Publishing, 2009.

［112］ Fama E F. Banking in the theory of finance ［J］. Journal of Monetary Economics, 1980, 6 (1): 39－57.

［113］ FCA. Discussion Paper on Distributed Ledger Technology ［R］. 2017.

［114］ Federal Reserve Board. Money and Payments: The U.S. Dollar in the Age of Digital Transformation ［R］. 2022.

［115］ Financial Stability Board. Enhancing Cross－border Payments － Stage 1 report to the G20: Technical Background Report ［R］. 2020.

［116］First Rand Bank Limited. The Advent of Crypto Banking: A New Paradigm for Central and Commercial Banking ［R］. The Report of Rand Merchant Bank (RMB), 2016.

［117］Freeman S. The Payments System, Liquidity, and Rediscounting ［J］. American Economic Review, 1996, 86 (5): 1126-1138.

［118］G20. Central Bank Digital Currencies for Cross – border Payment ［R］. 2021.

［119］GSMA. The Mobile Economy ［R］. 2022.

［120］Hayashi F. Mobile Payments: What's in it for consumers? ［J］. Economic Review, 2012 (1): 35-36.

［121］Hicks J. A Market Theory of Money ［M］. New York: Oxford University Press, 1989.

［122］International Monetary Fund. Digital Money Across Borders: Macro-Financial Implications ［R］. Policy Paper, 2020.

［123］Kahn C M, Roberds W. Why Pay? An Introduction to Payments Economics ［J］. Journal of Financial Intermediation, 2009, 18 (1): 1-23.

［124］Kiff J, Alwazir J, Davidovic S, et al. A Survey of Research on Retail Central Bank Digital Currency ［R］. IMF Working Paper, 2020.

［125］Kohn M. Early Deposit Banking ［J］. Dartmouth University Working Paper, 1999.

［126］Koning J P. Evolution in Cash and Payments: Comparing Old and New Ways of Designing Central Bank Payments System, Cross-Border Payments Networks and Remittances ［R］. R3 Report, 2017.

［127］Koning J P. Fedcoin ［EB/OL］. ［2014-10-19］. http://jpkoning. blogspot. ca/2014/10/fedcoin. html.

［128］Krüger M. Financial Innovation and the New Monetary Economics ［R］. Working Paper, 1999.

［129］McKinsey. Global Payments 2021: Transformation Amid Turbulent Undercurrents ［R］. 2021.

［130］Menger C. Problems of Economics and Sociology ［M］. Urbana: University of Illinois Press, 1963.

［131］Mundell R A. A Theory of Optimum Currency Areas ［J］. American Economic Review, 1961, 51 (4): 657-665.

［132］Nakamoto S. Bitcoin: A Peer-to-Peer Electronic Cash System ［EB/

OL〕. 〔2008-11-1〕.

〔133〕 Niehans J. The Theory of Money 〔M〕. Baltimore and London: Johns Hopkins University Press, 1978.

〔134〕 Ondrus J, Gannamaneni A, Lyytinen K. The Impact of Openness on the Market Potential of Multi-sided Platforms: A Case Study of Mobile Payment Platforms 〔J〕. Journal of Information Technology, 2015, 30 (3): 260-275.

〔135〕 Osterwalder A, Pigneur Y. Business Model Generation: A Handbook for Visionaries, Game Changers, and Challengers 〔M〕. Hoboken: John Wiley and Sons, 2010.

〔136〕 Panetta F. A Digital Euro that Serves the Needs of the Public: Striking the Right Balance 〔R〕. Speech at the Committee on Economic and Monetary Affairs of the European Parliament, 2022.

〔137〕 Raskin M, Yermack D. Digital Currencies, Decentralized Ledgers, and the Future of Central Banking 〔R〕. NBER Working Paper, 2016.

〔138〕 Ratan A. Using L. Technology to Deliver Financial Services to Low-income Households: A Preliminary Study of Equity Bank and M-PESA Customers 〔C〕// Kenya E. Microsoft Research Technical Report. 2008.

〔139〕 Rice T, von Peter G, Boar C. On the Global Retreat of Correspondent Banks 〔R〕. BIS Quarterly Review, 2020.

〔140〕 Ricks E, Crawford J, Menand L. FedAccounts: Digital Dollars 〔R〕. UC Hastings Research Paper, 2020.

〔141〕 Rochet J C, Tirole J. Cooperation among Competitors: Some Economics of Payment Card Association 〔J〕. RAND Journal of Economics, 2002, 33 (4): 1-22.

〔142〕 Rogoff K. The High Stakes of the Coming Digital War 〔EB/OL〕. 〔2019-11-11〕. https://www.hks.harvard.edu/centers/mrcbg/programs/growth-policy/high-stakes-coming-digital-currency-war.

〔143〕 Schumpeter J. Capitalism, Socialism, and Democracy 〔M〕. New York: Harper & Brothers, 1942.

〔144〕 Shi S. Money and Prices: A model of Search and Bargaining 〔J〕. Journal of Economic Theory, 1995, 67 (2): 467-496.

〔145〕 Shoaib M, Ilyas M, Khiyal H. Official Digital Currency 〔R〕. Eighth International Conference on Digital Information Management, IEEE, 2013.

〔146〕 Sosna M, Trevinyo-Rodríguez R N, Velamuri S R. Business Model Innovation Through Trial-and-Error Learning: The Natural House Case 〔J〕. Long Range

Plan, 2010, 43 (2-3): 383-407.

[147] Svensson L E O. Money and Asset Prices in a Cash-in-Advance Economy [J]. Journal of Political Economy, 1985, 93 (5): 914-944.

[148] Telyukova I A, Wright R. A Model of Money and Credit, with Application to the Credit Card Debt Puzzle [J]. Review of Economic Studies, 2018, 75 (2): 629-647.

[149] The Federal Reserve. An Update on Digital Currencies [R]. 2020.

[150] Tobin J. The Case for Preserving Regulatory Distinctions [J]. Proceedings of the Economic Policy Symposium, Jackson Hole, Federal Reserve Bank of Kansas City, 1987, 30 (5): 167-183.

[151] Tymoigne E. An Inquiry into the Nature of Money: An Alternative to the Functional Approach [R]. The Levy Economics Institute, Economics Working Paper, 2006.

[152] Wagner A. Digital Vs Virtual Currencies [J]. Bitcoin Magazine, 2014 (22).

[153] Walch A. The Bitcoin Blochchain as Financial Market Infrastructure: A Consideration of Operational Risk [J]. Legislation and Public Policy, 2015, (18): 837-893.

[154] White L H. Competitive Payments Systems and the Unite of Account [J]. American Economic Review, 1984, 74 (4): 699-712.

[155] Williamson S D. Payment Systems and Monetary Policy [J]. Journal of Monetary Economics, 2003, 50 (2): 475-495.

[156] World Bank. Digital Banks: How can they Deepen Financial Inclusion? [R]. 2020.

后　记

　　本书为研究团队近年来参与中国社会科学院金融研究所支付清算研究中心相关课题研究的系列成果整合。我们的研究及撰写得到了许多专家和朋友的关怀和帮助，过程中虽有艰辛，但也倍感充实，收获良多。

　　首先要向中国社会科学院金融所杨涛老师致以最诚挚的敬意，研究团队中两人曾师承杨涛老师。在本书相关课题研究以及最终成书过程中，杨涛老师始终给予我们悉心的指导。他扎实的学术功底和严谨的学风，将继续激励我们在今后的工作和科研道路上求真求实、砥砺前行。

　　在此，我们还要感谢中国社会科学院金融所程炼老师、董昀老师在课题研究中给予的有益建议。感谢国家金融与发展实验室对我们研究的支持，感谢中国社会科学院金融研究所支付清算研究中心将本书列入中心文库，也感谢齐孟华老师和闵文文老师在研究及出版过程中的热心帮助。同时，还要感谢中国银联对相关课题研究的大力支持，感谢中国人民银行支付结算司、中国支付清算协会、VISA等对本书研究提供的重要协助。感谢经济管理出版社在本书出版过程中的辛勤付出。由于我们的研究水平和时间有限，书中难免有不足之处，望读者批评指正。

　　近年来，我国支付清算产业的发展令人瞩目，我们深感相关研究具有重要的现实意义，未来也将持续深入跟进研究，希望能与更多关心支付清算领域的朋友加强沟通，共同助力支付清算产业高质量发展。

李鑫　赵亮　郭晓蓓

2022 年 7 月于北京